Albert Ilien

Grundwissen Lehrerberuf

Albert Ilien

Grundwissen Lehrerberuf

Eine kulturkritische
Einführung

Bibliografische Information der Deutschen Nationalbibliothek
Die Deutsche Nationalbibliothek verzeichnet diese Publikation in der
Deutschen Nationalbibliografie; detaillierte bibliografische Daten sind im Internet über
http://dnb.d-nb.de abrufbar.

1. Auflage 2009

Alle Rechte vorbehalten
© VS Verlag für Sozialwissenschaften | GWV Fachverlage GmbH, Wiesbaden 2009

Lektorat: Stefanie Laux

VS Verlag für Sozialwissenschaften ist Teil der Fachverlagsgruppe
Springer Science+Business Media.
www.vs-verlag.de

Das Werk einschließlich aller seiner Teile ist urheberrechtlich geschützt. Jede Verwertung außerhalb der engen Grenzen des Urheberrechtsgesetzes ist ohne Zustimmung des Verlags unzulässig und strafbar. Das gilt insbesondere für Vervielfältigungen, Übersetzungen, Mikroverfilmungen und die Einspeicherung und Verarbeitung in elektronischen Systemen.

Die Wiedergabe von Gebrauchsnamen, Handelsnamen, Warenbezeichnungen usw. in diesem Werk berechtigt auch ohne besondere Kennzeichnung nicht zu der Annahme, dass solche Namen im Sinne der Warenzeichen- und Markenschutz-Gesetzgebung als frei zu betrachten wären und daher von jedermann benutzt werden dürften.

Umschlaggestaltung: KünkelLopka Medienentwicklung, Heidelberg
Druck und buchbinderische Verarbeitung: Krips b.v., Meppel
Gedruckt auf säurefreiem und chlorfrei gebleichtem Papier
Printed in the Netherlands

ISBN 978-3-531-15653-8

Inhalt

1 Grundwissen über den Lehrerberuf – Grundwissen im Lehrerberuf ... 9
1.1 Was bewegt Lehrer? 9
1.2 Verschiedene Bedeutungen von „Grundwissen Lehrerberuf" 13
1.3 Organisationsbedingte Unterschätzung des Grundwissens 21
1.4 Kontinuität und Brüche in der Schulpädagogik und
 in der Lehrerausbildung 25

2 Der Lehrerberuf: öffentlich und gesellschaftsabhängig 29
2.1 Bekannt, aber uneindeutig: der Lehrerberuf 29
2.2 Autoritäres Berufsverständnis von Lehrern in den 50er Jahren 33
2.3 Antiautoritäre Vorstellungen in den 70ern 38
2.4 Antiautoritäre Erziehung, Bildung, Emanzipation, Selbstregulierung 44
2.5 „Selbstregulierung": Pädagogik als bewusste Utopie 46
2.6 Normen, Wahrnehmungen und Realitäten 49
2.7 Bedeutungssteigerung der Pädagogik unter
 unpädagogischen Gesichtspunkten 51

3 Die schwierige Vermittlung von Inhalten an die Schüler 56
3.1 Unter welcher Bedingung findet Unterricht statt? 56
3.2 Inhalte-Bezug und Schüler-Beziehungen, Wissen und
 Fundamentalwissen 60
3.3 Unterschiedliche Formen der Rationalität 64
3.4 Der gesellschaftliche Kompromiss aus Utilitarismus und Romantik 66
3.5 Professionelle „stellvertretende Deutung" im Lehrerberuf 69

4 Der Lehrer engagiert und zeigt sich 72
4.1 Unterrichtserfahrungen der Schüler 72
4.2 Durch den Unterricht wird die Lerngruppe zur Gruppe 75
4.3 Nähe – inhaltliches Angebot – Begegnung: ein Beispiel 79
4.4 Die kommunikative Vorleistung 83
4.5 Unterricht unter optimalen Ausgangsbedingungen 85
4.6 Die Übertragungs-Problematik 88
4.7 Die unumgängliche Nähe: sofern wir von Personen sprechen wollen ... 91

5 Der Lehrer muss lebendig bleiben ... 95
5.1 Unterschätzte Unterrichts-Nachbereitung ... 95
5.2 Beispiel: Der übereifrige Junglehrer ... 99
5.3 Sinn von Selbstreflexion ... 102
5.4 Die nachträgliche Aufarbeitung von Problemfällen ... 106
5.5 Die entscheidende Dimension der Schulkultur, vier Beispiele ... 108
5.6 Angewiesenheit auf Schulkultur ... 116

6 Systematische Analyse der Lehrertätigkeit ... 122
6.1 Zwischenüberlegung ... 122
6.2 Vom Didaktischen Dreieck zum Lehrviereck ... 125
6.3 Der öffentlich fehleingeschätzte Beruf ... 128
6.4 Fluchtwege für Lehrer ... 131
6.5 Vier Ebenen des Schülerlernens und des Lehrerhandelns ... 137
6.6 Schwierigkeiten mit den Ebenen, Extrembeispiele ... 142

7 Bedeutung der eigenen Biographie für das Berufsverständnis ... 150
7.1 Zwischenstand ... 150
7.2 Biographische Bedingungen des Berufsverständnisses ... 152
7.3 Folgen schwerer Kränkung ... 155
7.4 Kränkungsempfindlichkeit ... 163
7.5 Organisierbare Wissensvermittlung, nicht organisierbare Begegnung ... 167
7.6 Organisationsfolgen der Lehrerausbildung ... 170

8 Umgang mit der Nicht-Organisierbarkeit ... 178
8.1 Pädagogik als objektivistische Wissenschaft oder Kinderfreundschaft ... 178
8.2 Kulturkritische Studieninhalte ... 181
8.3 Alltagsgespräch unter guten Bekannten ... 182
8.4 Reflexives Grundwissen ... 190

9 Rückblick, Ausblick ... 195
9.1 Kulturkritische Pädagogik ... 195
9.2 Erinnerung ... 199

Literaturverzeichnis ... 205

„Im Grad der Tiefe unsres Selbstgefühls liegt auch der Grad des Mitgefühls mit anderen; denn nur uns selbst können wir in andre gleichsam hineinfühlen."

Johann Gottfried Herder 1774

1 Grundwissen über den Lehrerberuf – Grundwissen im Lehrerberuf

1.1 Was bewegt Lehrer?

Inhaltlich steht eine einzige Frage im Zentrum dieses Lehrbuchs: Was bewegt Lehrer?[1] Diese Frage stellt sich allerdings auf mehreren Ebenen und nimmt dadurch auch unterschiedliche Bedeutungen an.

Lehrer sind bewegt von einer Idee, die sich neuzeitlich herausgebildet und damit unser kulturelles Selbstverständnis entscheidend bestimmt hat: Der Mensch wird durch den Menschen zum Menschen. Bei der überwiegenden Zahl von Lehramtsstudierenden, Studienreferendaren, Lehrern und Schulleitern, die ich im Laufe meiner Berufsjahre als Hochschullehrer für Pädagogik persönlich kennen gelernt habe, bin ich mir sicher, die bewegende Kraft dieser Idee gespürt zu haben, wie unauffällig oder deutlich auch immer. Das entsprechende Selbstbild, wonach „der Mensch dem Menschen ein Helfer" sei,[2] gibt der Pädagogik die Aufgabe vor. Sie versteht sich als „Fremdförderung Heranwachsender zur Selbstwerdung". Auf die Formulierung kommt es dabei – selbstverständlich – nicht an, wohl aber auf das Verständnis. Es wird, so nehme ich an, von der großen Mehrzahl der Lehrer geteilt. In der gesellschaftlichen Öffentlichkeit hingegen wird es unterschätzt. In ihr wird überwiegend nur das wahrgenommen, was der Lehrer – gut beobachtbar – tut: Er vermittelt Wissen.

Ein Lehrbuch, das sich mit einer äußerlichen Beobachtung des Lehrerberufs begnügen würde, ohne auf die hinter ihm stehende Leitidee zu achten, würde dessen eigentliche Sinnperspektive verfehlen. Wie exakt solche distanzierten Beobachtungen auch immer wären – der übersehene Sinn des Lehrerberufs würde sich in der Bedeutungsarmut der Resultate wiederfinden.

---

[1] Ich verwende ausschließlich die männliche Sprachform aus Gründen der Erleichterung des Textverständnisses. Ich hoffe, dass dies von niemandem als unzumutbar empfunden wird.

[2] In seinem Gedicht „An die Nachgeborenen" verwirft Bert Brecht damit die anthropologische Formel des Frühaufklärers Thomas Hobbes aus dem 17. Jahrhundert, wonach der „Mensch dem Menschen Wolf" sei. Der Schluss seines Gedichts lautet:
„Ihr aber, wenn es soweit sein wird
Daß der Mensch dem Menschen ein Helfer ist
Gedenkt unsrer
Mit Nachsicht."

Die Leitidee der Pädagogik „Förderung zur Selbstwerdung" ist bildungsphilosophischer Natur und entsteht erst, wie erwähnt, unter neuzeitlichen Bedingungen. Sie trägt das pädagogische Handeln von Lehrern, wirft aber auch zahlreiche Schwierigkeiten auf. Von der Leitidee wie von den Schwierigkeiten soll in diesem Lehrbuch zum Lehrerberuf hinreichend offen und so verständlich wie möglich die Rede sein.

Von den Schwierigkeiten habe ich die erste bereits erwähnt: Die Aufmerksamkeit der gesellschaftlichen Öffentlichkeit gilt beobachtbarem Lehrerhandeln und – in den letzten Jahren vermehrt – den Resultaten dieses Tuns. Gewiss sollen Lehrer ihren Schülern Wissen vermitteln. Soweit sie ihre berufliche Aufgabe und deren Leitidee wirklich ernst nehmen, müssen sie dabei aber grundsätzlich bereit sein, zu den Schülern in eine zumindest minimale personale Beziehung zu treten. Lehrer unterbreiten demnach in ihrem alltäglichen beruflichen Tun den Schülern ein dem Wissensangebot zugrunde liegendes Beziehungsangebot.

Damit Unterricht sinnvoll zustande kommen kann, müssen Schüler das Beziehungsangebot annehmen. Zwar mögen Lehrer durch die Organisation Schule und die gesellschaftliche Erwünschtheit von guten Bewertungen und möglichst hohen Abschlüssen Macht auf Heranwachsende ausüben können – aber nur auf diese zu setzen würde auf Dauer ihr eigenes Berufsideal korrumpieren. Es ist erst in dem Beziehungsangebot an Schüler authentisch. Dadurch machen sie sich im Sinn und Erfolg ihres Handelns unweigerlich von dessen Annahme durch die Schüler abhängig. Dieser Sachverhalt ist also mit der Struktur des Lehrerhandelns selbst und der innewohnenden Leitidee gegeben. Er entzieht sich äußerlicher Beobachtung, ist aber die zentrale Schwierigkeit beruflichen Lehrerhandelns überhaupt. Sie wird erst eigentlich sichtbar, dann aber gleich akut, wenn Schüler das Beziehungsangebot nicht annehmen können.

Halten wir fest: Lehrer sind von der neuzeitlichen Idee inspiriert, Heranwachsende auf dem Weg zu sich selbst zu fördern. Umso mehr trifft es sie, wenn Schüler dieses Beziehungsangebot abweisen. Das Ideal „bewegt" sie, und auch die Enttäuschung „bewegt" sie, beides auf seine eigene Weise. Das Eine hängt mit dem Anderen direkt zusammen.

Ein wichtiges berufsbegleitendes Thema jedes engagierten Lehrers ist deshalb, was Schüler motivieren mag, sein Angebot auszuschlagen oder zu missachten. In einem Lehrbuch zum Lehrerberuf muss diese Frage entsprechend gewürdigt und behandelt werden. Deshalb arbeite ich im Folgenden mit ursprünglich psychoanalytisch entwickelten Verstehensmodellen, die unserem alltagsweltlichen Denken nahe kommen und damit dem Praxisbewusstsein amtierender Lehrer ansatzweise vertraut sind. Dabei geht es nicht um Regelwissen, wie es der

Ingenieur bei seiner Tätigkeit anwendet; mit einem solchen arbeiten zu wollen, wäre ohnehin ein pädagogisches Selbstmissverständnis. Vielmehr geht es um die Erweiterung von Möglichkeiten, als schwierig erlebte Schüler besser zu verstehen, um dann mit erfahrenen Störungen gelassener umgehen zu können. Ich greife als Autor dieses Lehrbuchs auf pädagogische Verstehensmodelle zurück, mit denen ich seit Jahrzehnten in Lehre und Beratung praktisch arbeite. Sie sind wie angedeutet bildungstheoretisch fundiert und psychoanalytisch differenziert. In der Begegnung mit Lehrern, Schulleitern, Berufseinsteigern und Kollegien sowie Lehramtsstudierenden habe ich damit gute Erfahrungen gemacht.[3]

Je näher bei solchen Gelegenheiten mein Kontakt zu Lehrern war, umso eher teilten sie mir mit, was für sie das Schwierige an schwierigen Schülern sei: dass diese sie zu Handlungsweisen provozierten, durch die sie sich von ihrem eigenen Berufsideal zu entfernen drohten. In manchem Konfliktfall wurden für sie die Notwendigkeit und Schwierigkeit einer lebendigen Lehrer-Schüler-Beziehung schmerzlich erfahrbar, indem eigene Reaktionen zutage gefördert wurden, die ihr berufliches Selbstbild und persönliches Selbstwerterleben erschütterten.

Wer Entsprechendes erlebt, erfährt es als Beschämung. Der Lehrerberuf ist durch seine Struktur selbst solchen Erlebnissen ausgesetzt. Im Prinzip dieselben Verstehensmodelle, die Lehrern helfen können, schwierige Schüler besser zu verstehen – also deren Schwierigkeit neu zu sehen –, helfen ihnen dann auch, eigene unerwünschte Reaktionsweisen bei sich selbst zu verstehen – also neuartig damit umzugehen. Die Modelle sind wie gesagt psychoanalytischer Art, sind aber vielen von uns in unserer Alltagskultur zugänglich, wenn nicht vertraut. Sie sind geeignet, die mit dem bildungsphilosophischen Ideal eröffneten Probleme genauer zu beleuchten.

Mit den letzten Hinweisen zur Methodik dieses Lehrbuchs habe ich die Ausgangsfrage noch einmal mit einer neuen Bedeutung unterlegt. „Was bewegt Lehrer" meinte hier so viel wie: Welche Art des Wissens kann Lehrer positiv erreichen, was kann sie „bewegen", mit hautnahen Problemen angemessen umzugehen? Welches Wissen hält sie am ehesten beweglich? Das vorgelegte Lehrbuch stellt einen Antwortversuch auf diese Frage dar.

Zu den Erfahrungen, die den Lehrer alltäglich „bewegen", gehören auch die Schwierigkeiten mit den Bildungsorganisationen. Sie beginnen nicht erst mit der

---

[3] Selbstverständlich habe ich nicht nur erfolgreich gearbeitet. Probleme in meiner Hochschullehre habe ich schematisch-typologisch dargestellt: Ilien (2008), 20-36; dort findet sich auch eine Einführung in die selbstpsychologische Psychoanalyse nach Heinz Kohut unter Bildungsgesichtspunkten: 176-198.

Schule und der Schulform, in der er seine Planstelle antritt, sondern ziehen sich von der Schüler- in die Studenten- bis in die Referendars-Perspektive über viele seiner biographisch bildenden Jahre. Die Bildungswirkung von Organisationen ist „eigentlich" bekannt, ebenso kann man wissen, dass sie manchmal die offiziellen pädagogischen Zielsetzungen geradezu ins Gegenteil verkehrt.[4] Auch dieser Sachverhalt wird öffentlich und in den Organisationen selbst nicht selten ignoriert. Lehrer wären keine, wenn ihr Beruf nicht organisatorisch ermöglicht würde – die Bildungsorganisationen aber interpretieren das pädagogisch Mögliche durch mannigfache Vorgaben und eben auch Einschränkungen: Spätestens wenn der Lehrer einen Schüler wider besseres Gespür für dessen Situation aufgrund organisationsbestimmter Zwänge „sitzen lassen" muss, wird ihn das schmerzlich berühren.

Aus dem Dargelegten ergeben sich inhaltliche und methodische Konsequenzen. Das vorliegende Lehrbuch spricht skizzenhaft den bildungsphilosophischen Hintergrund der neuzeitlichen Pädagogik und damit des Lehrerberufs an, zeigt dann dessen Abhängigkeit von gesellschaftlichen Wandlungsprozessen exemplarisch auf, ist der komplexen Struktur des Lehrerhandelns gewidmet, thematisiert die organisationsbedingten Nebenwirkungen auf Bildungsprozesse und liefert Verstehensmodelle des schwierigen Lehrer-Schüler-Verhältnisses, die sich am psychoanalytischen Modell von „Übertragung-Gegenübertragung"[5] orientieren.

Der kulturkritische[6] Charakter des Lehrbuchs wird deutlicher, wenn im Rückgriff auf philosophische Erörterungen von Charles Taylor[7] die Unwahrscheinlichkeit begründet wird, dass gegenwärtige öffentliche Diskussionen einem besseren Verständnis der Pädagogik und damit des Lehrerhandelns ernsthaft zugute kommen können. Das gilt erst recht dann, wenn die Diskussion unter offen pädagogikfremden Prämissen geführt wird. Es wird angedeutet, inwiefern dies seit Jahren der Fall ist und den Kumulationspunkt mit pädagogisch verfehl-

---

[4] Vom „heimlichen Lehrplan" wird noch die Rede sein; vgl. Zinnecker (1975)
[5] „Übertragung": In die Wahrnehmung eines aktuellen Gegenübers fließen Erfahrungen mit früheren wichtigen Personen unbemerkt ein. Es kommt zu projektiven Vorerwartungen; sie können sich im ungünstigen Fall stark einschränkend auf die Verständnismöglichkeiten des Handelns des Gegenübers auswirken. „Gegenübertragung": Die durch „Übertragung" bedingte Wahrnehmungseinschränkung ruft beim Gegenüber affektive Reaktionen hervor. Denkbar sind etwa Enttäuschung und Wut oder auch geschmeichelte Voreingenommenheit.
[6] Zu den Begriffen „Kultur" und insbesondere „Kulturkritik" verweise ich vor allem auf die Überlegungen von Herbert Schnädelbach (2000) und speziell (1992), 158-182.
[7] Taylor (1992), (1994) Die Leistungsfähigkeit der Taylorschen Studien zum gesellschaftstheoretischen Verständnis der gegenwärtigen Entwicklungen ist begrenzt. Der starke Bezug des vorliegenden Lehrbuchs auf Taylor hängt mit der Einfachheit und Schlüssigkeit seiner Darlegungen für ein einführendes ideengeschichtliches Verständnis der neuzeitlichen Pädagogik zusammen.

ten Studien- und bildungsfremden Schulreformen noch nicht überschritten zu haben scheint.[8] Wer ernsthaft Lehrer werden will, muss sich demnach kritisch mit seiner eigenen Ausbildung auseinander setzen.

Aus der bildungsphilosophischen Leitidee, den gesellschafts- und organisationskritischen Darlegungen sowie den psychoanalytisch fundierten Erörterungen der Probleme von Lehrer-Schüler-Beziehungen wird die Schlussfolgerung gezogen, dass Lehrer ebenso wie Lehramtsstudierende ein angemessenes berufliches Selbstverständnis am ehesten in kollegialer Zusammenarbeit bewahren oder weiterentwickeln können, weshalb ihrer jeweiligen oder zukünftigen Schulkultur eine besondere Bedeutung zukommt.

1.2 Verschiedene Bedeutungen von „Grundwissen Lehrerberuf"

Der methodische Zugang eines Lehrbuchs, das ein bestimmtes Grundwissen zu einem Beruf vermitteln soll, ist durch seine Adressaten bestimmt. Es ist in erster Linie für diejenigen verfasst, die diesen Beruf eines Tages ausüben wollen oder dies zumindest ernsthaft erwägen. Sie werden erwarten, dass es nicht nur das wichtigste Wissen über diesen Beruf auswählt und möglichst systematisch darstellt, sondern dass es auch Rücksicht nimmt auf den normaler Weise bei ihnen als den Adressaten vorauszusetzenden Kenntnis- und Bildungsstand.

Beides gilt selbstverständlich auch für das vorliegende Lehrbuch. Beim Lehrerberuf kommt wie angedeutet die Rücksichtnahme auf eine letzten Endes bildungsphilosophisch begründete Berufsmotivation hinzu, die durch unsere Kultur vermittelt worden sein muss. Für den Lehrerberuf sind allerdings noch einige weitere Besonderheiten zu beachten, die in vergleichbarer Weise auf kein anderes Lehrbuch zutreffen. Sie hängen sowohl mit dem Beruf selbst als auch mit den möglichen Adressaten der Einführung zusammen und lassen sich unter dem Stichwort „Grundwissen" besonders gut verdeutlichen. Auch die Formel „Grundwissen Lehrerberuf" kann mehrere, sogar sehr verschiedene Bedeutungen annehmen – die durchaus alle sinnvoll sind.

Soziologisch gesehen ist der Lehrerberuf der bekannteste Beruf überhaupt.[9] Schon jedes ältere Kind verfügt als Folge der allgemeinen Schulpflicht über Erfahrungen mit dem Lehrerberuf. Wir können ohne weiteres behaupten, dass in unserer Gesellschaft jeder eine Art „Grundwissen" zum Lehrerberuf besitze. Das vorliegende Lehrbuch soll also etwas für angehende Lehrer vermitteln, was doch

---

[8] Dazu Pongratz (2009b), Henrich (2006)
[9] Das gilt, sofern man sich beim Berufsverständnis auf Erwerbsarbeit beschränkt.

auch schon jedes andere mündige Gesellschaftsmitglied in gewisser Hinsicht für sich beanspruchen darf. Das verlangt nach einer Spezifizierung, es macht aber jedenfalls eine erste Besonderheit des Lehrerberufs aus. Das „Grundwissen", das angehende Lehrer von ihrem zukünftigen Beruf erwerben sollen, muss jedenfalls irgendwie „gründlicher" sein als das, was Jedermann bereits über den Lehrerberuf weiß.

Schauen wir uns den Lehrerberuf inhaltlich an, so ist seine gesellschaftsöffentlich anerkannte Aufgabe darin zu sehen, Heranwachsenden wichtiges Wissen über unsere gesellschaftliche Kultur zu vermitteln. Zwar müssen offenbar nicht alle dasselbe Wissen erwerben, denn im Laufe der Schulzeit soll es ja auch zur Förderung unterschiedlicher Interessen und Begabungen der Schüler kommen, aber es gibt auch so etwas wie einen Grundvorrat an Wissen, den wir gern für alle Heranwachsenden verbindlich machen möchten. Dieser ist umstritten, und die Diskussion um ihn bewegt unter dem Stichwort „Bildungskanon" die Schulpädagogik spätestens seit der Durchsetzung der Schulpflicht im 19. Jahrhundert.[10] Nicht umstritten unter den Bedingungen einer demokratischen Gesellschaft ist, dass es ein solches verbindliches Wissensminimum geben müsse, umstritten ist allerdings, worin es genau bestehen solle. Diesen allseits erwünschten minimalen Wissenskanon könnte man durchaus auch als „Grundwissen" bezeichnen. Für unser Lehrbuch haben bereits diese ersten Beobachtungen die Konsequenz, dass es ein „Grundwissen" über den Lehrerberuf vermitteln soll,

- wo doch schon alle mündigen Gesellschaftsmitglieder über ein „Grundwissen" über den Lehrerberuf verfügen,
- während umgekehrt die Vermittlung eines minimalen „Grundwissens" an Schüler eine Hauptaufgabe des Lehrerberufs ist.

Bei genauerem Hinsehen zeigen sich sogar noch weitere Bedeutungen von „Grundwissen". Wer Lehrer werden will, weiß jedenfalls viel mehr über seine zukünftige Tätigkeit als dies bei allen anderen Berufsanwärtern normaler Weise der Fall sein kann. Wir erwarten von einem zukünftigen Lehrer, dass er sich bei der Entwicklung seines Berufswunsches in besonderer Weise mit seinen eigenen schülerbiographischen Erfahrungen mit Lehrern auseinandersetzt. Warum erwarten wir dies? Die Frage ist, wie ich bemerken möchte, für den Argumentationsgang dieses Lehrbuchs von ähnlicher Wichtigkeit wie die Rücksichtnahme auf den bildungsphilosophischen Sinn des Berufswunsches „Lehrer".

---

[10] Zur Problematik vgl. Heinrich (2001)

Eine erste pauschale Antwort lautet: weil der Lehramtskandidat von dem Schüler- in den Lehrerstatus wechseln will und weil er aus Erfahrung wissen sollte, wie sehr beide Positionen mitsamt ihren Perspektiven bei aller Unterschiedlichkeit doch zusammen gehören. Ich schlage vor, dass wir uns diese erste Antwort anhand eines kleinen Gedankenexperiments noch etwas genauer erschließen. Das Experiment ist notwendig stark vereinfacht und streng schematisiert – und hoffentlich gerade deshalb aussagekräftig. Stellen wir uns zunächst drei Lehramtsbewerber vor: einen, der sich gern an seine Schulzeit erinnert, einen, der dies ungern tut und einen, der die Rückerinnerung für überflüssig hält.

Beginnen wir mit dem Lehramtsbewerber, der sich gern an seine Schulzeit erinnert! Er hat vermutlich dort nicht nur fachliche Förderung erfahren, sondern auch ein Gespür für seine eigenen Fähigkeiten entwickelt. Er machte demnach die Erfahrung, dass sein Selbstbewusstsein und sein Selbstwertgefühl von seinen fachlichen Fähigkeiten unterstützt werden und er sich umgekehrt mit diesen Fähigkeiten selbst bewusst und kreativ an kulturellen Zusammenhängen beteiligen kann. Gute Erinnerung an die eigene Schulzeit schließt im Regelfall auch die Erinnerung an gute Lehrer ein, wenn wir von seltenen Ausnahmefällen bei ganz besonderer Begabung und/oder außergewöhnlicher häuslicher Unterstützung absehen. Lehramtsstudierende mit guten Schulerfahrungen werden wahrscheinlich bereits vor Studienantritt und den Berufswunsch unterstützend mehr oder weniger deutlich eigene Lehrer vor Augen haben: als gute Vorbilder für ihre spätere Berufstätigkeit.

Wir sollten, bevor wir das Gedankenexperiment fortsetzen, an dieser Stelle noch einige der angedeuteten Gesichtspunkte herausheben. Wer sich nämlich in einem schulischen Fachgebiet besonders gefördert erlebt hat, ist nicht einfach nur fachkompetent geworden, so dass er jetzt auf diesem Gebiet besonders leistungsfähig[11] wäre. Gerade insofern er dies ist, hat sich ihm – vermittelt durch die eigene Fachkompetenz – die Interessantheit eines ganzen Bereiches unserer Kultur wie etwa Deutsch oder Mathematik, Musik oder Sport objektiv erschlossen. Nach der subjektiven Seite hat sich auch sein Selbstbewusstsein verändert und sein Selbstwertgefühl zumindest potentiell gefestigt. Das Fachwissen hat also im Zuge seiner Entfaltung simultan persönlichkeitserweiternd gewirkt und zugleich einen zumindest anfänglichen Zugang zu einem größeren kulturellen Teilbereich eröffnet.

Und nicht nur das. Der auf diese Weise vom Lehrer geförderte Schüler hat dessen Engagement für die Entdeckung und Entwicklung seiner Fachkompetenz

---

[11] Was in der aktuellen öffentlichen Diskussion allerdings häufig nur ein anderes Wort für „wettbewerbs-" oder sogar „durchsetzungsfähig" zu sein scheint.

„am eigenen Leibe" erfahren. Ohne die Förderung des betreffenden Lehrers hätte er vielleicht weder den interessanten kulturellen Bereich noch das eigene Interesse daran entdeckt.[12] Er wäre, zugespitzt formuliert, ohne den Lehrer nicht derjenige geworden, der er heute ist. Wer also durch Lehrer in seiner fachlichen Entwicklung gefördert wurde, für den verbindet sich der gewonnene Fachbezug mit der Erfahrung einer sozialen Beziehung, die ihm diesen Fachbezug eröffnet und vermittelt oder zumindest erleichtert hat.

Ich sprach eingangs von „unserer Kultur". Eine solche Formulierung, soll sie angemessen sein, muss eine Verbindung von Fachbezug und human sinnvollen Sozialbeziehungen meinen. Die letzten Erwägungen können verdeutlichen, was ich schon eingangs als charakteristisch für den Lehrerberuf festgehalten habe: dass er von der Verbindung von Fachbezug und Sozialbeziehungen her zu verstehen ist. Lehrer eröffnen Heranwachsenden Fachbezüge, indem sie ihnen – wie unauffällig auch immer – ein Beziehungsangebot machen, das ihr unterrichtliches Engagement fundiert. Dadurch interpretieren sie zugleich unsere Kultur als eine, die sich im jeweiligen Fachbezug der Wahrheit der Dinge unvoreingenommen stellt, und die zugleich in der humanen, wechselseitigen sozialen Anerkennung gründet.[13] Hartmut von Hentig hat das in einem berühmt gewordenen Buchtitel bezüglich der Aufgabe der Schule in der angemessenen Reihenfolge so ausgedrückt: „Die Menschen stärken, die Sachen klären."[14]

Indem Lehrer den Zugang zu (fachlichem) Wissen eröffnen, vermitteln sie (kulturelles) Wissen, das wir, weil es dem Fachwissen erst seinen Sinn verleiht, mit Fug und Recht als „Grundwissen" bezeichnen können. Es war oben bereits die Rede von einem „Grundwissen", das Lehrer laut öffentlichem Auftrag allen Heranwachsenden vermitteln sollen. Es hatte den Sinn eines Minimalwissens. Unsere letzten Überlegungen haben uns hingegen zu einer neuen Bedeutungsvariante von „Grundwissen" geführt. Wir können hier vom „kulturellen" Grundwissen sprechen.

---

[12] Unter dem Eindruck der alltagsweltlich-selbstverständlichen Mediennutzung vieler Heranwachsender wird in öffentlichen Darstellungen das pädagogisch unterstellte Kompetenzgefälle gern „auf den Kopf gestellt". Ich warne davor, hieraus falsche Konsequenzen zu ziehen. Der frühzeitig erleichterte Zugang zu beliebigen Datenmengen erhöht zugleich den Bedarf an Orientierungshilfen. Die medial bedingten Veränderungen der Lehrertätigkeit heben ihre pädagogische Notwendigkeit nicht auf. Im Gegenteil.
[13] Dazu Honneth (1992), (2000), (2005); in bildungstheoretischer Konsequenz vgl. Hafeneger u. a. (2002), Stojanov (2006)
[14] Hentig (1984)

- Lehrer sollen den Schülern ein kulturelles „Grundwissen" vermitteln, das „unterhalb" jedes konkreten Wissens liegt und diesem seinen humanen sozialen Sinn verleiht.

An dieser Stelle ist ein einschränkender Hinweis wichtig, bei dem ich auf eine persönliche Erfahrung aus universitären Lehrveranstaltungen zurückgreifen möchte. Wenn ich dort Lehramtsstudenten nach den Attributen von Lehrern fragte, die sie besonders beeindruckt und gefördert haben, zeichnete sich regelmäßig und über die Jahre gleichbleibend eine tief greifende Unterscheidung ab. Während die meisten ihr Vorbild so schilderten, dass der betreffende Lehrer engagiert und gerecht gewesen sei, dass er also vorbehaltlos alle Schüler zu fördern versucht habe, ließen einige durchblicken, dass sie dem von ihnen besonders geschätzten Lehrer eine Sonderförderung verdankten, die sie allerdings in den Augen von Klassenkameraden nicht unbedingt beliebter gemacht habe. Der für sie biographisch wichtig gewordene Lehrer wurde dann regelmäßig als hoch fachkompetent, aber auch stark fachleistungsorientiert beschrieben, und zwar mit direkter Auswirkung auf seine Sympathieverteilung gegenüber Schülern. Da sich die betreffenden Studenten als Schüler in dem Fach des Vorbildlehrers besonders leistungsbereit zeigten, wurde ihnen die Wertschätzung des Lehrers zuteil, die er leistungsschwächeren Schülern entsprechend deutlich entzog.

Interessant ist, dass umgekehrt andere Studenten immer wieder berichteten, ihre schlimmsten Lehrer seien diejenigen gewesen, die fachliche Leistungen unmittelbar mit persönlicher Wertschätzung kombiniert und sie oder andere Schüler für unzureichende Fachleistungen gering geachtet oder sogar gedemütigt hätten.

Damit sind wir zu unserem Gedankenexperiment zurückgekehrt. Stellen wir uns jetzt einen Lehramtsstudierenden vor, der sich an seine Schulzeit nur ungern erinnert! Auch hier werden Lehrer eine wichtige Rolle spielen – diesmal eine entsprechend schlechte. Sie haben in seinen Augen mehr oder weniger deutlich versagt, sei es, weil sie ihn nicht gefördert oder gelangweilt, sei es, weil sie ihn vor unangenehmen Mitschülern nicht geschützt haben. Vielleicht hat er Entmutigungen oder sogar Demütigungen in Erinnerung. Warum erwarten wir erst recht von einem solchen Lehramtsstudenten, dass er seine schlechten Erinnerungen aufarbeitet?

Zunächst wohl ganz einfach, damit er sich der negativen biographischen Folgen defizitären Lehrerhandelns für so manchen Schulabsolventen bewusst bleibt, wie er sie selbst am eigenen Leib erlebt hat. Wir sehen ohne weiteres ein, dass dies im Kontext unangenehmer Erinnerungen an vielleicht sogar kränkende

Ereignisse viel verlangt sein kann und einer gewissen psychischen Anstrengung bedarf. Umgekehrt werden wir intuitiv vermuten, dass eine Aufarbeitung der eigenen schmerzlichen Schülererfahrungen den zukünftigen Lehrer davor bewahren hilft, sich leichtfertig über mögliche verletzende Wirkungen eigenen unangemessenen Lehrerhandelns hinwegzusetzen.

Wenn wir uns einer psychoanalytisch informierten Sichtweise bedienen wollen – für die manche alltagsweltliche Erfahrung spricht –, dann werden wir darüber hinaus die Befürchtung hegen, dass unaufgearbeitete biographische Verletzungen im Innern des Betreffenden unbewusst weiter leben und ihn im schlimmsten Fall dazu verleiten können, das am eigenen Leib Erlittene unkontrolliert weiter zu geben. Mag die psychische Aufarbeitung der eigenen negativen Erfahrung im letzteren Fall als unerlässlich erscheinen, so ist sie jedenfalls auch bei weniger gravierenden Erlebnissen hilfreich: weil sie die Schülerperspektive in lebendiger Erinnerung zu halten vermag.

Unser Gedankenexperiment ist an dieser Stelle fast an ein Ende gekommen. Nur die dritte Denkmöglichkeit fehlt noch. Ich erwähne sie kurz, um sie dann methodisch zu vernachlässigen. Denkbar wäre ein Lehramtskandidat, der an die eigene Schulzeit kaum Erinnerungen hätte, weder nennenswert gute, noch nennenswert ungute. Er müsste „eigentlich" darüber nachdenken, wie sich die Farblosigkeit seiner Reminiszenzen erklären lässt. Aber leider müssen wir vermuten, dass er das deshalb nicht tun wird, weil sein Erleben offenbar insgesamt dazu tendiert, Ereignisse und Personen um ihn herum zu vergleichgültigen.[15] Das innere Motiv, die eigenen Erinnerungen aufzuarbeiten, wird ihm vermutlich ebenso fehlen wie die Vorstellung, später einen wichtigen – jedenfalls für die Schüler nicht unwichtigen – Beruf auszuüben. Solche Lehramtskandidaten scheint es nach meinen persönlichen Erfahrungen tatsächlich zu geben, und ihre Zahl scheint mir in den letzten Jahren eher zu- als abzunehmen. Wenn wir uns eingestehen wollen, dass es auch für den Lehrerberuf ungeeignete Kandidaten gibt – was ich hiermit ausdrücklich vorschlage zu tun – dann möchte ich den soeben modellierten Typ hinzuzählen.

Unser bis jetzt ganz schematisches Gedankenexperiment können wir nun zu Ende führen. Zunächst zeigt sich, dass beide relevanten Gruppen von Lehramtskandidaten, diejenigen mit vorwiegend guten und diejenigen mit markant schlechten schulbiographischen Erfahrungen, gut daran tun, ihre Erinnerungen und Erlebnisse bewusst im Gedächtnis zu behalten und auf ihre berufsbiographi-

---

[15] Der Gedanke, dass manche Heranwachsende z. B. die biographische Bedeutung der Computerwelt aufwerten, um – unbewusst – ihre „Realwelt", zu der nicht zuletzt die Schule gehört, zu vergleichgültigen, bietet sich assoziativ an.

sche Bedeutung hin zu reflektieren. Alle diese Erfahrungen – und das gilt im Prinzip auch für die schlechtesten – stellen einen Vorrat an wichtigen Erinnerungen dar.

Die guten Erinnerungen sind unzweifelhaft eine Erfahrungsvorrat, der im späteren Berufsleben gerade dann wichtig werden kann, wenn ernüchternde und enttäuschende Erfahrungen mit einzelnen Schülern überhand zu nehmen drohen, vor allem dann, wenn der Lehrer in Zweifel gerät, ob er überhaupt Wichtiges bewirken kann. Gestehen wir uns nebenbei ein – was ich hiermit ebenfalls zu tun vorschlage –, dass es wirklich schwierige Schüler gibt, die noch dem besten Lehrer zu schaffen machen können! Die bewusste Erinnerung an die eigenen negativen Erfahrungen ist dann immer wieder geeignet, sich die Schülerperspektive besser zu vergegenwärtigen. Das kann in vielen Konfliktfällen zu einer emotionalen Entspannung führen, die sachliche Einschätzungen erleichtert und praktische Auswege öffnet.

Mit den letzten Überlegungen haben wir uns aus dem Schematismus des Gedankenexperiments gelöst und sind der realen Situation von Lehramtsstudenten nahe gekommen. Welcher wache Lehramtskandidat hätte in seiner Schulzeit nicht beeindruckend gute *und* enttäuschend schlechte Lehrer erlebt – neben den vielen anderen, die tatsächlich blass oder unbedeutend geblieben sind! Jeder verfügt demnach über ein Arsenal an wertvollen Erfahrungen, welches Lehrerhandeln welche womöglich nachhaltigen Wirkungen auf Schüler haben kann.

Was das entsprechende Wissen über den Lehrerberuf betrifft, so ergibt sich hier eine bemerkenswerte Parallele zu dem, was oben über das Verhältnis von Sachwissen und kulturellem Grundwissen gesagt wurde, die beide vom Lehrer vermittelt werden sollen. Wie andere Schulabsolventen auch weiß der Lehramtsstudierende viel über den Lehrerberuf. Bei ihm kommt das Wissen hinzu, wonach die Erfahrungen mit Lehrern seine Persönlichkeit so beeinflusst haben, dass er sich in seiner zukünftigen Berufstätigkeit auch an ihnen als Vorbildern – positiven wie negativen – zu orientieren versuchen wird. Dieses Wissen betrifft also seine Persönlichkeit selbst und wie er sie zukünftig-beruflich ins Spiel bringen will. Wir können es als personales Reflexionswissen und in diesem Sinne als berufliches Grundwissen bezeichnen, das existenziell wichtige, emotional bedeutsame und ethisch maßgebliche Komponenten mit umfasst. Es ist im Kern bildungsphilosophischer Natur. Damit zeigt sich eine fünfte Bedeutung von „Grundwissen", die an unsere Ausgangsfrage anschließt, was Lehrer bewege.

- Lehramtskandidaten bringen ein für sie reflexiv bedeutsames, bildungsphilosophisches „Grundwissen" über den Lehrerberuf mit, das in ihre Berufsentscheidung maßgeblich einfließt.

Aus dieser letzten Feststellung ergibt sich eine Bestätigung unserer ersten Festlegungen. Das vorliegende Lehrbuch wird existenzielle, emotionale und ethische Anforderungen an den Lehrerberuf nicht nur thematisieren müssen, es hat auch das hierzu notwendig vorhandene bildungsphilosophische Grundwissen bei seinem Adressaten ernst zu nehmen und anzusprechen, indem es geistesgeschichtlich und gesellschaftstheoretisch vertiefte sowie u. a. psychoanalytisch vertiefende Reflexionsmöglichkeiten anbietet. Auf diese Weise soll nach Wegen gesucht werden, das bereits bei jedem engagierten Lehramtsstudenten ansatzweise oder latent vorhandene Grundwissen auszudifferenzieren und systematisch zu fundieren. Dabei geht es darum, Strukturen des Lehrerhandelns deutlicher zu erkennen, die eine Unterscheidung ermöglichen zwischen Problemen, die ein Lehrer lösen können sollte und denen, die er lernen muss auszuhalten ohne zu resignieren.

Worum es nicht, jedenfalls nicht in erster Linie geht, ist das Angebot an ausgebreiteten Wissensbeständen über den Lehrerberuf. Durch sie dürfte das bereits vorhandene reflexive Grundwissen auf keinen Fall ignoriert oder sogar (mehr oder weniger direkt) überlagert und entwertet werden. Damit differenziert sich der oben für das Lehrbuch in Anspruch genommene Begriff von „Grundwissen" in die folgenden fünf entscheidenden Bedeutungen aus:

- Lehramtskandidaten, die ihr Berufsziel ernst nehmen, bringen ein für sie biographisch bedeutsames und ursprünglich bildungsphilosophisches, reflexives „Grundwissen" über den Lehrerberuf in ihr Studium mit, das in ihre Berufsentscheidung maßgeblich einfließt.
- In einem Lehrbuch über den Lehrerberuf geht es deshalb um die Vertiefung und systematisierende Verdichtung des selbstreflexiven „Grundwissens" von Lehramtsstudierenden und das Angebot von Möglichkeiten zu einer entsprechenden existenziellen, emotionalen und ethischen Selbstverständigung.
- Zu beachten bleibt, dass auch alle anderen mündigen Gesellschaftsmitglieder über ein „Grundwissen" über den Lehrerberuf aus der Schülerperspektive verfügen.
- Die Vermittlung a) eines minimalen „Grundwissens" als „Wissenskanon" ist eine unumstrittene Aufgabe des Lehrerberufs.

- Letzterer liegt die Vermittlung b) eines kulturellen „Grundwissens" zugrunde, das „unterhalb" jedes konkreten Wissens diesem erst seinen sozial-humanen Sinn verleiht.

1.3 Organisationsbedingte Unterschätzung des Grundwissens

Von diesen fünf unterschiedlichen Bedeutungen dessen, was „Grundwissen" im direkten Zusammenhang mit dem Lehrerberuf meinen kann, wird die vierte („Wissenskanon") im Folgenden kaum eine Rolle spielen. Zwar ist ihre Bedeutung in der öffentlichen Diskussion unbestreitbar, sie wird aber zuungunsten des fünften Punktes – kulturelles Grundwissen – öffentlich überschätzt. Mit dieser Behauptung nähere ich mich wieder dem, was im Untertitel mit „kulturkritisch" gemeint ist. Dies lässt sich im Zusammenhang mit Punkt drei, wonach sich jeder als Experte bezüglich des Lehrerberufs sehen darf, noch weiter verdeutlichen.

Denn dass dieser Punkt in den letzten Jahren zunehmend für die öffentliche Diskussion um Schulen und sogenannte Bildungsstandards eine problematische Rolle spielt, zeigt sich unter anderem daran, wie sehr Nicht-Pädagogen sich als pädagogische Experten zu sehen und als potentielle Schulreformer berufen zu fühlen scheinen, etwa Unternehmensberater oder solche Personen, die im wirtschaftlich-beruflichen Bereich besonders erfolgreich waren. Die Basis des gängigen schulkritischen Argumentierens pflegt dann immer auch die vieljährige eigene Schulerfahrung zu sein. Aus demselben Grund muss jeder Lehrer damit rechnen, dass sein Handeln jederzeit von unzufriedenen Eltern mit pädagogischen Argumenten kritisiert werden kann. Das kann in Einzelfällen für den Lehrer gerade dann bitter werden, wenn er auf Versäumnisse des Elternhauses pädagogisch kompensativ zu reagieren versucht hat und die entsprechenden Eltern ihn dann umgekehrt mit fachlich klingenden Vorwürfen konfrontieren.[16]

In den letzten anderthalb Jahrzehnten lassen sich für jeden aufmerksamen Zeitgenossen zwei Trends leicht beobachten. Einerseits findet eine bemerkenswerte Mobilisation der öffentlichen Aufmerksamkeit für pädagogische Fragen statt. Sie wird von Reformerwartungen an unser Schulsystem von kultuspolitischer Seite begleitet, während gleichzeitig Wirtschaftsverbände und Konzerne mit flankierenden Stützungsangeboten für die von ihnen so genannte „Bildung" aufwarten. Daran scheint kaum jemand Anstoß zu nehmen, die Kultuspolitik

---

[16] Dass es auch häufig den umgekehrten Fall geben wird, wonach Eltern ihre Kinder vor zu großem Einfluss pädagogisch unzureichend handelnder Lehrer schützen müssen, wird aus den folgenden Darlegungen noch hervorgehen, spätestens unter dem Stichwort „Fluchtwege".

heißt das Interesse und die Unterstützung von Wirtschaftsseite offenbar schon aus finanziellen Gründen willkommen. Andererseits findet eine tiefgreifende Bedeutungsverschiebung des mit „Bildung" publikumswirksam Gemeinten statt. Gewiss war dieser mehr als zweihundert Jahre alte Begriff schon mehrfach Gegenstand bedeutender Uminterpretationen. Historisch neu aber ist, dass „Bildung" inzwischen mit betriebswirtschaftlichem Denken steigerbar, organisatorischen Maßnahmen förderbar und in ihren Resultaten exakt messbar erscheint. Es geht um mehr „Leistung" und „Qualität", „Bildung" wird flächendeckend evaluiert und inspiziert. Die geforderte Modernisierung des Bildungssystems beginnt dann mit der systematischen Verflachung des Bildungsbegriffs – der aspektweise in das direkte Gegenteil des mit ihm ursprünglich Gemeinten[17] verdreht wird.

Bezogen auf den obigen fünften Punkt hat dies wie erwähnt zur Folge, dass die Bedeutung des „kulturellen Grundwissens", das durch den Lehrerberuf repräsentiert und vermittelt werden soll, öffentlich zumeist fehleingeschätzt und nur sehr eingeschränkt verstanden wird. Die Reduktion von „Bildung" auf vorzeigbare „Leistung" hat damit bedenkliche Folgen für das Verständnis des Lehrerberufs und betrifft indirekt unser Kulturverständnis insgesamt. Diese ersten Andeutungen müssen selbstverständlich noch genauer erläutert werden. Allerdings kann sich an dieser Stelle schon weiter abzeichnen, warum ich das vorliegende Lehrbuch als „kulturkritische" Einführung bezeichne.

Was die beiden erstgenannten Bedeutungen von „Grundwissen" betrifft, so machen Lehramtsstudierende vom ersten Studiensemester ab eine Erfahrung, deren mögliche Bedeutung wir in unserem Kontext nicht unterschätzen sollten. Ihre biographischen Vorerfahrungen als Schüler werden in den hochschulischen Lehrveranstaltungen allenfalls ausnahmsweise thematisiert. Das scheint zwar für viele von ihnen deshalb ganz selbstverständlich zu sein, weil es sich mit ihren Vorstellungen von Studium, Wissenschaft und Hochschule zwanglos verbindet. Bezogen auf unseren ersten Punkt bedeutet es aber nichts anderes, als dass die Bearbeitung des biographisch erworbenen und an die Hochschule mitgebrachten reflexiven Grundwissens von allen Beteiligten – Hochschullehrern wie Studierenden – in der Tendenz als Privatsache betrachtet wird. Nennt man dies die unzulässige Individualisierung eines strukturgegebenen Problems, so werden wir ähnlichen Phänomenen während unserer weiteren Erörterungen noch häufiger begegnen.

Tatsächlich gibt es gravierende organisatorische Gründe, warum das selbstreflexive, biographisch erworbene Grundwissen während der Lehrerausbildung

---

[17] Dazu folgt ein Aufriss im Schlussteil, vgl auch Ilien (2008), 112-149

weitgehend ignoriert zu werden pflegt. Sie fangen bei den Bedingungen der Massenhochschule an und setzen sich bis zur Betonung der „Wissensvermittlung" fort, die wie erwähnt unter einseitigen Leistungsgesichtspunkten bereits die Erwartungen an die Schulen und Schüler dominiert. Wo es zentral um Wissensvermittlung und Leistungsabprüfung geht, wird die selbstreflexive Aufarbeitung des biographisch längst vorhandenen Grundwissens über den Lehrerberuf nebensächlich – sofern sie nicht offen für irrelevant erklärt wird.

Die aktuelle Lehrerausbildung wie sie an Hochschulen, Universitäten und im Referendariat betrieben wird, ist demnach defizitär und zwar aus organisatorischen Gründen. Die Defizite liegen zunächst in den Organisationsbedingungen selbst – die Hochschule ist unter Forschungsbedingungen auf die Lehrerausbildung nicht spezialisiert, und die Schulbehörde folgt ihrer kultuspolitischen Logik bei der Benotung von zukünftigen Lehrern. Wollte man die Lehrerbildung wirklich verbessern, müsste sich das öffentliche Selbstverständnis verändern, wonach unsere Kultur vermeintlich vom produktiven Wettbewerb aller mit allen und gegen alle lebt. Wie bereits eingangs festgestellt, ist die Leitidee des Lehrerberufs hingegen, dass Heranwachsende erfahren können sollen, dass der heranwachsende Mensch des erfahreneren Menschen bedarf, um zu sich selbst zu finden.

Der Grundfehler der Lehrerausbildung, der die öffentlichen Missverständnisse des Lehrerberufs nur widerspiegelt, liegt also nicht in den Bildungsorganisationen als solchen und ist durch deren Reform auch nicht zu beheben. Denn er liegt „tiefer", weil er in den gesellschaftlichen Verkehrsformen und dem sie begleitenden öffentlichen Selbstverständnis angelegt ist. Allerdings lassen sich die organisatorischen Maßnahmen danach unterscheiden, ob sie geeignet sind, einem neuzeitlichen Pädagogik-Verständnis eher entgegen zu kommen oder zu widerstreiten. Gewiss ist, dass sich durch die Übertragung von Modellen der Unternehmensberatung auf die Hochschulen, durch Steigerung von „Effizienz" welcher Art auch immer und Prämierung für „Exzellenz" das Fehlverständnis des Lehrerberufs nicht aufheben lässt. Wahrscheinlich ist, dass sich durch derlei Maßnahmen die Drift der öffentlichen Bildungs-Diskussion in die irrige Richtung beschleunigt. „Kulturkritisch" ist das vorliegende Lehrbuch, indem es das öffentlich vorherrschende Selbstverständnis unserer Kultur kritisiert: weil es auf einem kulturellen Selbstmissverständnis beruht und „nebenbei" auch verfehlt, warum junge Leute den Lehrerberuf ergreifen wollen.

Schließlich möchte ich noch die Konsequenz aus Punkt 2 ziehen. Er betraf die vom Lehrbuch geforderte Vertiefung und Verdichtung des reflexiven Grundwissens von Lehramtskandidaten. Nach dem öffentlich verbreiteten Wissenschaftsverständnis kann Wissenschaft erst da beginnen, wo alle Fragen ihrer subjektiven Bedeutung methodisch eingeklammert werden und keine Rolle mehr spielen: denn die Ergebnisse sollen ja objektiv sein. Wäre dies die einzig mögliche Position, dürfte dieses Lehrbuch – wollte es die bildungsphilosophisch engagierte Ausgangslage seiner Adressaten wirklich würdigen – nicht wissenschaftlich sein. Die hier in Anspruch genommene „kulturkritische" Perspektive versteht sich aber durchaus als „wissenschaftlich". Sofern man darunter eine Selbstverständigung über den Lehrerberuf auf den Grundlagen unserer neuzeitlichen Kultur versteht, mag man sie „kulturwissenschaftlich" nennen.[18] Indem es um vertieftes Sinnverstehen der Strukturmerkmale des Lehrerberufs geht, ist sie zugleich auch kritisch und „tiefenhermeneutisch"[19]. Der Argumentationsgang ist dementsprechend nicht linear, wie man dies bei Wissensanreihungen oder Kausalableitungen erwarten würde, sondern spiralförmig. Wie bei einer Wendeltreppe verändert sich der Ausblick in die perspektivisch wiederkehrenden Landschaftsausschnitte, während sich der Überblick erhöht bzw. der Einblick vertieft. Die Achse dieses schrittweisen Auf- und Abstiegs ist die Frage, was Lehrer wirklich bewege.

Sieht man von den schematisierten Vorschlägen für einige typologische[20] Verstehensmodelle ab, ist der Stil über weite Strecken essayistisch. Wenn es häufiger „wir" heißt, sind Haltungen gemeint, bei denen ich davon ausgehen möchte, dass wir – Leser und Autor – sie in letzten Endes gemeinsamer bildungsphilosophischer Gründüberzeugung teilen. In den späteren Teilen soll die Formulierung darauf verweisen, dass ich für die vorgetragenen Argumentationsschritte Plausibilität anstrebe. Diese rekurriert auf die angedeutete Gemeinsamkeit von Grundüberzeugungen, die sich im Verlauf des Argumentationswegs inhaltlich anreichern und verdichten sollte. Ich habe deshalb auch an mehreren Stellen auf persönliche Erfahrungen[21] zurückgegriffen, sofern sie mir von der Sache her aufschlussreich erschienen. Sie sind auch da noch schematisierend vereinfacht dargestellt, wo Anschauungsnähe beabsichtigt ist.

---

[18] Dazu Brumlik (2006)
[19] Damit ist ein psychoanalytisch differenziertes Sinnverstehen gemeint.
[20] Strukturgegebene Anforderungen werden auf ihre mögliche Verarbeitungsweisen durch die betreffenden Rolleninhaber befragt. Daraus werden „Typen" der Bewältigung der Anforderungen theoretisch-plausibel abgeleitet. Es müssen sich in der Erfahrung tendenzielle Entsprechungen zu den typo-logischen Ableitungen auffinden lassen. Dazu: Herzog (2003)
[21] Dazu rechne ich auch indirekte Erfahrungen, die mir durch die Mitglieder der Projektgruppe „Bildungsbezogene Schulentwicklungsforschung" am Institut für Erziehungswissenschaft der Leibniz Universität Hannover vermittelt wurden.

1.4 Kontinuität und Brüche in der Schulpädagogik und in der Lehrerausbildung

Lehramtskandidaten sind, wenn sie ihren Beruf antreten, mehr als zweieinhalb Jahrzehnte lang pädagogisch betreut worden und haben demnach unsere gesellschaftliche Realität entscheidend unter pädagogisch bestimmten Perspektiven kennen gelernt. Die normale Berufsbiographie eines Lehrers erweist sich in dieser Einschränkung als auffallend kontinuierlich. Nach elterlich-häuslicher Erziehung und Kindergarten/Vorschule kamen die Grundschule, dann die weiterführende Schule, auf die das Hochschulstudium und das Referendariat folgten, das in der Schulform absolviert wurde, die für die zukünftige Berufszeit gewählt worden war. Die meisten Lehrer müssen erst ihr siebtes Lebensjahrzehnt erreichen, um ein Leben zu führen, das nicht mehr unter pädagogischen Vorzeichen steht.

Wir sollten ausdrücklich notieren, dass ein solches Maß an Kontinuität kaum für irgendeine andere Berufskarriere unter neuzeitlichen Bedingungen gelten kann. Hinzu kommt noch, dass die Flexibilisierung von Berufstätigkeiten für die wirtschaftliche und sozio-kulturelle Entwicklung unter Globalisierungsbedingungen von führenden Gesellschaftstheoretikern als ein zentrales Charakteristikum herausgestellt wird.[22]

Dem Lehrerberuf haftet somit etwas Unmodernes an, das vielleicht schon als antiquiert erscheinen könnte. Das auffallend hohe Maß an Kontinuität, das die Lehrerbiographien bis heute kennzeichnet, findet seine Parallele in der entscheidenden Funktion, die wir diesem Beruf zuweisen. Lehrer sollen Kinder durch ihre Jugend hindurch auf dem Weg ins Erwachsenwerden begleiten und sie dabei unterstützen, ihre je eigenen Fähigkeiten auf mündige Weise zu entwickeln. Auch hier geht es um Kontinuität. Was zunächst nur als Parallele erscheint, erweist sich als Begründung. Wir gehen nämlich davon aus, dass für die Entwicklung Heranwachsender Herausforderungen wichtig sind, Brüche aber problematisch sein können. Lehrer sollen demnach Heranwachsende zu dem herausfordern, was an guten Möglichkeiten in ihnen steckt,[23] sie müssen dabei aber solche Brüche zu vermeiden suchen, in denen verletzendes Potential droht. Was liegt näher als die Erwartung, dass sie selbst nicht unter schwereren psychischen Beeinträchtigungen leiden sollten, die durch solche Brüche erzeugt sind!

---

[22] Das ist ein zentrales Thema der Arbeiten von Richard Sennett „Der flexible Mensch", Berlin 2000, und „Die Kultur des neuen Kapitalismus", Berlin 2007. Zygmunt Bauman (2008) spricht von der „flüchtigen Moderne".
[23] Benner (1987), 57-71

Erwarten wir von ihnen zusätzlich, dass sie Verletzungen oder Beeinträchtigungen ihrer Schüler, die außerhalb der Schule und ihrer eigenen Verantwortung geschehen sind, bearbeiten, indem sie deren Wirkungen zu lindern versuchen? – Die Antwort hierauf ist eindeutig ja, und zwar deshalb, weil Lehrer dieser Aufgabe gar nicht ausweichen können. Sie fließt, wo es zu Beeinträchtigungen der Aufwachsbedingungen ihrer Schüler gekommen ist, in ihren schulischen Alltag ein – und zwar unvermeidlich.

Allerdings haben Lehrer die Möglichkeit, diesen Sachverhalt zu ignorieren, indem sie ihn umdefinieren und dann delegieren. Das wird uns noch unter dem Stichwort „Fluchtwege" beschäftigen.[24] Dass dies tatsächlich in pädagogischen Kontexten möglich und nicht immer unüblich ist, könnte uns bereits exemplarisch am Beispiel der hochschulischen Lehrerausbildung aufgefallen sein. Die Art, wie Studium und Referendariat organisiert sind, macht die Rücksichtnahme auf die individuellen Vorerfahrungen der Lehramtsbewerber schwierig, wo sie diese nicht verhindert. Im Studium wird letzten Endes abgeprüft, ob der Kandidat hinreichend abprüfbares Wissen erworben hat. Im Referendariat wird getestet, ob er Schüler unter Vorführbedingungen dazu bringen kann, eine Unterrichtsstunde gemäß seiner Vorher-Planung mitzugestalten. Das mag gewisse Rückschlüsse erlauben – aber man wird ihnen nach dem oben Dargelegten eine nur sehr eingeschränkte Prognosekraft zubilligen können.

Die Hochschule bzw. die Universität *als Organisation* definiert, was für den zukünftigen Lehrerberuf wichtig ist, sie definiert es gemäß ihren eigenen organisatorischen Möglichkeiten, die sich schließlich in einer objektivierbaren Zensur zusammen fassen lassen müssen. Im Prinzip dasselbe gilt für das Referendariat. Die Aufarbeitung der eigenen biographischen Erfahrungen mit dem Lehrerberuf wird nicht nur von den Ausbildern (Dozenten, Fachseminarleiter) an die Bewerber individuell delegiert – oder sollten wir sagen: von der Organisation? –, es kommt hier gewissermaßen sogar zu einer Quadrierung der Delegation. Denn der jeweilige Bruch selbst, der den Bewerbern von der Organisation zugemutet wird, wird im Regelfall innerorganisatorisch nicht thematisiert.

Der Student, der sich fragt, ob er das vom Dozenten abverlangte Wissen wirklich brauche und ob es ihn überhaupt später etwas nützen werde, wird sich normaler Weise hüten, diese Frage dem Dozenten zu stellen: dafür wird er den entsprechenden Zweifel umso nachdrücklicher unter seinen Mitstudenten in Umlauf setzen. Findet ein „heimlicher Lehrplan", sieht man von disziplinstren-

---

[24] Systematisch dargestellt habe ich dies in: Ilien (2008), 206-221

gen Internaten ab, irgendwo günstigere Wachstumsbedingungen als während der Lehrerausbildung?[25]

Wir stoßen an dieser Stelle auf einen für die neuzeitliche Pädagogik insgesamt äußerst wichtigen Sachverhalt. Durch die organisatorische Etablierung pädagogischer Einrichtungen – Schule, Hochschule, Referendariat – werden *zugleich* die Wahrnehmung pädagogischer Verantwortung *und* ihre unpädagogische Delegation ermöglicht. Tatsächlich ist der berufsbiographische Werdegang des Lehrers keineswegs nur durch Kontinuitäten, also gleitende Übergänge gekennzeichnet, er enthält auch Brüche. Sie verlieren nicht dadurch an Bedeutung und Problematik, dass wir uns an sie gewöhnt haben mögen. Was für die zukünftigen Lehrer gilt, trifft aber prinzipiell auch auf alle anderen Heranwachsenden zu.

Es mag zwar sein, dass viele Kinder den Eintritt in die Grundschule als unproblematisch erleben, es besteht aber auch kein Zweifel daran, dass er für manche mit einer Reihe von Schwierigkeiten verbunden ist. Nicht zufällig wird der Unterricht in der Eingangsklasse von Grundschullehrern (Es handelt sich ganz überwiegend um Lehrerinnen!) als besonders nerven- und kräftezehrend wahrgenommen.

Grundsätzlich beginnt die Schule für alle Kinder mit einer zumindest dreifachen Diskontinuität, die zu ertragen ihnen sehr unterschiedlich leicht bzw. schwer fällt. Die Kinder werden buchstäblich zu „Schülern" gemacht, also nicht mehr wie kleine Kinder behandelt und dabei verallgemeinerten Verhaltens- und Leistungsnormen unterstellt. Außerdem müssen sie die räumliche Anwesenheit vieler Gleichaltriger – bisher zumeist ein Anlass zu spielerischem Umgang – mit ungewohnter Disziplin ertragen, aspektweise ignorieren lernen. Schließlich sollen sie in neuartiger Selbstverständlichkeit Wissen aufnehmen und wiedergeben.

Die gravierendste Diskontinuität, die durch die Schule in das Leben der Kinder organisationsbestimmt hereingebracht wird, besteht jedoch in der methodischen Annahme gleicher Lernvoraussetzungen für alle. Die prinzipielle Ignoranz der häuslichen Herkunftswelten macht erst die schulische „Gerechtigkeit" möglich, wonach es für gleiche Leistungen möglichst gleiche Leistungsbewertungen geben soll: die ihrerseits biographisch bedeutsam werden, und zwar schon beim Übergang in die weiterführende Schule.

---

[25] „Heimlicher Lehrplan" ist der Fachausdruck dafür, dass in der Schule „unterhalb" des offiziellen Lehrplans und als Nebenwirkung des schulisch gewollten Lernens immer unbeabsichtigte Einstellungen mitgelernt werden, die teilweise in direktem Gegensatz zu den offiziellen Lernzielen stehen: wenn etwa die Schüler lernen, ein berechnendes Verhalten zum bequemen Notenerwerb zu entwickeln, etwa durch Pfuschen oder dadurch, dass sie den Lehrern Interesse heuchelnd „nach dem Mund reden"; vgl. Zinnecker (1975). Für entsprechende Probleme in Reformschulen vgl. Helsper (1997)

Wir werden intuitiv einsehen, dass die Schule, will sie gesellschaftlich wichtig sein und bleiben, nicht nur Leistungen fordern, sondern auch bewerten muss. Dazu bedarf sie gewisser objektiver Maßstäbe. Die schulisch-innerorganisatorisch benötigte „Gerechtigkeit" macht die verschwiegene Voraussetzung, dass im Prinzip *alle* Kinder häuslich einigermaßen günstige und förderliche Aufwachsbedingungen erfahren haben. Insofern Letzteres aber nicht zutrifft, erweist sich die schulische Gerechtigkeit für die Kinder mit ungünstigen Voraussetzungen als ungerecht, und die Schule bestraft sie gewissermaßen für die häuslichen Versäumnisse *zusätzlich* mit schuleigenen Mitteln, etwa Zensuren und Laufbahnempfehlungen. Das wiederum erschien noch erträglich, so lange ein Arbeitsmarkt existierte, der auch allen für leistungsschwächer Befundenen befriedigende Tätigkeiten anbieten konnte.

Gewiss war die Voraussetzung hinreichend günstiger häuslicher Voraussetzungen für alle Kinder vom Anfang der Durchsetzung der Schulpflicht im 19. Jahrhundert an mehr als zweifelhaft – durch die veränderten Wirtschafts- bzw. Arbeitsmarkbedingungen der letzten Jahrzehnte unter Globalisierungs-Vorzeichen finden millionenfach Arbeitssuchende keine gesicherten und einigermaßen ausreichenden Arbeitsverhältnisse mehr. Diese gesellschaftsstrukturell bedingte Schwierigkeit schlägt mit aller Härte in die Schulen und damit in den Lehrerberuf hinein. Muss nicht die Aussicht, durch die eigenen Berufstätigkeit und deren Bewertungspflichten zum Faktor in einer unglücklichen Biographie von ohnehin benachteiligten Heranwachsenden werden zu können oder gar zu müssen, jeden aufgeschlossenen Lehramtskandidaten emotional belasten?

2 Der Lehrerberuf: öffentlich und gesellschaftsabhängig

2.1 Bekannt, aber uneindeutig: der Lehrerberuf

Der Lehrerberuf ist also wie erwähnt der gesellschaftsöffentlich bekannteste und damit der öffentlichste Beruf überhaupt. Allerdings sollten wir einen Sachverhalt beachten, der so einfach zu sein scheint, dass man ihn leicht übersehen oder zumindest unterschätzen könnte. *Den* Lehrerberuf gibt es nämlich nicht, insofern könnte auch der Titel dieses Buches eine illusorische berufliche Einheitlichkeit suggerieren. Denn der Begriff „Lehrer" fasst unterschiedliche Berufstätigkeiten zusammen, die zwar gemeinsame Merkmale, aber auch verschiedene Wege und Grade der Ausbildung, der Besoldung und – nicht zuletzt – des öffentlichen Prestiges aufweisen.[26]

Unzweifelhaft „Lehrer" sind die Grundschullehrer, halten wir nebenbei fest, dass sie inzwischen zu hohen Anteilen weiblichen Geschlechts sind. Auch Haupt-, Real- und Gesamtschullehrer rechnen wir intuitiv dazu. Aber sind Lehrer an Gymnasien noch in demselben Sinne „Lehrer" wie die Grundschullehrer, oder erscheinen sie uns nicht doch eher als „Studienräte", deren kultuspolitische Sonderinteressen öffentlich zumeist von einem „Philologen"-Verband wahrgenommen werden?

Was ist mit den „Hochschullehrern"? Stellen wir uns unter einem renommierten Universitätsprofessor einen „Hochschullehrer" vor oder nicht doch eher einen „Forscher", den wir, vielleicht zur Förderung des Erkenntnisfortschritts eher von seinen Lehraufgaben entbinden möchten? Hochschullehrer sollten wir also wohl nur mit ausdrücklichen Einschränkungen in unsere Überlegungen einbeziehen. Sollten wir vielleicht Pädagogik-Professoren einen Sonderstatus zuweisen? Schließlich sind sie die Lehrer zukünftiger Lehrer: müsste sich das nicht auf den Charakter ihrer Lehre und ihres beruflichen Selbstverständnisses auswirken?

Bei Jubiläumsansprachen für berühmte Leute schließlich tauchen mit Regelmäßigkeit „Lehrer" als bedeutsame Weichensteller für deren Lebensweg auf. Wer kein hemdsärmeliger Self-made-man war, kann stets auf „Lehrer" als Geburtshelfer seiner späteren Bedeutsamkeit verweisen, und so ist es eine Aus-

---

[26] Zur „Berufskultur" vgl. Terhart (1997)

zeichnung, „Schüler" eines jener Meister gewesen zu sein – ebenso wie der berühmt gewordene „Schüler" nachträglich seinen „Lehrer" adelt. Allerdings: Das Herausragende und nicht selten Charismatische solcher „Lehrer" lässt sich „beruflich" gerade nicht fassen, es entzieht sich jeder allgemein verbindlichen Ausbildbarkeit oder Standardisierung. Von dieser Art Lehrer sprechen wir also beim Lehrerberuf normaler Weise nicht, weil und obwohl sie eine Idealvorstellung repräsentiert.

Gewissermaßen auf der anderen Seite, am Anfang biographischer Wege sind „Erzieher", „Kindergärtner" (auch sie sind in der Realität sehr überwiegend weiblich) in unserem Sprachgebrauch keine „Lehrer", jedenfalls so lange nicht, wie dieser Bereich noch nicht „vorschulisch" durchstrukturiert ist. Gerade daran lässt sich eine Besonderheit beobachten, auf die wir bereits in anderem Zusammenhang gestoßen sind. Wenn wir vom „Lehrerberuf" sprechen, dann fassen wir berufliche Tätigkeiten zusammen, die sich auf Heranwachsende richten und bei diesen die Aufnahme wichtigen Wissens bewirken sollen. Ob und inwieweit diese Aufnahme von Seiten der Schüler gelingt, entscheidet dann über ihre weitere innerschulische Betreuung und Förderung. Insofern also in der schulischen Pädagogik und im Lehrerberuf das an alle „normalen" Heranwachsenden vermittelbare Wissen im Vordergrund steht, beziehen sich beide gerade *nicht* direkt auf die Persönlichkeiten, das Selbstbewusstsein oder Selbstwertempfinden der Heranwachsenden. Letztere werden vielmehr unter den Organisationsbedingungen von Schule durch den Lehrer als *hinreichend gefestigt vorausgesetzt*, so dass dann, wie wir gesehen haben, die innerschulisch geübte Gerechtigkeit bei den Bewertungsmaßstäben einsetzen kann.

Dass allerdings Wissen nicht mit Selbstbewusstsein und Selbstwertempfinden gleichgesetzt werden dürfen und also auch nicht die ganze Persönlichkeit ausmachen, ist uns im Alltag ohne weiteres vertraut.[27] Die derzeit öffentlich vertretene Überbetonung der Schulleistungen und Leistungsschulen stellt inso-

---

[27] Mit dem schwierigen Verhältnis von Wissen und Selbsterleben bzw. Selbstwertempfinden beschäftigt sich seit gut hundert Jahren die Psychoanalyse. Im Zuge der Frühaufklärung kam es im 17. Jahrhundert zu Formen einer voreiligen Identifikation von Wissen und Selbstbewusstsein; sie wurde in der Romantik ein Jahrhundert später dementiert. Dass die allerersten Lebensjahre in besonderer Weise die Persönlichkeit des Heranwachsenden zeitlich vor der Wissensaufnahme im engeren Sinn „bilden", war deshalb im 18. Jahrhundert den damaligen klassischen Pädagogik-Theoretikern, insbesondere Johann Gottfried Herder, noch selbstverständlich – sofern es denn im Rahmen unserer christlichen Vorgeschichte überhaupt je öffentlich ganz vergessen werden konnte. Darauf ist noch zurück zu kommen.
Unter anerkennungstheoretischen Gesichtspunkten hat Axel Honneth einschlägige Überlegungen vorgelegt: Honneth (2005).

fern eine Verkürzung unseres gesellschaftlich „eigentlich" schon erreichten Kulturniveaus dar. Sie wird unter Stichworten wie „Modernisierung" u. Ä. von bestimmten gesellschaftlichen Gruppen und Lobbys vertreten und bezieht ihre Durchschlagskraft für viele Eltern aus der Sorge um das spätere berufliche Fortkommen ihrer Kinder. Ihre „Glaubwürdigkeit" ist durchaus in Angst wesentlich mitbegründet.

Die schulische Betonung der Wichtigkeit des Wissens für die Heranwachsenden hat wie bereits erwähnt für die Lehrer beruflich bedenkliche Folgen. Aus der organisationsbedingten Vernachlässigung der realen Aufwachsbedingungen der Kinder durch die Schule spitzt sich die Ausgangssituation der Lehrkräfte auf eine unglückliche Alternative zu. Entweder wird die Schule als Ganze als ein gesellschaftlicher Bereich verstanden, in dem der besagte Unterschied zwischen Wissen und Selbstbewusstsein systematisch ignoriert wird; oder aber in der Schulpädagogik werden die Aufwachsbedingungen normaler Kinder als so günstig eingeschätzt, dass die Schule sich auf Wissens-Vermittlung spezialisieren kann, während sie die Fragen der Charakter- und Persönlichkeitsbildung ihrer Schüler getrost und ohne schädliche Folgen vernachlässigen darf. Dass ersteres nur eine rein theoretische Möglichkeit ist, in Wirklichkeit aber auf den Bankrott der Schulpädagogik hinausliefe, haben wir bereits ansatzweise gesehen. Allerdings zeigt die andere Alternative, dass die Schulpädagogik unter den gegenwärtigen organisatorischen Bedingungen mitsamt den in ihr tätigen Lehrern zu einem Gesellschaftsbild verleitet wird, das kindergünstige häusliche Randbedingungen und Lebenswelten *voraussetzt*, so dass nun – in Schule und Unterricht – vom Lehrer mit der Vermittlung wichtigen Wissens begonnen werden kann. Man könnte hier von einer organisationsbedingten Verführung zu einem naiven, unrealistisch optimistischen Gesellschaftsbild sprechen.

Die Rede vom „Lehrerberuf" bezieht sich demnach auf bestimmte Entwicklungsphasen der Heranwachsenden und entsprechende Schulformen, wobei wir die frühen Phasen zunächst ausblenden, um bei den späteren Phasen, in denen besonders Begabte schulisch/hochschulisch betreut werden, nur noch mit Einschränkungen („Studienrat" oder gar „Hochschullehrer") vom „Lehrerberuf" zu sprechen. Schaut man auf Besoldung, Ausbildungsintensität und Lehrdeputate, dann zeigt sich noch etwas Bemerkenswertes. Gymnasiallehrer und Sonderschullehrer (sieht man vom Hochschullehrer ab) weisen deutliche Privilegierungen auf. Die Gymnasiallehrer haben kaum noch mit Kindern, sondern überwiegend mit Jugendlichen und Jungerwachsenen zu tun, und die Sonderschullehrer arbeiten an einer Schulform, der so wenig öffentliche Aufmerksamkeit gilt, dass sie im Bewusstsein eines angeblich nur *drei*gliedrigen Schulsystems glatt unterschlagen werden kann.

Unser Befund, der sich auf leicht beobachtbare organisatorische Gegebenheiten des Lehrerberufs und einige sprachliche Besonderheiten im Umgang damit bezieht, lautet demnach: Die Rede vom „Lehrerberuf" vereinheitlicht organisatorisch getrennte Tätigkeiten und visiert den pädagogischen Umgang dafür ausgebildeter Erwachsener mit „normalen" Kindern und Jugendlichen an, deren Persönlichkeit hinreichend gefestigt zur Aufnahme wichtigen Wissens erscheint. Die pädagogische Belastung für Lehrer durch ggf. unterdurchschnittliche Begabung von Schülern und deren entsprechende „Sonder"-Behandlung wird anerkannt – wiewohl sie gesellschaftsöffentlich wenig Beachtung findet; wie soll die Klientel von Sonderschulen auch unter betonten Leistungs-Anforderungen konkurrenzfähig und damit gesellschaftlich nennenswert nützlich erscheinen! Der pädagogische Anspruch gegenüber ggf. überdurchschnittlich leistungsfähigen Schülern wird hingegen in jeder Hinsicht honoriert, obwohl hier die Klientel so vorselegiert ist, dass sich die Pädagogik weitgehend auf Wissensvermittlung beschränken zu können scheint.

Man muss noch einen Schritt weiter gehen: Die mit der Schule und dem Lehrerberuf üblicher Weise verbundene Konzentration auf die Vermittlung von Wissen setzt Schüler voraus, die bereits hinreichend gefestigte Charakterstrukturen entwickelt haben, also aus häuslichen Herkunftswelten stammen, die dem schulischen Lernen günstig entgegenkommen. Diese verweisen ihrerseits auf gesellschaftliche Umgangsformen der Menschen miteinander, die von den Eltern und dann den Kindern als lebenswert-akzeptabel eingeschätzt wurden und die ein wirtschaftliches Auskommen auch für leistungsschwächer befundene Absolventen bereithalten.

Der Lehrerberuf ist also von der Schulpädagogik abhängig, die organisationsbedingt über ihr Bild vom normalen Schüler auch mit optimistischen gesellschaftlichen Unterstellungen arbeitet. Damit erscheint erstens der Lehrerberuf zwar unzweifelhaft als äußerst wichtig, aber doch auch extrem abhängig von den gesellschaftlichen Rahmenbedingungen, die sich als konkrete lebensweltlich-häusliche Aufwachsbedingungen und allgemeine Zukunftsaussichten der Schüler auswirken. Der Lehrerberuf ist gewissermaßen organisationsbedingt zum Optimismus verpflichtet.

Was passiert mit diesem Beruf und im Bewusstsein seiner Inhaber, wenn der Optimismus durch die gesellschaftlichen Realentwicklungen selbst nachhaltig relativiert oder sogar untergraben wird?

Ich schlage vor, zunächst den Gesichtspunkt der Abhängigkeit der Vorstellungen von Schulpädagogik und Lehrerberuf von gesellschaftlich verbreiteten Vorstellungen in seiner Bedeutung noch zu vertiefen. Ich möchte dabei auf persönliche Erinnerungen aus zwei biographischen Phasen zurückgreifen, die noch meine eigene Schulbiographie nachhaltig bestimmt haben. Der Zeitraum der ersten liegt gut fünfzig, der der zweiten dreißig Jahre zurück. Meine Vorgehensweise ist exemplarisch, erhebt also nicht den geringsten Anspruch an eine überblickshafte Vollständigkeit, wohl aber erfolgt sie in systematischer Absicht. Es sollen Grundprobleme des Lehrerberufs in Abhängigkeit von gesellschaftlich-historischen Realbedingungen und öffentlich geteilten Anschauungen an zwei stilisiert extremen Beispielen deutlich werden.

2.2 Autoritäres Berufsverständnis von Lehrern in den 50er Jahren

An der Realschule, die ich vor gut einem halben Jahrhundert in einer westdeutschen Großstadt besuchte, „herrschten" (buchstäblich) Vorstellungen von Lehrern[28] über Schüler und sich selbst, die heute allenthalben Kopfschütteln hervorrufen würden – wenn nicht handfeste Strafverfahren durch die Eltern. Uns Schülern, die wir aus fremden Stadtteilen herbeikamen, weil die Schule in einer anderen untergebracht war, so dass es Schichtunterricht gab, wurde schon anlässlich der ersten Begrüßung klargemacht, dass die neuen Lehrer ihre Tätigkeit ganz unzweifelhaft in Ähnlichkeit zu Feudalherren verstanden, an deren Höfen noch die Gerichtsbarkeit samt körperlicher Züchtigung und der Beschämung von Frevlern geübt wurden. Der Unterricht wurde jedenfalls gerade so gehalten wie sich die einzelnen Lehrer das vorstellten. Er war auch keineswegs uniform, denn er gab den individuellen Willküren breiten Raum. Allerdings galt die allgemeine Regel: Schüler, die nicht mitarbeiten konnten oder wollten, bewiesen damit, dass sie nicht an die Schule gehörten und deshalb an die Volksschule zurück mussten, von „wo sie hergekommen" waren.

Was meine damaligen Lehrer uns Schülern auf bisweilen bizarre und entsprechend verstörende Weise demonstrierten, war, dass wir im Unterricht ausschließlich von ihnen, keineswegs aber sie auch von uns abhängig wären. Sie kamen jedem Fehlverhalten unsererseits auf eine so selbstverständlich misstrauische Weise zuvor, dass selbst unser vorschriftsmäßigstes Reagieren ihren Verdacht nie hätte zerstreuen können, unser Verhalten sei in Wirklichkeit aus-

---

[28] Leider gilt das Folgende tatsächlich für die meisten der damaligen Lehrer, aber – gottseidank – wirklich nicht für alle. Die Ausnahmen habe ich in besonders dankbarer Erinnerung.

schließlich ihr eigenes Verdienst als Wirkung ihrer systematischen Einschüchterung.

Diese Lehrer arbeiteten erfolgreich, denn sie mussten Misserfolg nicht fürchten. Der konnte ihnen gar nicht passieren, weil sie den Unterricht für sein Gelingen von den Schülerreaktionen gänzlich unabhängig erklärt hatten. Den Unterrichtserfolg zu beurteilen, stand uns Schülern von vornherein nicht zu. Allerdings haftete der vorgeführten Selbstherrlichkeit dieser Lehrer etwas an, was doch mit ihren Personen nichts zu tun hatte: Das war die Macht, mit der sie folgenreich in unsere Biographien eingreifen konnten. Ihr „Erfolg" war demnach nicht wirklich der ihrige, er war kein persönlich verdienter. Je unverfrorener sie ihre individuellen Unarten auslebten, umso mehr agierten sie unter der Schutzmacht anonymer Faktoren. Es konnte sich hierbei nicht nur um innerschulische handeln.

Bevor ich auf diese Frage näher eingehe, indem ich noch einige der damaligen Zeitumstände skizziere, möchte ich einen Gesichtspunkt noch wenigstens erwähnen, der bisher nur indirekt angeklungen ist. Die Lehrer begegneten uns Schülern mit einer Art von prophylaktischem Misstrauen, das durch seine methodisch geübte Selbstverständlichkeit allerdings von uns nicht als so geringschätzig und verletzend erlebt wurde, wie es sich aus heutiger Sicht vielleicht nahe legen würde. Sollten sie uns Kinder gemocht haben, so zeigten sie es nicht, höchstens im Anschluss an Beweise selbstdisziplinierten und nicht selten unterwürfigen Schülerverhaltens, das auf gesteigerte Leistungsfähigkeit und -bereitschaft schließen ließ. Dass die meisten von uns nie in den Genuss solcher Aufwertung und deshalb auch nie auf die Idee gekommen wären, ihrerseits diese Lehrer zu mögen, und dass wir Abneigung gegen sie empfanden, war für sie keine Überraschung, ganz im Gegenteil, es war die Voraussetzung, mit der sie ihr oft unerbittlich strenges Handeln selbst begründeten. Der von Lehrern errichteten Macht-Fassade korrespondierte unterwürfiges, unehrliches und zynisches Schüler-Verhalten, dessen Verführungen nur die Selbstbewusstesten und psychisch am meisten Gefestigten unter uns widerstehen konnten.[29]

Die geliehene Macht dieser Lehrer reichte korrumpierend in unser Schüler-Selbstbewusstsein hinein. Von welchen außerschulischen Faktoren also stammte sie ab?

Eine erste Antwort ist bereits angedeutet worden. Die Lehrer entliehen ihre Macht dem Drohpotential möglichen schulbiographischen Abstiegs, der selbstverständlich logisch an die Verheißung möglichen Aufstiegs durch Schulerfolg

---

[29] An dieser Stelle bietet sich zu einer literarischen Illustration der Verweis auf das 11. Kapitel von Thomas Manns „Die Buddenbrooks" an.

gekoppelt war. Damit die entsprechenden Drohgebärden auch für uns Heranwachsende wirksam werden konnten, waren sie in Kontexte eingebunden, die weit über den Bereich des Schulpädagogischen hinausreichten, also auch von den Lehrern nicht beeinflusst, sondern „nur" ausgenutzt werden konnten. Diese Kontexte, die man als lebensweltlich bezeichnen könnte, begannen für uns Schüler direkt bei unseren Eltern. Für meine und meinesgleichen Eltern waren die Lehrer damals echte Autoritäten – und jeder mögliche Schulerfolg des eigenen Kindes zugleich ein Prestigeheber in den Augen von Verwandten, Nachbarn, Arbeitskollegen oder auch Chefs. Die Macht der Lehrer war ihnen durch gesellschaftliche Leitvorstellungen ähnlich verliehen wie ganz konkret durch die Aufstiegswünsche oder Abstiegsängste unserer Eltern bezüglich unserer – der Kinder – Zukunft.

Tatsächlich wurden wir Schüler wie angedeutet in der besagten Realschule nicht nur gedemütigt, einige wurden auch für gute Schulleistungen belobigt. Sogar schon das erfolgreiche Absolvieren der Schule durch die Mittlere Reife galt in meinem Wohnviertel als eine Art Titel. Es war überdeutlich: Lehrer selegieren Schüler durch die Beurteilung ihrer Leistungen. Man könnte im Nachhinein sagen, dass diese Aufgabe seinerzeit so sehr im Lehrer-Bewusstsein verankert war, dass keinerlei Hehl daraus gemacht wurde. Dass der Besuch „höherer" Schulen eine Ehre war, ließ sich schon an deren ritualisierten Selbstdarstellungen ablesen – übrigens auch an dem monatlich zu entrichtenden Schulgeld.

Besonders aufschlussreich erscheint in diesem Zusammenhang der Unterschied zu den Erfahrungen, die ich in meiner Volksschule im Stadtteil gemacht hatte. Auch hier war es disziplinarisch nicht gerade zimperlich zugegangen, geohrfeigt wurde auch und Nachsitzen gab es für unruhigere Schüler reichlich – auch das ging nie ganz ohne Beschämung vor der Fremdklasse ab. In dieser Schule gab es viele problematische Schüler, und Prügelszenen entspannen sich manchmal blitzartig auf dem Schulhof, wenn nur der aufsichtführende Lehrer gerade abgelenkt war. An eine methodisch eingesetzte Geringschätzung gegenüber uns Schülern, wie wenn wir moralisch suspekt gewesen wären, erinnere ich mich in der Volksschule hingegen nicht. Er war das Markenzeichen der Realschule und wurde dort offen oder indirekt mit den Privilegien begründet, die ein erfolgreicher Schulabschluss mit sich bringen würde. Ich schlage vor, diesem Sachverhalt eine besondere Erklärungskraft für die damaligen pädagogischen Selbstverständnisse zuzubilligen.

Noch in den 60er Jahren erreichte nur etwa ein Fünftel der einzelnen Jahrgänge in Deutschland das Abitur und die Mittlere Reife. Tatsächlich wurde in den weiterführenden Schulen sehr selbstverständlich „gesiebt". Man könnte daraus, zugegeben spekulativ und psychologisierend, die Vermutung ableiten, dass die Realschullehrer in der Selbstverständlichkeit, mit der sie die Selektion unverhüllt zum Formprinzip ihres Unterrichts machten, uns Schülern jedwede Illusion bezüglich des Hauptzwecks dieser Schule und Schulform ersparten. Die Lehrer dieser Schule hatten die Macht, über unseren Auf- oder Abstieg zu entscheiden. Umgekehrt, was sie selbst betraf, so schützte sie ihre Distanz vor jeder Form des Mitgefühls mit uns Schülern: die wir zu großen Teilen „aus kleinen Verhältnissen" kamen und zu nicht geringen Teilen auch vorzeitig dahin wieder zurück mussten.

Schulabschlüsse, die über dem damals verbreiteten Hauptschul-Standard lagen, wurden als wichtig genug betrachtet, dass wir Heranwachsenden mit der Aussicht darauf unter Druck gesetzt werden konnten. Hätte man öffentlich darauf hingewiesen, dass Einschüchterung oder gar Angsterzeugung pädagogisch fragwürdige Gepflogenheiten seien, dann hätte wohl die Mehrheit der damaligen erwachsenen Zeitgenossen erstaunt reagiert und eine für sie nahe liegende Gegenfrage gestellt, etwa in dem Sinn, wie sie selbst mit so viel Wehleidigkeit den Krieg und die Nachkriegszeit hätten überstehen sollen. Sinngemäß hätten sie hinzugefügt, dass eine gewisse Festigkeit im Umgang mit Kränkungen alltäglich und gerade beruflich wichtig sei – und die Kinder genau diese Festigkeit nicht anders als durch abhärtende Übung erreichen könnten.

Selbst wenn man meine persönlichen Realschul-Erlebnisse im Vergleich zur schulischen Gesamtsituation der frühen 50er Jahre als überdurchschnittlich negativ einstuft, wird man aus den wenigen Andeutungen vorsichtige Rückschlüsse ableiten dürfen. Unzweifelhaft haben sich unsere Vorstellungen von Schulpädagogik und damit die Sicht auf den Lehrerberuf seither tiefgreifend verändert. Allein schon mit der Verdreifachung der Zahl der Absolventen höherer Schulabschlüsse bei den heute etwa 40- oder 50jährigen hat sich das so genannte Bildungsniveau der deutschen Gesamtbevölkerung in einer Weise erhöht, von der Schulreformer früherer Zeiten nur hätten träumen können. Möglichkeiten schulischen Aufstiegs haben sich, als Wirkung ihrer massenhaften Verbreitung, weitgehend entdramatisiert. Ebenso hat sich auch das Wissen um die Wichtigkeit und Verletzlichkeit kindlichen Selbstbewusstseins popularisiert.

Es hat also im letzten halben Jahrhundert nicht nur gravierende Veränderungen in den Schulkarrieren großer Bevölkerungsteile gegeben, mithin im Bildungssystem und allgemeinen Bildungs-Verständnis, es muss auch zu deutlichen Sensibilisierungen gegenüber dem Eigen-Sinn kindlichen Erlebens gekommen sein. Sie waren ihrerseits, so lässt sich unschwer vermuten, mit einem Zuwachs an Gefühl der Erwachsenen für ihre eigenen Belange und Bedürfnisse verbunden. Zugleich ist anzunehmen, dass der ungezügelten Ausübung persönlicher Willkür und dem ungestraften Ausleben neurotisch-sadistischer Neigungen, wie wir sie historisch mit der Rohrstock-Pädagogik früherer „Schulmeister" assoziieren, dadurch ein für allemal ein Riegel vorgeschoben wurde. Die öffentlichen Vorstellungen vom Lehrer-Beruf sind mithin anspruchsvoller geworden. Auf eine wichtige Phase öffentlicher Sensibilisierung für die Belange von Kindern will ich gleich am Beispiel eingehen. Zuvor aber soll noch etwas anderes festgehalten werden.

Die Erwachsenen vor fünfzig Jahren haben das Geschehen an den Schulen hochgradig danach beurteilt, ob es auf ihre alltäglich erfahrbare Lebenssituation vorbereite. Diese war in meiner Jugend wie angedeutet immer noch von der Nachkriegsnot geprägt. Die Erwachsenen hatten allesamt schlimme Dinge zumindest erlebt, wenn sie diese nicht selbst begangen hatten.[30] Der Hass, den noch jeder Krieg voraussetzt, und der im Nationalsozialismus als Zwillingsbruder des Größenwahns geschürt worden war, hatte den Glauben an das angeboren Gute im Menschen zutiefst erschüttert. Die Scham über das kollektiv Verbrochene regte sich zumeist bei denjenigen, die selbst eher hilflose Opfer des politischen Terrors gewesen waren, während viele der Täter längst wieder zur Tagesordnung übergegangen waren und vorschlugen, endlich „nach vorne zu blicken". Nur die Überzeugung, es habe schweres Unrecht gegeben und es drohe neues, vereinte die politischen Widersacher. Die Welt – und Deutschland im Besonderen – war politisch gespalten in zwei Machtblöcke, die sich in wechselseitiger Angst soeben wieder aufrüsteten. Der Alltag musste buchstäblich dem Trümmerschutt wieder abgerungen werden. In diesem gesellschaftspolitischen Gesamtklima nahmen seinerzeit die meisten Erwachsenen, auch die Eltern der Schüler, bemerkenswert wenig Anstoß an demütigenden Schulerfahrungen der Heranwachsenden mit der augenscheinlich realistischen Begründung, „das Leben" sei „eben so und nicht anders".

Für uns Heutige bietet sich daraus die Vermutung an, dass enge, also starke Zukunftssorgen bereitende Bedingungen des alltäglich gelebten Lebens auch den Blick auf Pädagogik nachhaltig verengen. Man könnte umgekehrt vermuten: Nur unter nennenswert günstigen, also als gut und gerecht empfundenen, Lebensbedingungen des ganz überwiegenden Teils der erwachsenen Bevölkerung kann sich ein großzügiges Verständnis des mit Pädagogik und dem Lehrerhandeln sinnvoll Gemeinten mehrheitlich durchsetzen. Wie erwähnt tendiert die Schulpädagogik aus Gründen ihrer Organisation dazu, sich an ungünstige gesellschaftliche Verhältnisse so sehr anzugleichen, dass sie diese als naturgegeben hinnimmt,

---

[30] Zu den massen- und gruppenpsychologischen Zusammenhängen: Welzer (2005)

dadurch beschönigt und beginnt, die Kinder in pädagogischer Selbstverständlichkeit an diese anzupassen. Der oben entwickelte Gedanke, Pädagogik setzte günstige gesellschaftspolitische Rahmenbedingungen voraus, würde sich dann eher als verhängnisvoll für die Pädagogik selbst erweisen, sofern diese Rahmenbedingungen unter ein demokratischen Ansprüchen entsprechendes Niveau absänken.

2.3 Antiautoritäre Vorstellungen in den 70ern

Zum Ende der 60er, Anfang der 70er Jahre scheint sich eine hinreichend optimistische Sicht der gesellschaftlichen Lage (nicht nur) in der Bundesrepublik bei den jüngeren Erwachsenen neuartig durchgesetzt zu haben, die zugleich einen geschärften Blick auf reale oder vermeintliche Missstände von Gesellschaft und Pädagogik erst ermöglichte.[31] Sieht man von den tiefgreifenden Veränderungen der Jugendkultur ab, die sich damals in historisch erstmalig radikaler Weise von den Leitvorstellungen der etablierten Erwachsenen absetzte, dann dürfte seinerzeit kaum ein Gesellschaftsbereich von den Umwälzungen so betroffen gewesen sein wie die Pädagogik, mithin auch keine Berufsgruppe wie die der Pädagogen. Das Schlagwort von der „antiautoritären Erziehung" machte öffentlich Furore.

Gut zwanzig Jahre, nachdem ich persönlich dem oben skizzierten Kasernenhof-Umgang entronnen war, wartete eine neuerliche pädagogische Prüfung auf mich, während ich am damaligen Pädagogischen Seminar der Universität Hannover bereits entsprechend beruflich tätig war. Wir, meine Frau und ich,[32] hatten uns 1979 darum beworben, dass unsere Tochter in die Glocksee-Schule aufgenommen würde.

Von dieser Schule hatte ich längst gehört, sogar einen Film gesehen und einige Texte gelesen. Nicht dass ich alles verstanden hätte! Manche der gesehenen Bilder irritierten mich, weil es an der Glocksee-Schule wie mir schien ziemlich chaotisch zuging; auch hatte ich Mühe, die einschlägigen Texte zu verstehen, deren Sprache theoretische Perspektiven und praktische Durchblicke verriet, die mir noch verschlossen waren. Dadurch entstand allerdings – für mich jedenfalls – eine Aura von Fortschrittlichkeit, die erst demjenigen ihre Geheimnisse zu lüften versprach, der sich auch aktiv in sie hineinzubegeben wagte. Dazu hatte ich mich entschlossen.

---

[31] Vgl. etwa Ziehe (1996)
[32] Um die Darstellung nicht zu komplizieren, schildere ich die Vorgänge im Folgenden ausschließlich aus der Ich-Perspektive.

Die Glocksee-Schule galt damals, Ende der 70er Jahre, als Unikum unter den Staatlichen Schulen einerseits und unter den alternativ-antiautoritären Projekten andererseits, weil sie im Unterschied zu den pädagogisch verwandten Freien Schulen etwa in Frankfurt, Bremen, Essen oder Berlin von Anfang an als Schulversuch im Rahmen des Staatlichen Schulsystems abgesichert worden war.[33] Dies war vor allem das Verdienst des Schulgründers und Sozialphilosophen Oskar Negt, der die Schule nicht nur mit der Unterstützung durch progressive Politiker schon bei der Gründung rechtlich zu verankern gewusst, sondern kurz danach auch eine ausführliche theoretische Begründung des Schulversuchs geliefert hatte.[34]

Die Glocksee-Pädagogik verstand sich als politisch-kritisch. Es ging ihr darum, zunächst innerhalb des Schullebens selbst, dann aber auch öffentlich erfahrbar zu machen, dass Kinder unter veränderten Organisationsbedingungen der Schule anders lernen können, als sie dies unter den Zwangsbedingungen der alternativkritisch so genannten „Regelschule" zu tun genötigt werden. Der Leitgedanke war, dass die natürliche Lernneugier der Kinder ebenso wie ihre angeborene Bereitschaft, sich untereinander gesellig und solidarisch zu verhalten, unter dem Zugriff gängiger schulischer Unterrichtsverpflichtungen mit anschließender Benotung erstickt und in ein berechnendes, angepasst-autoritäres Verhalten umgeleitet würden. Zwar wurde – das war schon schulrechtlich nicht anders möglich – die Schulpflicht nicht außer Kraft gesetzt, aber jede Verpflichtung zur Unterrichtsteilnahme strikt abgelehnt. Die Kinder sollten sich in der Schule und auf dem Schulgelände frei bewegen und zum Beispiel jederzeit miteinander spielen können.

Hinter diesen Freizügigkeiten steckte keineswegs eine Missachtung von Unterricht, Lernen oder Wissen – ganz im Gegenteil. Die Glocksee-Pädagogik wurzelte in einem nahezu bedingungslosen Vertrauen in die angeborene kindliche Bereitschaft, sich anderen Kindern und der Umwelt unter den eigenen kindlichen Lerninteressen zuzuwenden. Die Betonung liegt hierbei auf den „eigenen" Lerninteressen, wie sie noch kindlich-unverfälscht durch autoritäre Zugriffe von erwachsenen Pädagogen vorgestellt wurden. Die Überzeugung war, dass Kinder, sofern und sobald sie sich ihrer Freiheit von pädagogisierenden Übergriffen versichert haben würden, sich selbstbestimmt und, wie es hieß: „selbstreguliert", mit den wirklich wichtigen Sachverhalten beschäftigen würden. Man war über-

---

[33] Man vergleiche nur die Situation der Glocksee-Schule mit der ersten unter den „Freien Schulen", der FS Frankfurt. Zur alternativen Pädagogik insgesamt vgl. die exemplarische Studie von Hartmut von Hentig (1985).
[34] Negt (1975)

zeugt, dass die Kinder, würde man ihnen die eigenen Lernrhythmen zugestehen, in kurzer Zeit und hoch motiviert Lernpensen absolvieren und ggf. nachholen könnten, von denen man unter den Organisationsbedingungen der „Regelschule" kaum etwas ahnen würde.

Das Lernen sollte von den Interessen der Kinder ausgehen, und es sollte möglichst projektförmig erfolgen – wie angedeutet, stets bei Freiwilligkeit der Teilnahme. Zensuren und Leistungsbewertungen sollte es keine geben, wohl aber differenzierte Berichte, in denen es um die Persönlichkeitsentwicklung der Kinder insgesamt ging. Die Eltern wurden zu intensiver Teilnahme am Schulleben verpflichtet: sie kochten reihum für die Kinder und sollten an den vierzehntäglich stattfindenden Elternabenden teilnehmen. Der Schulversuch startete 1972, war einzügig und nahm etwa 20 Kinder pro Klasse auf. Er umfasste zunächst nur die Grundschulzeit und wurde dann auf sechs Schuljahre erweitert. Anfang der 80er Jahre wurde die Schule auf zehn Schuljahre ausgebaut und im Niedersächsischen Schulgesetz als „Schule mit besonderer pädagogischer Prägung" abgesichert.

Für mich war ein Gesichtspunkt im Konzept der Glocksee-Schule, wie es Negt vorgelegt hatte, faszinierend, zwei Perspektiven hingegen elektrisierten und irritierten mich gleichzeitig. Die Vorstellung, mein Kind an eine Schule zu geben, in der kein Lehrer an seinen Anlagen und Fähigkeiten zweifeln und meinen würde, es mit pädagogischen Zugriffen disziplinieren zu sollen, hatte für mich etwas ungemein Erleichterndes. Es war mir klar, dass mein Kind unter freiheitlichen Bedingungen, die im übrigen meine häuslichen Erziehungsvorstellungen fortsetzen sollten, am besten gedeihen – und „nebenbei" auch lernen – würde. Das war der faszinierende Gesichtspunkt.

Elektrisierend und irritierend war für mich die Perspektive, in der Negt in seinen historisch-gesellschaftstheoretisch, schulpädagogisch sowie linguistisch und psychoanalytisch weit ausholenden Überlegungen die besondere Organisationsform der Glocksee-Schule als „Vorgriff über die politischen Verhältnisse hinaus"[35] darstellte. Das hieß nicht weniger, als dass der Schulversuch als solcher offen gesellschaftskritisch bzw., in der Terminologie dieses Lehrbuchs, „kulturkritisch" angelegt war. Das setzte ein unerhört liberales schulpolitisches Klima in den 70er Jahren voraus, es verpflichtete die Schule aber auch zu dem Nachweis, dass selbst unter den aktuell herrschenden kapitalistischen Verhältnissen ein kindangemessenes „Lernen ohne Zwang", wie es von der Glocksee-Pädagogik propagiert wurde, tatsächlich möglich sei. Negt hatte in seinem Aufsatz 1975 indirekt angekündigt, die Glocksee-Schule könne im Lauf der Jahre

---

[35] A.a.O., 36

schlagende *pädagogische* Argumente gegen das *politisch-wirtschaftliche* Gesellschaftssystem liefern. Für gesellschaftskritisch eingestellte Zeitgenossen (wie mich) war dies eine ungeheuer ermutigende Aussicht. Ängstigend war die Frage, was bliebe, wenn sie sich als Illusion erweisen würde.

Die zweite elektrisierende Perspektive in Negts Analysen wirkte auf mich damals nicht nur theoretisch, sondern auch egoistisch-praktisch verunsichernd. Negt hatte ausgeführt, dass die Glocksee-Pädagogik ganz auf das „mimetische" Vermögen von Arbeiterkindern gegründet sei, die ihrerseits in ihrer häuslichen Erziehung nicht unter dem Druck „mittelschichtlichen Verfügungswissens"[36] erzogen seien. Das eröffnete der Glocksee-Pädagogik eine politisch begründete pädagogische Perspektive. Es senkte aber meine Aufnahmechancen als mittelschichtlicher Akademiker, der ich im Lauf meiner Biographie unvermeidlich geworden war. Erschwerend hinzu kam für mich, dass Negt die Schule bewusst von erziehungswissenschaftlichen Einflüssen frei halten wollte und in seiner Wissenschaftlichen Begleitung (1972-1979) ausschließlich auf gelernte Sozialwissenschaftler zurückgegriffen hatte.

Keine Frage: Für die Aufnahme brauchte ich Glück, und dazu bedurfte es zweier geneigter Eltern aus dem Neuaufnahmeteam der Schule, die sich dort dann auch noch für mich ein- und durchsetzen mussten. Es gab deutlich mehr Bewerber als freie Plätze. Dies wurde mir spätestens beim Informationsabend für Aufnahmewillige klar. Ich muss heute im Nachhinein gestehen, dass das Aufnahmeverfahren mit seinen schwer durchschaubaren Kriterien mich daran hinderte, einige Fragen zu stellen, die ich ansonsten vielleicht gestellt hätte. Denn meine potentiellen Informanten würden demnächst über die Aufnahme meines Kindes entscheiden und damit auch über meine Aufnahme in den kleinen Kreis derer, die an diesem für mich erregendsten Experiment im Staatlichen Schulwesen der Bundesrepublik teilnehmen durften.

An der freiesten Staatlichen Schule der Bundesrepublik wiederholte ich also die Erfahrung, wie empfindlich Prüfungen, durch die man einer Elite zuzugehören die Chance hat, in das eigene Selbstwerterleben und bisweilen auch in die Selbstdarstellung eingreifen können. Erstmalig hatte ich diese Erfahrung anlässlich der Aufnahmeprüfung für die Realschule gemacht.

Meine anfänglichen Begegnungen mit dem Schulalltag der Glockseeschule waren dann noch eher vom Zauber eines Rätsels als von Begeisterung bestimmt. Es würde sich gewiss in absehbarer Zeit lösen lassen, wenn ich erst einmal meine konventionellen Wahrnehmungsgepflogenheiten als Mittelschichtler revidiert haben würde, so dachte ich. Gewiss sah ich manche selbstbewussten und lie-

---

[36] A.a.O., 42

benswürdigen Kinder, die sich erfreulich wenig um ihre Wirkung zu kümmern schienen, die sie auf fremde Erwachsene wie mich ausübten. Aber ich sah auch vom ersten Tag an Kinderverhalten, das mich befremdete und in dem Maß beunruhigte, wie sich im Lauf der Monate zwar das Rätsel nicht auflöste, wohl aber mehr und mehr der anfängliche Zauber.

Unter den Glocksee-Schülern gab es – unübersehbar – ein beachtliches Maß an Unachtsamkeit gegenüber Gegenständen und Aggressivität gegenüber Personen. Für Besucher, die den Schülern nicht eigens angekündigt waren, konnten sich diese in Form provokanter Respektlosigkeit, zumindest in Rücksichtslosigkeit äußern, etwa wenn eine Gruppe sich verfolgender Jungen die Treppe herunterstürmte und man ihnen in den Weg kam. Was mich mindestens ebenso sehr irritierte, war, dass eine Reihe von Kindern – es waren fast nur Jungen und meist dieselben – Stunden, Tage und Monate auf dem Schulhof zu verbringen schienen, ohne Antriebe zu verraten, etwas mir sinnvoll Scheinendes miteinander zu unternehmen.

In den ausgedehnten Diskussionen der Lehrer und Eltern über solche Phänomene ließen sich gewisse stereotype Abläufe beobachten. Sie befremdeten mich nach kurzer Zeit, bevor sie dann anfingen zu „nerven", wobei hinzukam, dass sie auf viele andere Beteiligte eher stabilisierend und beruhigend zu wirken schienen. Ein Elternteil etwa mochte von einer irritierenden Beobachtung berichten, die im Regelfall mit der Frage einherging, ob man da nicht doch hätte eingreifen sollen. Ein Beispiel etwa: Drei Jungen hatten vier Mädchen daran gehindert, auf die Toilette zu gehen. Ein Mädchen hat sich darauf hin in die Hose gemacht.

Das pädagogisch-praktische Problem – Eingreifen oder nicht – wurde dann stets im Sinne des Nichteingreifens beantwortet, zumeist dadurch, dass einer der Lehrer ein ganz ähnlich gelagertes Beispiel berichtete, das sich „von selbst" irgendwann aufgelöst hatte. In einer anschließenden Diskussionsphase wurde das dann durch einige theoretische Darlegungen besser Eingeweihter dem jeweiligen Problemvortragenden erläutert. Dabei wurde regelmäßig wie folgt argumentiert.

Kinder haben ein eigenes „Interesse", ihre Angelegenheiten „selbst" zu „regulieren". Allerdings kann dieses Interesse im Zuge gesellschaftlicher Erfahrungen, etwa im Kontext einer mittelschichtlichen Sozialisation, verschüttet worden sein, was sich am Beispiel leicht illustrieren ließe. Viele Mädchen nämlich neigen aufgrund der ihnen frühzeitig aufgenötigten Geschlechtsrolle dazu, sich in Konflikten defensiv-passiv zu verhalten und dann auf Hilfe, womöglich durch „den starken Mann", zu hoffen. Dadurch können sie die in ihnen steckende Energie, sich gegen Unterdrückung aller Art zu wehren, nicht entbinden, ja, sie müssen sie entweder als zickige Aggressivität ausagieren oder gar als Autoaggression nach innen wenden und irgendwann krankheitsanfällig werden. Sie müssen lernen – wie im sinnenfälligen Beispiel – „sich nicht schon beim kleinsten Problem in die Hose zu machen".

Der Erwachsene, der in einem Fall wie dem oben skizzierten unbedacht eingriffe, würde nicht nur gesellschaftstypische bürgerliche Rollenmuster vertreten, er würde auch in den Kindern selbst ein Über-Ich verstärken, das die Unterdrückung von Frauen durch Männer in den betreffenden Kindern fortschreiben müsste. Die Mädchen würden so gehindert, ihr emanzipatorisches Selbstbewusstsein zu entfalten, das sich nicht zuletzt durch den solidarischen Zusammenschluss gegen die im obigen Fall drei Widersacher entwickeln könnte. Ebenso würde auch den Jungen die Erfahrung sich selbstbewusst wehrender Mädchen durch den kurzschlüssigen Erwachsenen-Eingriff verwehrt. Insgesamt würden umgekehrt die Kinder als Folge des Nicht-Eingreifens lernen können, sich gegen unterdrückende Verhältnisse *selbst* zu wehren, ohne autoritätsgläubig auf Hilfe von oben zu hoffen usw.

Was die sich jahrelang langweilenden, antriebsarmen Jungen auf dem Schulhof betraf, so galt Ähnliches. Sie „wehrten sich", so war auf Nachfrage zu erfahren, nicht direkt gegen sie unterdrückende Verhältnisse, sie mussten sich vielmehr zuerst von ihnen erholen und davon überzeugen, dass sie an der Glocksee-Schule wirklich zu nichts, schon gar nicht zu einem von außen aufgenötigten Lernen, gezwungen wurden. Auch hier gab es – wenn auch nicht besonders zahlreiche – gute Beispiele. Man musste den Kindern nur ihre Zeit lassen.

Die Diskussionen hatten offenbar nicht nur eine stark gemeinschaftsfestigende und die eigenen Verunsicherungen zerstreuende Funktion. Es gab eine Art Durchlauf der verschiedenen Argumentationsebenen vom konkreten Fall über abstrakte Grundüberzeugungen bis zum scheinkonkreten (und in Wirklichkeit abstrakten) Nichteingreifgebot. Sie trugen auch im ungünstigen Fall dazu bei, ungeeignete Glocksee-Eltern zu identifizieren, dann nämlich, wenn der Problemvortragende nach erfolgtem Ebenen-Durchlauf keine erleichterte Einsicht zeigte. Kein Zweifel, an der Glocksee-Schule konnte ich zusammen mit manch anderen Sympathisanten Erfahrungen mit Schulpädagogik machen, die ich kaum irgendwo sonst so intensiv, die aber auch niemand 15 Jahre früher hätte überhaupt irgendwo in Deutschland machen können.[37]

Ich will darauf näher eingehen, nicht zuletzt auch im Vergleich zu der eingangs skizzierten Realschule. Zuvor möchte ich allerdings einen Exkurs ein-

---

[37] Relativierungen hierzu bei Dühlmeier (2004)

schieben, der sich mit der damaligen pädagogischen Begrifflichkeit auseinander setzt.

2.4 Antiautoritäre Erziehung, Bildung, Emanzipation, Selbstregulierung

Es geht zunächst um die „antiautoritäre Erziehung"; sie stellt ein seltsames Wortgespann dar. Denn „Erziehung" ist im Deutschen zumindest ursprünglich ein relativ enger Begriff mit stark autoritativem und traditionalistischem Beiklang, jedenfalls ist er enger gefasst als etwa die englischen, französischen usw. Ableitungen von der lateinischen „Educatio", die so etwas wie „Herausführung" anklingen lassen.[38]

Bei „Erziehung" assoziieren wir als Adjektiv „streng" und trotz aller „Erzieherinnen" in den Kindertagesstätten eher den Vater als die Mutter. Die Verbform „erziehen" ist transitiv. Wenn man also sprachlich korrekt sagt, der Vater (als Subjekt im Nominativ) erziehe das Kind (als Objekt im Akkusativ), bleibt die Eigenbeteiligung am Erziehungsprozess durch das Kind sprachlich unterbelichtet. Das Objekt der Erziehung war ursprünglich der „Zögling", und der ist uns in unserem Sprachgebrauch nicht zufällig abhanden gekommen ähnlich wie die „Zucht", der er sich zu unterwerfen hatte.[39]

Jedenfalls ist „antiautoritäre Erziehung" eine sprachlich unbeholfene Formel. Sie drückt eine Verlegenheit aus und stellt eher eine Vermeidung dar: Denn den Antiautoritären scheint der Begriff Erziehung immerhin weniger fremd gewesen zu sein für ihre Absichten als derjenige Begriff, den die deutsche Sprache auch noch anzubieten gehabt hätte: Bildung.[40]

Das ist sprachlich-formal betrachtet alles andere als selbstverständlich. Denn der negativen Bezeichnung „anti-autoritär" korrespondierte eine nachdrückliche Betonung der Selbstständigkeit der kindlichen Entwicklungskräfte. Genau dies ist aber schon in der Verbform „bilden" ausgedrückt, denn sie ist nicht transitiv. Ein Satz wie „Der Lehrer bildet den Schüler" verriete zumindest mangelndes Sprachgefühl. Sprachlich korrekt müsste es etwa heißen: „Der Leh-

---

[38] Darauf hat Heinz J. Heydorn (1979) hingewiesen; vgl. Gleick (1996)
[39] Übrigens haben wir uns auch den Zögling als männlich vorzustellen; die Schulpädagogik konzentrierte sich lange Zeit auf das männliche Geschlecht, weil es in unserer westlichen Kultur uneingeschränkt als bestimmend erschien. Man wird auch bei unseren Bildungs-Klassikern im 18. Jahrhundert noch auf manch peinliche Textstelle bezüglich Eigenart, Aufgabe usw. des weiblichen Geschlechts treffen, nicht zuletzt auch bei dem von mir in anderer Hinsicht sehr geschätzten Johann Gottfried Herder. Ich gebe zu, dass dieser Hintergrund meine Präferenz für die männliche Sprachform belasten könnte.
[40] Vgl. Ilien (2008), Klafki (1996), Heydorn (1980b)

rer bietet dem Schüler Möglichkeiten, *sich* zu bilden." „Bilden" ist also nur selbstreflexiv verwendbar und unterscheidet sich darin auffällig von „erziehen" oder auch „ausbilden".

Warum haben die Antiautoritären denjenigen Begriff vermieden, der ihnen sprachlich so entgegenkam, und stattdessen für den traditionalistischen, geradezu der Vormodernität verdächtigen Erziehungs-Begriff optiert?

Was Ersteres betrifft, so hängt dies direkt mit dem geschärften Geschichts- und Gesellschaftsbewusstsein der antiautoritären Bewegung zusammen. Dass der Begriff „Bildung" im 18. Jahrhundert als eine Art Kunstbegriff gegen den herkömmlichen Erziehungsbegriff entwickelt worden war und dabei freiheitliche, Individualität und gesellschaftliche Humanisierung betonende Bedeutungsmomente enthielt, war bekannt. Dass er dann im Lauf des 19. Jahrhunderts mit der Einrichtung eines ständisch orientierten, mehrgliedrigen Schulsystems für die „Höhere Schule", das Gymnasium, reserviert worden war, sahen die Antiautoritären nicht als eine bedauerliche und von den klassischen Bildungstheoretikern wie Friedrich Schiller oder Wilhelm von Humboldt unbeabsichtigte begriffliche Verfallsgeschichte an, sondern eher als das Zutagetreten einer politischen Befangenheit und theoretischen Verstiegenheit der alten Autoren.

Man warf ihnen eine Unterschätzung der realen Lebensbedingungen der nicht zum gehobenen Bürgertum gehörenden Bevölkerungsmehrheiten vor, die sich dann im 19. Jahrhundert zur „Arbeiterklasse" formiert hatten. Der Idealismus der Bildungs-Klassiker habe nicht nur von der späteren realen Ausbeutung von Menschen durch kapitalistische Produktionsverhältnisse abgelenkt, er habe auch der ideologischen Vereinnahmung ihrer Leitbegriffe wie etwa „Bildung" oder „Kultur" durch die herrschenden Gesellschaftsschichten Vorschub geleistet. Das scheinbar fortschrittliche Bürgertum des 18. Jahrhunderts habe in Wirklichkeit unter dem Banner universalistischer Ziele wie „Freiheit, Gleichheit, Brüderlichkeit" und eben auch „Bildung für Alle" seine eigenen wirtschaftlichen Aufstiegsinteressen kaschiert und dann im 19. Jahrhundert als rücksichtslosen Kapitalismus durchgesetzt.

In die Härte des Wirtschaftssystems habe dann das Schulsystem die Heranwachsenden schon frühzeitig einführen sollen – die Uneinfühlsamkeit gegenüber dem kindlichen Eigen-Leben sei keineswegs Zufall gewesen, sondern durchaus absichtsvoll geübt worden. Allerdings seien auch die erwachsenen pädagogischen Täter früher selbst Opfer der von ihnen propagierten und praktizierten Anpassungs-Pädagogik gewesen. Kurz: Gegenüber einem solchermaßen ideologisch aufgeputzten und seinen eigenen Missbrauch begünstigenden Begriff wie

„Bildung" konnte offenbar der alte „Erziehungs"-Begriff, trotz aller „Zucht"-Assoziationen noch geradezu als unschuldig erscheinen.

Was allerdings die Unbefangenheit der Antiautoritären gegenüber dem Begriff „Erziehung"[41] betrifft, so sollten wir diese nicht überschätzen. Vielleicht war das Begriffstandem „antiautoritäre Erziehung" weit eher ein Medienprodukt[42] als dass es von seinen Verfechtern tatsächlich verwendet wurde. Die bevorzugten pädagogischen Leitbegriffe der antiautoritären, aber auch der Gesamtschul-Bewegung insgesamt waren „Emanzipation" oder, wo es (wie an der Glocksee-Schule) radikaler zuging, „Selbstregulierung".

Würde man die beiden Begriffe heute in einer Lehrveranstaltung für Lehramtsanwärter als pädagogische Leitziele anbieten, stieße man auf blankes Unverständnis. Bei „Emanzipation", dem militanter klingenden Begriff, könnten heutige Studierende immerhin an feministische politische Ziele denken, aber unter „Selbstregulierung" würde sich niemand mehr etwas vorstellen können.[43]

2.5 „Selbstregulierung": Pädagogik als bewusste Utopie

„Selbstregulierung" jedenfalls, der Leitbegriff in den Köpfen der damaligen Mitglieder der Glocksee-Schule, war noch in seiner pädagogischen Glanzzeit gesellschaftsöffentlich keineswegs verbreitet und bedurfte für den Fall seiner Verwendung umständlicher Erläuterungen. Was sektiererisch erscheinen durfte, entsprang jedenfalls der vollen Absicht. Der bewusst provokante Begriff[44] dementierte ja nicht nur den Sinn der gängigen pädagogischen Aktivitäten, bei denen stets Erwachsene den Kindern zu verstehen geben, was sie von ihnen erwarten, er hinterfragte damit auch gut zweihundert Jahre Geschichte des päda-

---

[41] Zum Erziehungs-Begriff vgl. Menck (1998)

[42] Größere Publizität erlangte die Bewegung durch das vom Verlag unter diesem Titel herausgegebene Buch von Alexander Neill (1969) „Theorie und Praxis der antiautoritären Erziehung".

[43] Es sei denn, man würde es irrtümlich mit der systemtheoretischen „Autopoiese" übersetzen und sich damit unversehens in einem prominenten Teil der theoriepolitischen Gegnerschaft der damaligen marxistischen „Selbstregulierungs"-Verfechter wiederfinden.

[44] Negt (1975), 50-55. Hartmut von Hentig führt den Begriff auf die ursprünglich comenianische Unterscheidung Mathetik-Didaktik, sinngemäß Pädagogik des Lernens (der Schüler) vs. des Lehrens (der Lehrer) zurück. „Selbstregulierung des Kindes" ist dann „das unnötig aufreizende Kennwort" für Mathetik: Hentig (1985), 94. Eine reine Mathetik, die auf alle Lehrorganisation von Seiten des Lehrers verzichten wollte, wäre für v. Hentig unzureichend.
Man achte auf den Genitiv bei „Selbstregulierung": Während Negt immer vom Kinderkollektiv her denkt und „Selbstregulierung" mit der Kategorie der „lebendigen Arbeit" beim frühen Marx verbindet, unterstellt von Hentig eine individualistische Begriffsbedeutung. Das Missverständnis sagt Einiges aus über die fehlende Allgemeinverständlichkeit des Begriffs.

gogischen Bewusstseins. „Selbstregulierung" stellt das herkömmliche pädagogische Selbstverständnis von Erwachsenen samt ihren Handlungen kritisch und fast schon ironisch auf den Kopf – bzw., wie man meinte, auf die Füße. Darin wird ein wesentlicher Funktionsbereich der modernen Gesellschaft, das Schulsystem, mit dem Verdacht belegt, seine Einrichtungen, Gepflogenheiten und Anstrengungen wären gegenüber den Heranwachsenden derart überflüssig und bisweilen schädlich, dass umgekehrt schon die Frage gestellt werden müsste, ob der Aufwand nicht ganz anderen Zielen als der Ertüchtigung zukünftiger mündiger Erwachsener dienen solle. Ein ähnlicher Verdacht war wie schon erwähnt, wenn auch in weitaus milderer Form, unter dem Stichwort „heimlicher Lehrplan" durchaus auch in der Pädagogik verbreitet.

Ungeachtet aller Übertreibungen, die ich schon angedeutet habe, wurde also in der Alternativpädagogik vor knapp vierzig Jahren zunächst und gut reformpädagogisch die Frage aufgeworfen, was das Schulsystem, was Unterrichtszwang und Notenvergabe bei den Kindern tatsächlich bewirken. Die Frage ist für jede verantwortliche Schulpädagogik unumgänglich. Dass sie seinerzeit zusätzlich dringlich war, sollten meine Bemerkungen zu meiner eigenen Realschulzeit illustrieren. An den antiautoritären Schulen sollte es jedenfalls keinen „heimlichen Lehrplan" geben, weil die Schüler zu nichts gezwungen würden. In neuartiger Radikalität wurde dabei deren Sicht eingenommen, oder sagen wir es besser, es wurde ernsthaft versucht.

Die beteiligten Erwachsenen muteten sich dabei selbst zu, die Normen, die sie selbst spontan bei der Beobachtung kindlichen Verhaltens anwandten, selbstkritisch zu hinterfragen und mit der Hilfe des Erwachsenenkollektivs, in das sie verbindlich integriert waren, jederzeit wo nötig zu revidieren. Diese Bereitschaft zur Selbstkontrolle bezog sich konkret zumeist auf das Gebot des pädagogischen Nichteingreifens bei Konflikten der Kinder, wie ich es bezüglich der stereotypen Diskussionsverläufe skizziert habe. Die entsprechende Bereitschaft zur Selbstkritik entsprang einer Gesellschaftskritik, die reflexiv auf sich selbst angewendet wurde, sofern man bei sich selbst mit fehlentwickelten Denkweisen, Gefühlen und Reflexen rechnen musste – war man doch aus einer bürgerlich-mittelschichtlichen Sozialisation hervorgegangen. Das war die große Mehrheit der damaligen Beteiligten.

Die Glocksee-Pädagogik war also bewusst als Utopie konzipiert. Die Kinder sollten heute schon erfahren, sich in einer gewaltfreien zukünftigen Erwachsenen-Welt zu bewegen, für die später politisch sich einzusetzen dann ganz selbstverständlich werden würde. Die Erwachsenen versuchten umgekehrt, biographische Fehlentwicklungen bei sich selbst zu korrigieren: mit Unterstützung des solidarischen Erwachsenen-Kollektivs von Eltern und Lehrern. Orientierungshilfe sollte durch die Kinder selbst kommen, die, je konsequenter und länger man sie ihren „selbstregulierenden" Eigenkräften anvertraute, umso mehr vorbildlich neuartige Charakterzüge und Verhaltensweisen ausentwickeln würden. So hoffte man.

Als dann in den 80er Jahren die Glocksee-Schule auf 10 Schuljahre erweitert wurde und damit eigene Abschlüsse vergeben durfte, lüfteten sich, wiewohl eher still und heimlich, die beiden Geheimnisse ihrer bisherigen Radikalität, während sich diese langsam abbaute. Das erste Geheimnis hatte in einer beachtlichen Zahl von politisch-pädagogischen Interessenten und Sympathisanten des Schulversuchs in der Bundesrepublik und darüber hinaus in den Niederlanden und Dänemark bestanden. Vielen dieser pädagogisch Engagierten konnte der Schulversuch gar nicht radikal genug sein. Er ließ sich offenbar argumentativ gut für Liberalisierungsversuche vielgestaltiger Art verwenden – auch und gerade aus räumlicher Ferne. Die Zahl dieser Sympathisanten schmolz in den 80ern rasch dahin. Das war nicht verwunderlich, denn keine der neuen gesellschaftlichen Problemstellungen wie Frauenemanzipation, Ökologie, Migrantenintegration und beginnende Massenarbeitslosigkeit ließ sich einigermaßen bruchlos an die antiautoritäre Pädagogik anschließen.

Das zweite Geheimnis bestand darin, dass sich die Lehrer der Glocksee-Schule in den ersten Jahren keinerlei Gedanken um irgendwelche Leistungen ihrer Absolventen machen mussten. Nach vier Jahren gaben sie ihre Schüler an eine Integrierte Gesamtschule in Hannover ab, die ihrerseits für ihre pädagogische Progressivität gerühmt und tatsächlich (im Unterschied zur Glocksee-Schule) von relativ vielen Arbeiter- und Migrantenkindern besucht wurde. Das blieb auch so, nachdem die Glocksee-Zeit auf sechs Schuljahre verlängert worden war. An der Gesamtschule machten die Glocksee-Schüler dann im Regelfall eine besonders gute Figur und pflegten in kurzer Zeit nachzuholen, wofür sie sich teilweise zuvor reichlich Zeit gelassen hatten. Seit die Schule auf 10 Schuljahre erweitert wurde, wechseln Glocksee-Schüler vereinzelt oder in kleinen Gruppen auch an Gymnasien über.

Mit „Selbstregulierung", so zeigte sich Anfang der 80er Jahre immer deutlicher, war im Ernst und auf Dauer keine Schule zu machen. Ohnehin hatte die Rezeption der Glocksee-Theorie in Oskar Negts bahnbrechendem Text durch außerschulische Interessenten die betreffende schulische Realität selbst um Jahre überlebt.

2.6 Normen, Wahrnehmungen und Realitäten

Der Vergleich der autoritären Pädagogik, wie sie in den 50er Jahren noch möglich war und den radikalen antiautoritären Experimenten der 70er Jahre kann uns wichtige Aufschlüsse über den Lehrerberuf vermitteln.

Die Vorstellung, es gebe einigermaßen klare Definitionen dessen, was Aufgabe des Lehrers sei, erweist sich als offensichtlich begründet – und auffallend unzureichend. Hätte man meine Realschullehrer gefragt, was ihre Aufgabe sei, so hätten sie (da bin ich überzeugt:) aufrichtig geantwortet: junge Menschen nach bestem Wissen auf ihre zukünftige gesellschaftliche Aufgabe vorzubereiten. Die Glocksee-Lehrer hätten *im Prinzip dasselbe* gesagt.

Und dennoch liegen zwischen beiden Antworten und den korrespondierenden Schulpraxen pädagogische Welten, so sehr, dass beide Pädagogiken sich gegenseitig jegliche Daseinsberechtigung bestritten und sich wechselseitig für kinderschädlich erklärt hätten. Das hat die jüngere Alternativpädagogik dann ja ausdrücklich getan.

Die männliche erwachsene Bevölkerung der 50er Jahre hatte den Kasernenhofton, wenn nicht das Kriegsgeschehen selbst als biographisch prägend erlebt, also schätzte man ganz selbstverständlich einen entsprechenden Umgang zur Vorbereitung auf „das Leben" gerade auch an den Schulen. Die Antiautoritären wiederum unterschätzten die Notwendigkeit der autoritativen Stützung der Kinder.[45] Sie waren zu sehr auf die Abwehr an sich selbst erfahrener autoritärer Übergriffe auf die kindliche Seele fixiert. Nicht selten und gegen ihre ausdrücklichen Absichten haben sie ihrem Nachwuchs damit ihre eigenen früheren Einsamkeiten in neuer pädagogischer Aufmachung weiter vermacht.

Beide Beispiele mögen zugleich andeuten, dass insbesondere auch schmerzhafte biographische Erlebnisse für größere Bevölkerungsgruppen zu kollektiven und dadurch in ihrer Unangemessenheit schwer durchschaubaren Bewusstseinsprägungen führen können. Wo immer Pädagogen wie Erwachsene überhaupt von Heranwachsenden oder Schülern sprechen, ist notwendiger Weise *auch* von sich selbst die Rede, von ihren individuellen und kollektiv mitbestimmten Verarbeitungen der eigenen Erfahrungen und Erlebnisse. Auf diesen wichtigen Sachverhalt werden wir mehrfach zurückkommen.

---

[45] Ich werde auch später auf die Unterscheidung „autoritativ-autoritär" zurückgreifen. Ich gehe davon aus, dass autoritatives pädagogisches Handeln nötig und autoritäres schädlich ist. Die Grenzlinie zwischen dem Einen und dem Anderen ist – wie in der Pädagogik üblich – nicht eindeutig zu bestimmen.

Seit der Schulpädagogik größere öffentliche Beachtung gewidmet wird, und auch um Illusionen und Selbsttäuschungen von Pädagogen wie in den 70er Jahren in Zukunft besser vermeiden zu können, hoffen öffentlich maßgebliche Bevölkerungsgruppen in den letzten Jahrzehnten vermehrt auf wissenschaftliche Unterstützung. So trifft man auch in der erziehungswissenschaftlichen Fachdiskussion selbst auf die nachdrücklich vertretene Forderung, die Neigung der theoretischen Pädagogik zu normativen Arbeiten zugunsten einer realistischen Bestandsaufnahme des pädagogisch tatsächlich Geschehenden zurück zu stellen. Statt etwa zu fordern, was der ideale Lehrer alles können, machen und bewirken solle, möge man eruieren, was der normale tatsächlich alltäglich mache. Denn die Pädagogik sei traditionell zu sehr dem pädagogischen „Sollen" und zu wenig dem „Sein", also der Realität an den Schulen, verpflichtet. Dadurch sei sie nicht nur idealistisch abgehoben, sondern sie verkläre auch naiv die jeweils vorhandenen pädagogischen Realitäten.

Meine beiden Beispiele können den Sinn einer solchen Konzentration auf die Empirie ebenso veranschaulichen wie sie deren Grenzen andeuten sollen. Normativ-abstrakte Deklamationen hören sich in der Pädagogik selbst bei unterschiedlichster Praxis zumeist weitgehend gleich an. Was den Kindern pädagogisch geboten, zugemutet oder gar angetan wird, geschieht angeblich stets um ihrer selbst und der zukünftigen Gesellschaft willen.[46] Will man allerdings genauer hinschauen, was tatsächlich in der pädagogischen Praxis geschieht, bleiben drei Dinge bedenkenswert.

Pädagogisches Geschehen vollzieht sich, wie oben schon skizziert, als differenzierte Begegnung zwischen Menschen und Sachen, genauer gesagt: von Menschen mit Menschen und Sachen. Welche „Sachen" aber wichtig sind, und „wer" Menschen eigentlich sind – das geben Eltern und Schulpädagogen vor, ob sie es wollen (wie es die Autoritären nachdrücklich taten) oder nicht (wie es ausdrücklich die Antiautoritären verfochten). Die Schüler müssen sich so oder so von beiden Vorgaben tief beeinflussen lassen. Die Vorgaben aber folgen gesellschaftsöffentlich verbreiteten Leitbildern, und diese sind immer auch geprägt von den Bildern der Erwachsenen über sich selbst: die sie dann „rückwärts" auf die Heranwachsenden anwenden und „vorwärts" an die von ihnen erwarteten Zukunftsverhältnisse angleichen.

Versucht man, schulpädagogisches Geschehen empirisch zu erfassen, trifft man erstens auf schulpraktische Verhältnisse, die sich in das gesellschaftspolitische Gesamtklima irgendwie einfügen. In den fünfziger Jahren hätte man gar

---

[46] Man muss hierzu nur eine Reihe von Schulprogrammen vergleichen, wie sie im letzten Jahrzehnt von Schulen erstellt werden sollen.

keine Alternativschulen wie die Glocksee-Schule untersuchen können, in den 70er Jahren gab es wohl keine Schule mehr wie meine Realschule. Zweitens setzt man stets gesellschaftlich verbreitete Leitbilder für die eigene Forschung voraus, einschließlich der jeweils gültigen Interessenlagen und Voreingenommenheiten. Das gilt jedenfalls für alle Forschungen, die über die innerwissenschaftlichen Diskussionszirkel hinaus in der breiteren Öffentlichkeit beachtet und rezipiert werden wollen.

Halten wir drittens noch fest: Ohrfeigen lassen sich empirisch relativ leicht registrieren; will man Schulleistungen genau feststellen, muss man sich auf gut beobachtbare beschränken; aber um potentiell verletzende Wirkungen pädagogischen Handelns zu ermitteln, müsste man schon in einen vertrauensvollen Kontakt zu den Betroffenen eintreten. Dieser müsste sich womöglich sogar von deren eigenen Beurteilungskriterien und den gerade aktuellen öffentlichen Voreingenommenheiten freimachen.

Die letzteren Fragen würden einen kulturwissenschaftlich-kulturkritischen Zugang erfordern. Die blanke Empirie kann den nicht leisten und müsste ihn deshalb als unreflektierten voraussetzen.

2.7 Bedeutungssteigerung der Pädagogik unter unpädagogischen Gesichtspunkten

Vergleicht man die aktuelle Lage der Pädagogik mit den beiden von mir exemplarisch herangezogenen Phasen, dann fallen die beträchtlichen Unterschiede auf, die sich gesellschaftlichen Entwicklungsschüben verdanken. Sie sind so vielgestaltig, dass ich nur wenige Linien herausgreifen kann. Gegenüber den 50er Jahren markierte die antiautoritäre Pädagogik der 70er bereits eine Pluralisierungswelle pädagogischer Stile. Für die Schulpädagogik und das gesellschaftliche Kulturverständnis insgesamt folgenreich wurde der rasche Abbau einer öffentlich-einheitlichen Hochkultur, an deren Wertschätzung auch und gerade diejenigen Bevölkerungsschichten beteiligt gewesen waren, die kaum Zugang zu ihr hatten. Die antiautoritären pädagogischen Projekte erscheinen im Nachhinein auch als Nebenwirkungen einer Emanzipationsbewegung von Heranwachsenden und Jungerwachsenen gegen die autoritären Lebensgewohnheiten und Selbstverständnisse der 50er und frühen 60er Jahre, wobei die Kritik an der nationalsozialistischen Vergangenheit der damaligen Erwachsenen-Generation zusätzliche politische Motivation lieferte.

Dass sich eine streng antiautoritäre Pädagogik über mehrere Generationen hinweg fortsetzt, ist logisch unwahrscheinlich – sie bedarf jeweils der Abarbeitung an autoritär-übergriffigen pädagogischen Umgangsformen der Älteren. Wie sollte eine zweite Generation von Antiautoritären denkbar sein, ohne dass die erste sich in autoritärer Manier tiefgreifend über sich selbst getäuscht hätte? Langfristig sinnvoll und in sich stimmig erscheint sie nur, wo sie humanere gesellschaftlich-politische Verkehrsformen insgesamt hervorbringt. So war es wie erwähnt an der Glocksee-Schule explizit geplant. So verstand sich auch die Gesamtschul-Bewegung.

Während die pädagogische Experimentierfreude noch in Blüte stand, wurden wirtschaftliche Weichen gestellt, die um einiges später unter dem Titel „Globalisierung" erfahrbar werden sollten.[47] Bereits Mitte der 80er Jahre waren zwei Krisenphänomene ins öffentliche Bewusstsein gerückt, vor deren Hintergrund die antiautoritäre Pädagogik bald veraltet und geradezu naiv erscheinen musste. Die ökologische Krise deutete auf Grenzen des industriellen Wachstums. Der sorglose und unter Gesichtspunkten der Triebabfuhr freigegebene Umgang mit materiellen Gegenständen und Werten, wie er zum pädagogischen Markenzeichen der Alternativen geworden war, erwies sich mehr und mehr als kulturell und politisch unverantwortlich. Die einsetzende Massenarbeitslosigkeit wurde langsam als strukturell bedingt und deshalb unabbaubar erkannt. Sie nahm der Schulpädagogik ihren reformpädagogischen Experimentierraum. Nicht dass gute Schulabschlüsse automatisch günstige Berufskarrieren eröffnet hätten – aber dass mangelnde zu einer biographischen Belastung führen würden, war bald spürbar und auch statistisch nachweisbar.

Schon seit Mitte der 80er Jahre bewegt sich die Schulpädagogik deshalb in einer schweren Krise, wie sie dreißig und noch zehn Jahre zuvor nicht vorhersehbar gewesen war. Die Liberalisierung und Pluralisierung von Lebensstilen hat die Heranwachsenden längst erfasst – offen autoritäre Umgangsformen sind nicht mehr möglich. Das Schulsystem hat mit dem Niedergang der Wertschätzung der Hochkultur auch eine tief greifende Infragestellung seiner Leistungs-Ansprüche hinnehmen müssen, die sich auf die überkommenen Bildungs-Vorstellungen bezogen, und ist als Ganzes für weit größere Bevölkerungsteile denn je zuvor geöffnet worden.

Den unzweifelhaften Liberalisierungen stehen jedoch neuartige Härten und Unerbittlichkeiten gegenüber. Sie beginnen bei der Angst der Eltern davor, dass ihre Kinder den Lebensstandard nicht werden halten können, den sie selbst noch

---

[47] Habermas (1998b), Altvater (2007), Bauman (1995, 2008), Hengsbach (2009), Eide (2000), Heitmeyer (2006), Honneth (2002); vgl. Sloterdijk (2006)

erreicht haben. Die Angst ist objektiv begründet, man muss aber annehmen, dass sie mehr Menschen trifft und nachhaltig verunsichert als die bloßen Zahlen zur Arbeitslosigkeit bzw. „Neuen Armut" ausweisen.[48] Vermuten müssen wir außerdem, dass kollektive Angst als solche unkenntlich wird: Die Menschen beginnen dann, sie für ein natürliches, also unabänderbares, Schicksal zu halten. Sie verliert dann – als Angst – weitgehend ihre Spürbarkeit, aber keineswegs ihre Wirkungskraft.

Was die Schulpädagogik betrifft, so sieht sie sich zwei Driftbewegungen gegenüber, die jeweils den Charakter von Zerreißproben annehmen können. Einerseits hat das, woran sie sich früher grundsätzlich orientierte, die Hochkultur, einen massiven Bedeutungsverlust hinnehmen müssen; andererseits ist sie in dem, was sie an Einstellungen bewirken soll und an Abschlüssen vergeben darf, wichtiger denn je, wichtiger ohne Zweifel als in den 50er Jahren und in den 70ern sowieso. Was nicht wenige amtliche Pädagogen als „Lernen des Lernens" begrüßen, macht sich für viele Lehrer als eine sie deprimierende Grundhaltung von Schülern bemerkbar: wenn sich diese nicht mehr für irgendwelche Inhalte, wohl aber für deren Benotung interessieren und ihre Lernhaltung darauf einstellen.[49]

Die zweite Driftbewegung zeichnet sich längst darin ab, dass private Interessen und wirtschaftlich orientierte Einflüsse das Schulsystem insgesamt auseinander treiben. Eltern, die es sich finanziell leisten können, versuchen ihre Kinder an Schulen zu bringen, in denen sie eine Sonderförderung unter solchen Bedingungen erfahren, die als besonders karrierefördernd eingeschätzt werden. Umgekehrt werben zunehmend nicht nur Privatschulen und Internate mit ihren besonders leistungsfördernden pädagogischen Sonderbedingungen; auch unter den Staatlichen Schulen gibt es längst offene und verdeckte Formen der Konkurrenz um besonders „leistungsstarke" Schüler, indem sich eine Reihe Schulen als potentiell elitefördernd zu erkennen geben.

Fasst man diese Tendenzen zusammen, so zeichnen sich aktuell in der öffentlichen Aufmerksamkeit eindrückliche Bedeutungsgewinne der Schulpädagogik bei gleichzeitig massiv nachlassendem öffentlichem Bewusstsein für deren wirkliche Differenziertheit ab. Wie bereits erwähnt, geht es beflissen um „Bil-

---

[48] Beck (1986)
[49] Richard Sennett kommt zu dem Ergebnis, dass die „Kultur des neuen Kapitalismus" die Haltung einer „handwerklichen Einstellung" desavouiere. Diese würde mit „Mühe und Selbstverpflichtung" einhergehen und die Bereitschaft bedeuten, „etwas um seiner selbst willen gut zu tun". Er spricht sarkastisch vom gegenwärtigen „Triumph der Oberflächlichkeit in Arbeit, Schule und Politik", um im Schlusssatz seines Buches auf eine „Revolte gegen diese entkräftete Kultur" zu hoffen: Sennett (2008), 155f

dung", indem deren Verständnis bis in das Gegenteil des von ihr ursprünglich Gemeinten verdreht und verformt wird.

Wenn ich diese Skizze noch um einige weitere Details ergänze, wird ihr Gesamtcharakter nicht erfreulicher. Die Defizite bei der gesellschaftspolitischen Integration und sozial-kulturellen Assimilation von Migranten sind kaum irgendwo deutlicher geworden als im Bereich der Schulpädagogik: dies ist den PISA-Studien immerhin zu entnehmen. Nicht wenige der Benachteiligten stammen aus Herkunftkulturen, die noch traditionalistisch geprägt sind und weder aufklärerische noch romantisch-aufklärungskritische weltanschauliche Hintergründe aufweisen. Die so erzogenen Heranwachsenden werden mit einiger Wahrscheinlichkeit aktuelle schulpädagogische Entwicklungen mit ihrer Tendenz zur Entwertung von kulturellen Inhalten und ihrer Bevorzugung von abprüfbaren Schulleistungen als sinnentleert empfinden. Wo sich derartige Schulerfahrungen mit dem alltäglichen Erleben verbinden, dass die eigene „Würde" aufgrund von Herkunft, Kultur oder Hautfarbe gering geachtet werden, können demokratische Ansprüche allzu leicht als bloße Fassade erscheinen, hinter der sich Gleichgültigkeit, wenn nicht zynische Rücksichtslosigkeiten verbergen.

Dass dann die formalen Liberalisierungen nicht zuletzt in den Schulen dazu ausgenutzt werden können, eigene Diskriminierungserfahrungen aggressiv abzureagieren, ist allzu leicht verständlich. Sozial schlecht integrierte Heranwachsende sind im Normalfall eher schwierige als einfache Schüler. Sie treten in bestimmten Schulformen und Einzelschulen gehäuft auf, treffen dort auf ihre Lehrer als Repräsentanten einer von ihnen als unglaubwürdig erachteten Kultur: und werden sich diesen gegenüber entsprechend verhalten. Wo ihnen Schulabschlüsse gleichgültig sind, haben die Lehrer umgekehrt kaum mehr Schutz als ihr blankes Berufsethos und die Kollegialität der Kollegen. Die politisch-mediale Beschäftigung mit Fragen der Leistungsförderung zur Stärkung des Wirtschaftsstandorts verschärft nicht nur die Einseitigkeiten des öffentlichen Pädagogik-Verständnisses, sie lenkt auch die Aufmerksamkeit von den wirklichen schulisch-pädagogischen Problemzonen ab.

Abschließen möchte ich dieses Kapitel aber nicht ohne einen positiven Ausblick auf bessere pädagogische Möglichkeiten. Sofern sie in der Pädagogik selbst liegen, wird man sie in den bildungsphilosophisch grundierten Berufsmotivationen eines großen Teils der Lehramtskandidaten suchen dürfen. Das vorliegende Lehrbuch kann als Plädoyer verstanden werden, mit dieser Ressource nicht weiterhin allzu unachtsam umzugehen.

Sucht man sie grundsätzlicher, so liegen sie – sofern es sie gibt – aber nicht in der Pädagogik selbst. Eine Pädagogik, die sich weit über die aktuelle gesellschaftliche Realität hinauslehnen möchte, scheitert schon organisatorisch. Das müssen wir aus den Experimenten der 70er lernen. Eine Pädagogik, die sich bruchlos und unter Aufweichung ihrer eigenen Ideale den angeblichen politischen oder wirtschaftlichen „Sachzwängen" andient, wird gegenüber den Heranwachsenden rücksichtslos, weil sie deren Glauben an eine demokratischgerechte Gesellschaft unterminiert. Das haben die Antiautoritären völlig zu Recht der Autoritärpädagogik der 50er Jahre vorgehalten.

Wir können also beim Rückblick auf die vergangenen Jahrzehnte schon eine ganze Menge über das lernen, was gute Pädagogik ausmacht. Allerdings hängt es von der gesellschaftlichen Kultur als Ganzer ab, ob die Pädagogik der Zukunft zu ihren Möglichkeiten freigesetzt wird. Lehrer können hier nur sensibilisierend wirken – aber das immerhin.

3 Die schwierige Vermittlung von Inhalten an die Schüler

3.1 Unter welcher Bedingung findet Unterricht statt?

„Der Lehrer hält Unterricht. Im Unterricht vermittelt er Wissen an die Schüler." Eine solche Formulierung bezüglich des Zentrums der Berufstätigkeit von Lehrern fände die Zustimmung der Öffentlichkeit, obwohl wir bereits gesehen haben, dass sie der Komplexität des Lehrerberufs nicht wirklich gerecht wird. Das wird auch deutlich, wenn man genauer über das so Gesagte nachdenkt.

Zunächst fällt auf, dass der erste Kurzsatz spontan so klingt, als ob der Lehrer das Unterrichtsgeschehen fest in der Hand hielte. Ich möchte im Folgenden zu zeigen versuchen, dass die Formulierung gewiss verkürzt ist, dass sie aber einen wichtigen richtigen Kern enthält, der durch eine modern klingende Terminologie wie etwa „schülerorientierten Unterricht" o. Ä. nicht verwischt werden darf. Ich gehe also zunächst davon aus, dass es tatsächlich der Lehrer ist und niemand Anderes, der Unterricht hält und plädiere für ein entsprechend „autoritatives" Verständnis. Man kann es im Deutschen unschwer von einem „autoritären" unterscheiden.

Den Grund für den hier vertretenen Nachdruck will ich vorweg nennen. Wenn zumeist reformpädagogisch eingestellte Theoretiker vorschnell auf die demokratisch wünschenswerte unterrichtliche Selbstständigkeit der Schüler abstellen, beteiligen sie sich ungewollt an der öffentlich verbreiteten Unterschätzung des Lehrerberufs. Letztere wird in den letzten Jahren zunehmend aus ganz anderen gesellschaftspolitischen Motiven gespeist, insbesondere aus der Vorverlagerung eines von der Ökonomie geprägten Menschenbildes in den Umgang mit Heranwachsenden hinein. Diesen wird frühzeitig eine Selbstständigkeit zugesprochen, die man ihnen im Gegenzug als „Leistungs"-Bereitschaft wieder abverlangen kann. Darauf ist selbstverständlich noch zurück zu kommen.

Für das unmittelbar Folgende und um die Notwendigkeit autoritativen Lehrerhandelns zu plausibilisieren, schlage ich ein schematisches Gedankenspiel vor. Stellen wir uns als Ausgangspunkt einen Lehrer vor, der tatsächlich einen „autoritären" Unterricht hält, der also nicht fragt, ob das von ihm Abgeforderte die Schüler interessiere, ja, ob es sie erreiche! Dieser Unterricht erscheint uns ohne Zweifel als schlecht. Wir können bei genauerem Nachdenken aber auf zwei bemerkenswerte, womöglich irritierende Sachverhalte stoßen, die sich im Nachhinein aber wieder mit einigen unserer Schulerfahrungen zur Deckung bringen lassen müssten.

Erstens nämlich ist keineswegs ausgeschlossen, dass sich einzelne Schüler selbst bei autoritär-schlechtem Unterricht dann doch für das Dargebotene interessieren. Nehmen wir der Plausibilität halber einfach an, der betreffende Lehrer sei in seinen kommunikativen Möglichkeiten spürbar eingeschränkt, aber in seinem Fachwissen sehr bewandert und entsprechend kompetent! Dann kann es ihm gelingen, einzelne Schüler für die objektiv gegebene Besonderheit des Lehrstoffs zu interessieren. Wir sehen sofort ein, dass er dies wahrscheinlich nur bei denjenigen Schülern erreichen wird, die eine besonders hohe, der Thematik bereits entgegenkommende individuelle *Begabung* in den Unterricht *mitgebracht* haben. Denkbar ist sogar, dass die entsprechenden fachbegabten Schüler ähnliche kommunikative Einschränkungen aufweisen wie der betreffende Lehrer, so dass sie an seinen Unzulänglichkeiten keinen Anstoß nehmen müssen.[50]

Der zweite Sachverhalt zeigt sich beim genaueren Blick auf die Tätigkeit des Unterrichtens insgesamt. Unterricht ohne Adressaten – Letztere sind grammatisch gesehen das Objekt des Unterrichtens – wäre unsinnig. Ist Unterricht, den der Lehrer hält, ohne dass dieser die Schüler erreicht, wirklich „Unterricht"? Ist er nicht, zumindest für die betreffenden Schüler, irgendetwas anderes wie etwa das, was Systemtheoretiker „Rauschen" nennen, also eine Art sinnfreies Hintergrundgeräusch?

Nimmt man nun beide Sachverhalte zusammen, ergeben sich einige Schlussfolgerungen, die vielleicht nicht ohne weiteres selbstverständlich sind:

- Der Lehrer hält nur dann wirklich Unterricht, sofern er mit seinem inhaltlichen Angebot die Schüler erreicht, also zumindest probehalber interessiert.
- Nicht jedes schulorganisatorisch-szenische Arrangement, das wie Unterricht aussieht (vorne agiert der Lehrer, hinten sitzen Schüler) *ist* Unterricht. Es kann sich wie angedeutet um resonanzlose Bemühung von Seiten des Lehrers und, gegebenenfalls unauffällige, Weigerung der Annahme des Angebots von Seiten der Schüler in Schulräumen handeln.
- Es sind Unterrichtskonstellationen denkbar – vielleicht sind sie sogar der Normalfall von Unterricht – in denen für einen Teil der Schüler Unterricht real stattfindet, für die anderen hingegen nicht.

---

[50] Ein entsprechendes Beispiel wurde oben bereits unter dem Stichwort „Lieblingslehrer" angedeutet.

Das bedeutet immerhin, dass nicht jeder schlechte Unterricht alle Schüler verfehlt, ebenso wenig wie jeder gute Unterricht alle Schüler erreicht. Unterricht bedarf demnach zwar einer Reihe notwendiger äußerer organisatorischer Bedingungen von der gleichzeitigen Versammlung von Schülergruppen in Schulräumen bis hin zum Engagement des Lehrers; er findet aber seine hinreichende Bedingung erst in einer denkwürdigen Begegnung von Lehrer, Schüler und Unterrichtsinhalt. Die Begegnung der beteiligten Personen wird durch ihr jeweils angebotenes oder gewecktes Sachinteresse bewerkstelligt. Ersteres erbringen im Regelfall die Lehrer, letzteres die Schüler.

Der Unterschied zwischen einer notwendigen und hinreichenden Bedingung – die notwendige muss gegeben sein, aber erst die hinreichende Bedingung sichert das eigentlich Gemeinte – ist demnach entscheidend.

- „Unterricht" ist weder vom Lehrer selbst zu garantieren, noch ist er für Außenstehende unzweifelhaft zu beobachten: denn er findet in den Bewusstseinen der Beteiligten statt (sofern sie sich beteiligen) und ist ein „geistiges" Geschehen, in dem sich Personinteressen als gemeinsames Sachinteresse begegnen.

Die Rede von „gutem" oder „schlechtem" Unterricht wäre, nähme man diese ersten Feststellungen ganz genau, bereits unzulässig. Unterricht wäre dann entweder „gut", das heißt, er fände statt, oder aber fände nicht statt. In der obigen Feststellung, „Unterricht" (als gelingender) sei vom Lehrer nicht zu garantieren, steckt ein Verweis auf ein Zentralproblem des Lehrerberufs, das sich als berufsbegleitende psychische Herausforderung für die Lehrer auswirken muss. Selbst der fähigste und engagierteste Lehrer „hält", um auf die Ausgangsformulierung zurückzukommen, niemals einfach „Unterricht". Damit „Unterricht" stattfindet, müssen Schüler mitarbeiten, wenigstens irgendwie mitmachen. Der Lehrer bietet also auf engagierte Weise Lerninhalte an und muss dabei wollen, dass die Schüler sich potentiell interessieren wollen.

Er kann sie autoritär erpressen oder antiautoritär ganz freilassen wollen: Beides sieht nach schlechtem Unterricht aus. Beides schließt aber wie angedeutet nicht aus, dass Unterricht trotzdem stattfinden könnte, wenn dies dann auch eher unwahrscheinlich oder allzu zufällig wäre.

Es gilt jedenfalls:

- Auch bei seinem denkbar besten Unterrichtsangebot bleibt der Lehrer von der Resonanz der Schüler abhängig.

Unser Zwischenfazit als Antwort auf die oben gestellte Frage, ob nicht die Betonung der Autorität des Lehrers für das Unterrichtsgeschehen autoritären Übersteigerungen Vorschub leiste, lautet demnach: Unterricht als Begegnung von Personen im gemeinsamen Sachinteresse kann streng genommen nicht autoritär sein. Denn insofern der Lehrer im Unterricht Wissensinhalte an die Schüler vermittelt, bedeutet dieses logisch, dass die Schüler *selbst* Zugang zu für sie neuem Wissen finden. Die notwendige Aktivität des Lehrers tritt dann in ihrer Bedeutung zurück. Besser gesagt, wird sie aufgehoben in ein unterrichtliches Zusammenspiel beiderseitiger Aktivitäten mit unterschiedlichen Rollen bzw. Funktionen, die jedenfalls auch freiwillig sein müssen. Seltsamer Weise findet dann eine beiderseitige Bereicherung statt. Während sich die Schüler neue Inhalte erschließen, indem diese sich ihnen erschließen, tritt die Bemühung des Lehrers in das Stadium ihres Erfolgs. Der Sinn-Gewinn im neuerworbenen Wissens-Bezug der Schüler ist auch, auf einer subtilen Beziehungs-Ebene, der des Lehrers.

Was ergibt sich aus dem soeben Dargelegten? Zunächst zeigt sich, dass der autoritäre Lehrer einem Selbstmissverständnis aufsitzt, wenn er meint, in seiner Tätigkeit von der Schülerresonanz unabhängig zu sein. Er kann diese Haltung auf Dauer nur dann kultivieren, wenn er sich – wie offenbar meine Realschullehrer dies taten – als eine Art Schutzwart für gesellschaftlich herausgehobene Kulturwerte bzw. privilegierte Positionen gegen potentiell minderbegabte Eindringlinge versteht. Das setzt, damit es durchhaltbar ist, außerschulisch verbreitete Gegenwartsnöte und Zukunftsängste sowie korrespondierende Bildungs-Arroganzen voraus. Der betreffende autoritäre Lehrer wird sich dann ein Berufsleben lang gegen die Verachtung der meisten seiner Schüler abschotten müssen, die intuitiv in ihm den Kultur-Untertanen erkennen. Schlimm wird es, wenn Heranwachsende dann in größerer Zahl von solchen Lehrern ein entsprechendes Bild unserer Kultur überhaupt ableiten.

Wo hingegen aus Ablehnung latenter oder offener autoritärer Unterrichtsmethoden „Schülerorientierung" überbetont wird, liegt ein Fehler vor, der den Übertreibungen der Antiautoritären strukturähnlich, aber scheinbar modernisiert und jedenfalls besser getarnt ist. Jeder „schülerorientierte" Unterricht, soll er gelingen, bedarf vielfacher und längerfristiger Vorarbeit des Lehrers. Ginge es im Lehrerberuf nur darum, die in den Schülern bereits vorhandenen Interessen zu unterstützen, könnten diese mögliche neue nicht entdecken. Die Lehrer hingegen würden den Schülern erfahrbar machen, dass sie – obwohl erwachsen und mit mehreren Bildungsabschlüssen ausgestattet – den Heranwachsenden keine nennenswerte Orientierung voraus hätten. Wo „Schülerorientierung" fundamental mehr zu sein vorgibt als das, was jeder gute Lehrer alltäglich ohnehin tut, entzieht sie den Schülern, was ihr angeblich so wichtig ist. Sie lassen das Bedürfnis der Schüler nach Erwachsenen, die ihnen ein sinnvolles und mit sinnvollem Wissen versehenes Leben vorleben, unterbelichtet, wenn nicht unbeachtet. Das deutete sich bereits im Glocksee-Referat an; darauf ist noch zurückzukommen.

Jedenfalls leuchtet ein, dass die Angewiesenheit des Lehrers auf Beziehungs-Resonanzen eine schwierige berufliche Konstellation darstellt.

3.2 Inhalte-Bezug und Schüler-Beziehungen, Wissen und Fundamentalwissen

Ich schlage vor, sich das Unterrichtsgeschehen anhand eines traditionell so genannten didaktischen Dreiecks vorzustellen, dessen drei Ecken den Lehrer, die Schüler und der jeweilige Inhalt bedeuten sollen.[51]

Abbildung 1: Didaktisches Dreieck

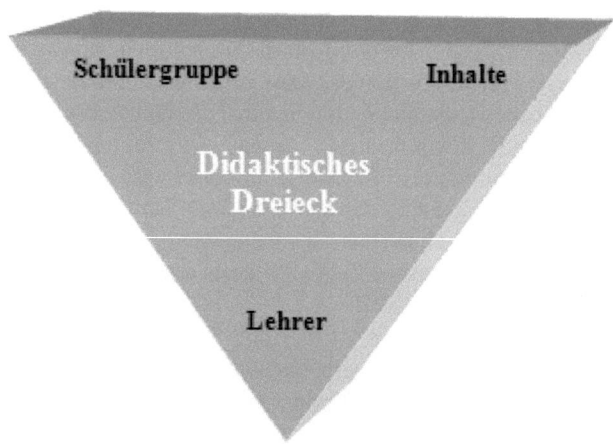

Vergleicht man die beiden extremen Pädagogiken, die autoritäre und die antiautoritäre, anhand der obigen Graphik, dann zeigt sich, dass sie nicht einfach nur diametral entgegengesetzt sind, sondern sich auch strukturell deutlich unter-

---

[51] Die Graphiken hat Raphael Adam erstellt.

scheiden. Am ehesten kann man sagen, in der einen stünden die Inhalte, in der anderen die Schüler im Vordergrund, beide jeweils aufgrund der ihnen nachgesagten Zukunftsrelevanz. Was aber für unser Thema „Lehrerberuf" zusätzlich ins Auge springt, ist der radikale Unterschied in der Bedeutung der Lehrerrolle. Sie wird prestigeträchtig, formalisiert und distanziert im einen Fall verstanden – man könnte an einen rein paragraphenorientierten Richter denken –, sie ist zurückgenommen, familiarisierend und fürsorglich im anderen Fall – man könnte an vertraute Verwandte, etwa Onkel und Tanten denken, die viel Zeit haben.

Beide Extrempädagogiken enthalten pädagogisch Angemessenes und Unpädagogisch-Unangemessenes. Sollte die pädagogische Wahrheit also „in der Mitte" liegen? Zwischen dem autoritären Sich-Wichtig-Nehmer und dem antiautoritären Garnicht-Lehrer kann es aber eigentlich keine „Mitte" geben. Erst recht unvergleichbar und gegeneinander nicht ausspielbar sind Heranwachsende und Unterrichtsinhalte.

Für den Lehrer, der seinen Beruf erfüllen will, darf es deshalb keine Wahl geben in dem Sinne, ob ihm nun die Wissensinhalte oder die Schüler wichtiger seien. Vielmehr gilt: *Weil* ihm die Schüler wichtig sind, sind ihm die Inhalte wichtig, und das gilt durchaus auch umgekehrt. Für den Lehrer bedeutet dies, dass er zwei Fähigkeiten aufbringen muss: einen hinreichend guten Sach-Bezug und hinreichend gute Schüler-Beziehungen.

Obwohl dies umgangssprachlich nicht eindeutig üblich ist, verwende ich hier und für die folgenden Überlegungen eine terminologische Unterscheidung. Das Verhältnis unter Personen nenne ich „Beziehung", das Verhältnis von Personen zu Inhalten bzw. Sachen nenne ich demgegenüber „Bezug".

Eine konsequent sachliche Einstellung und demnach einen reinen „Inhalte-Bezug" nehmen wir prototypisch in dem Bereich ein, der durch naturwissenschaftliches Denken und Forschen umrissen ist. Damit der „Gegenstand" sich dort möglichst unvermischt mit subjektiven Erwartungen, auch Befürchtungen oder Sehnsüchten von Menschen zeigen kann, wie er an sich funktioniert, müssen die betreffenden Forscher ihre Subjektivität, also ihre Emotionen und Beweggründe streng kontrollieren und methodisch aus dem Erkenntnisvorgang heraushalten. Dieser muss dementsprechend so angelegt sein, dass er für andere Forscher prinzipiell nachvollziehbar ist – der Forscher denkt sich im Forschungsprozess somit konsequent selbst als austauschbar; je besser ihm dies in die Tat umzusetzen gelingt, umso höher rangiert der Objektivitätsanspruch der so erzielten Ergebnisse bzw. Erkenntnisse. Naturwissenschaft ist nur mit einer Haltung und mit Methoden zu bewerkstelligen, die wir als „rational" bezeichnen; bei geschickt berechnetem Handeln sprechen wir von „rationell".

Eine rein subjektbezogene Haltung nehmen wir prototypisch in intimen Nahbeziehungen ein: gegenüber einem geliebten Partner oder gegenüber unserem neugeborenen Kind. Dieser letztere und vielleicht eindringlichste Fall einer interpersonalen Beziehung ist insofern zusätzlich bemerkenswert, als die Interpersonalität gegenüber dem hilflosen Säugling ja alles andere als „partnerlich" und deshalb kaum „interpersonal" zu sein scheint. Trotzdem – oder gerade deshalb – werden Eltern ihr Kleinkind mit größter Fürsorge umgeben, obwohl ihr „Partner" von allem, was da mit ihm geschieht, aktuell nichts „weiß" und es auch später nicht erinnern wird. Allerdings ist dieser letztere Einwand nur oberflächlich zutreffend. Wüsste das Kleinkind tatsächlich „nichts" von der Art, wie es gepflegt wird, und der Weise, wie seine Bedürfnisse gestillt werden, dann wären die Pflegehandlungen beliebig und die Eltern könnten sich den Fürsorgeaufwand bis in manche durchwachte Nacht hinein sparen.

Eltern, die ihr Kind fürsorglich pflegen, setzen demnach zumindest intuitiv im Kind ein „Wissen" voraus, das nicht mit dem typischen Wissen eines Erwachsenen identisch und das dennoch oder gerade deswegen von fundamentaler Bedeutung ist. Im alltäglichen Umgang gehen wir selbstverständlich davon aus, dass wir zumindest als Erwachsene wissen, wer wir sind; wissen, was wir wissen; und wissen, was wir wollen. Demgegenüber muss das „Wissen" der Kleinkinder anderer Art sein. Nicht nur baut es sich langsam auf – aus einer allerdings enormen Aufnahmefähigkeit heraus[52] – es ist auch, so die mitlaufende Unterstellung, von der Pflege durch die Eltern in seiner Qualität und seiner Entwicklung abhängig. Eltern, die ihr Kleinkind in den ersten Lebensmonaten fürsorglich pflegen, gehen zumindest intuitiv davon aus, dass sie damit eine Erinnerungsbasis im Kind grundlegen, die es lebenslang tragen wird. Das hier gemeinte „Wissen" ist damit kein Sach-, Fach- oder Faktenwissen, sondern die gespürte „Erinnerung" an etwas, das jedem Inhaltewissen nicht nur biographisch voraus war, sondern dieses erst qualifiziert, ihm seinen Sinn gibt. Erik H. Erikson hat dies in einer Formulierung ausgedrückt, die etwa in den Jahren erstmalig nach Deutschland gelangte, als hier noch wie berichtet autoritär mit Schülern umgegangen wurde: „Urvertrauen".[53]

An dieser Stelle ergeben sich drei wichtige Hinweise, die für die neuzeitliche Pädagogik und mithin für den Lehrerberuf von größter Bedeutung sind. Sie

---

[52] Das regelmäßig gepflegte Kind „schreit" bereits nach kurzer Zeit „anders" als das vernachlässigte, es erkennt auch die es regelmäßig pflegende Person und begrüßt sie vertraulich oder freudig: was der einfühlsam pflegende Erwachsene selbstverständlich zu spüren bekommt. Vgl. Stern (1979), Dornes (1993, 2005)
[53] Erikson (1959)

lassen sich ableiten aus dem Beispiel fürsorglicher Kleinkindpflege bzw., genauer, aus dem, was die Pflegepersonen zumindest intuitiv unterstellen.

Der erste besagt, dass jedem Wissen als Inhalte-Wissen ein Wissensfundament, man könnte auch sagen: Fundamentalwissen, zugrunde liegt, das dem Gewussten eine Grundfärbung verleiht. Je nachdem erscheint potentielles Wissen dann eher als bereichernd oder bedrohlich, als ängstigend oder vertrauenswürdig, als potentielle Brücke zu Anderen oder als Waffe gegen sie. Dieses Fundamentalwissen wird vom Subjekt *nicht gedacht,* es ist *kein Denkinhalt,* sondern eher *ein Gespür für den Sinn des Denkens.* Was die Eltern also dem Kleinkind grundsätzlich und erhoffter Maßen mit lebenslanger Wirkung mitgeben, ist damit eine positive Lebenshaltung, die Selbstwertgefühl, Selbstbewusstsein und Neugier auf bereicherndes Inhaltewissen eröffnet. Das Fundamentalwissen ist durch Fürsorge, also zutiefst sozial vermittelt – und behält diese Sinngebung bei.

Die zweite Einsicht hängt direkt damit zusammen: Die Fähigkeit, zum Zweck des Erwerbs von Inhaltewisssen die eigene Subjektivität zu kontrollieren und die emotionalen Beweggründe hintanzustellen, ist abgeleiteter Natur.[54] Mit Erikson gesagt muss sie in einem Urvertrauen gegründet, mit Erikson gefürchtet könnte sie auch aus einem Urmisstrauen gespeist sein. Anders gesagt können einzelne Menschen zu hohen Erkenntnisleistungen gelangen, die zugleich aus einer wenig sozialen Grundhaltung entspringen, also potentiell destruktiv für ihre Mitmenschen sind.[55] Denkbar ist natürlich auch, dass grundsätzlich sinnvolles Wissen von Menschen, die es nicht selbst entdeckt haben, von späteren Nutzern zu schädlichen Zwecken missbraucht wird. Schließlich ist damit zu rechnen, dass Menschen unter ungünstigen gesellschaftlichen Lebensbedingungen negative Verhaltensweisen mobilisieren, die sie unter günstigeren Bedingungen so nicht entwickelt hätten. Auch ein normales „Urvertrauen" würde demnach zusätzlicher sozialer Unterstützung bedürfen, um sich als solches bewähren zu können.

Die dritte Einsicht steht mit den letzteren Bemerkungen in Verbindung und verknüpft das elterlich-fürsorglich geförderte Fundamentalwissen mit dem eingangs so genannten kulturellen Grundwissen. Ein neuzeitlich-demokratisch verfasstes Gesellschafts-Selbstverständnis setzt – vergleichbar wie dies die Schule auch tut – hinreichend pflegliche Aufwachsbedingungen der Kinder in ihren Elternhäusern voraus. Eine der Selbstverpflichtungen der demokratischen Politik besteht dann darin, die Rahmenbedingungen des kindlichen Aufwachsens mög-

---

[54] Darauf hat Axel Honneth (2005) nachdrücklich hingewiesen.
[55] Die Möglichkeit eines narzisstisch übersetzten Kontrollwissens hat Heinz Kohut diskutiert. Er spricht vom „tool-and-method-pride", wie er herrschende Typen des neuzeitlichen Wissenschaftsverständnisses charakterisiere: Kohut (1975)

lichst kindergünstig zu gestalten.[56] Das kulturelle Grundwissen, das der Lehrer den Schülern im pädagogischen Engagement seines Unterrichts erfahrbar vermittelt, stellt zunächst und mit abnehmender Intensität eine schulorganisatorisch institutionalisierte und insofern andersartige Fortsetzung des elterlichen Pflegeverhaltens dar. Gemeinsam mit jenem ist die Zuwendung zum Kind, andersartig und neuartig die Zuwendung zu jedem Kind als Schüler einer Lerngruppe unter dem Gesichtspunkt schulischer Leistungsgerechtigkeit.

3.3 Unterschiedliche Formen der Rationalität

Bevor wir die erarbeiteten Einsichten auf den Lehrerberuf direkt anwenden, sollten wir die Erörterung der beiden Extremhaltungen – von emotional engagierter interpersonaler Subjektivität und kontrollierter sachbezogener Objektivität – zu einem vorläufigen Ende bringen. Ganz offenbar leben wir unter gesellschaftlichen Bedingungen, in denen wir uns (als „normale" Gesellschaftsmitglieder) zutrauen, beide Extremhaltungen zu vereinen, also in unserem Selbstbild sinnvoll zu verbinden. Wir trauen uns damit intuitiv zu, was sich nur ungenau in Worte fassen lässt. Dennoch ist unsere Gesellschaft in ihrem Funktionieren offenbar geradezu abhängig davon, dass sich beide Haltungen von einer hinreichend großen Zahl ihrer Mitglieder tatsächlich verbinden lassen. Wenn wir alltäglich „privat" und „öffentlich" trennen, dann tun wir es nicht nur im Bewusstsein, dass beides getrennt werden kann und muss, sondern auch, dass wir die Trennung ohne seelischen Schaden bzw. psychische Spaltung vollziehen und mit unserer Identität vereinbaren können.

Dabei zeigt sich ein weiterer Sachverhalt. Naturwissenschaft stellt gewiss die Idealform rationalen Denkens im erwähnten umgangssprachlichen Sinne dar, wir stellen uns dabei nicht nur einen emotionsfreien „nüchternen" Inhalte-Bezug, sondern auch eine grundsätzliche Zweckfreiheit bei der Erkenntnissuche vor. Abgesehen davon, dass dies ein überaus hohes und insofern nicht ganz unverdächtiges Ideal sein mag, erwarten wir also, dass der unbestechliche Forscher der Wahrheitssuche verpflichtet ist und egoistische Motive bei der Forschung hintanstellt. In unserem Alltagsleben verhalten wir uns ebenfalls „rational", indem wir die für unsere Interessen geeigneten praktischen Handlungsschritte wählen. Hier verwenden wir das Adjektiv „rationell". Diese Form von „Rationalität" ist

---

[56] Dass die Politik unter Globalisierungsbedingungen bzw. im Gefolge neoliberal unkontrollierter Marktbedingungen diese Selbstverpflichtung aufzugeben begonnen hat, ist ein zentraler Kritikpunkt unter kulturkritischen Vorzeichen; dazu Habermas (1998).

dann einerseits gewiss subjektiv motiviert, andererseits aber (und gerade deshalb) auch auf die objektiven Gegebenheiten zweckmäßig ausgerichtet. Naturwissenschaftliche Erkenntnis-Suche und alltägliches zweckmäßiges Handeln weisen bei aller Differenz auch Gemeinsames auf. Man könnte naturwissenschaftliche Erkenntnis-Rationalität und alltägliche Handlungszweck-Rationalität unterscheiden.

In einer modernen Gesellschaft und zumal unter städtischen Lebensverhältnissen pflegen wir vielfachen Umgang mit anderen Menschen auf einer weiten Skala von Nähe- und Distanzverhältnissen. „Rational" erscheinen unsere Gestaltungen der Kontakte, wenn diese gesetzlichen Vorschriften und gewissen Anstandsregeln folgen und wir die Kontakte auf einer Stufenskala vollziehen, die je nachdem von „korrekt" oder „anständig" über „höflich" bis zu „freundlich" reicht. Bemerkenswert ist, dass unsere Alltagssprache den „freundlichen" Umgang – etwa gegenüber Nachbarn oder Arbeitskollegen – dem „freundschaftlichen" annähert, ohne beide zu vermischen.

Blicken wir auf den letzten Teil des Argumentationsganges zurück! Wir waren ausgegangen vom didaktischen Dreieck, wonach der Lehrer beide Fähigkeiten brauche: Schüler-Beziehung und Inhalte-Bezug. Der strikte Unterschied zwischen der Qualität unseres Verhältnisses zu Sachverhalten und derjenigen zu Personen wurde deutlich, wobei die beiden Extreme zwischen dem naturwissenschaftlich-objektiven Inhalte-Bezug und der personal-subjektiven Beziehung zu einer geliebten Person liegen. In unserem Normalleben, wenn wir im Rahmen gesellschaftsöffentlicher Zusammenhänge eigene Ziele und Zwecke verfolgen, verhalten wir uns wie mehr oder weniger alle anderen Gesellschaftsmitglieder auch auf vielfach gestufte Weise „rational". Der Begriff nimmt dann bei zunehmender Nähe nicht nur Bedeutungsinhalte auf, die sich der Qualität von Freundschafts- oder sogar Liebesbeziehungen annähern, man kann sogar umgekehrt sagen, dass aus Sicht eines liebenden Menschen nichts „rationaler" ist, als den geliebten Mitmenschen mit den Erweisen seiner Zuneigung zu umgeben.

Wenn es berechtigt ist, was Eltern bei der sorgfältigen und womöglich relativ „selbstlosen" Fürsorge ihrem Kleinkind mitgeben – ein Fundamentalwissen nämlich, dass es verlässliche Zuneigung unter Menschen gibt – dann erscheint dieses Pflegeverhalten als das schlechthin Rationalste, was Menschen anderen überhaupt anbieten können. Dass eine solche Einsicht weit gehende Konsequenzen für die Pädagogik haben muss, wurde dargelegt. Halten wir an dieser Stelle nur fest: Die von uns alltäglich geübte „Rationalität" findet in den Naturwissenschaften ihre Reinkultur, in unserer zwischenmenschlichen Alltagskultur hingegen lassen wir sie einmünden in Verhaltensweisen, in denen unsere Distanz zu den Sachverhalten und uns selbst von uns bei zunehmender Nähe schrittweise aufgegeben wird und wir unser „Glück" schließlich in der „Hingabe" an andere Personen suchen.

Im öffentlichen Leben jedoch und in vielen Berufen wird der Sach-Bezug von den Personal-Beziehungen bei wichtigen Entscheidungen scharf getrennt. Wenn wir sehen, dass ein Spitzenmanager auch bei günstiger Unternehmensbilanz die Entlassung von Mitarbeitern aus Rationalisierungsgründen ankündigt, fällt auf den Begriff „Rationalität" ein bezeichnendes Licht. Die in vielen Unternehmen in Mode gekommene Rede von der „corporate identity" gilt dann ausschließlich für die abhängig Beschäftigten.

In sozialen Berufen wäre eine solche Trennung sinnwidrig, obwohl wir stets wie oben angedeutet mit organisationsbedingten Einschränkungen zu rechnen haben. Der Lehrerberuf ist der wichtigste soziale Beruf, auch und gerade weil wichtige Entscheidungen in ihm getroffen werden müssen.

3.4 Der gesellschaftliche Kompromiss aus Utilitarismus und Romantik

Der angedeutete Sachverhalt ist – selbstverständlich – von bedeutsamen Gesellschaftstheoretikern und Soziologen im Rahmen ihrer je eigenen Perspektiven anvisiert worden. Eine geistesgeschichtlich angelegte Deutung hat der kanadische Sozialphilosoph Charles Taylor vorgelegt.[57] Sie kann uns beim Verständnis des Lehrerberufs behilflich sein. Taylors wichtigste Arbeitshypothese ist, dass wir, um krisenhafte Entwicklungen unserer heutigen Gesellschaftskultur verstehen zu können, auf deren Ursprünge zurückgehen müssen, genauer gesagt: auf die ursprünglichen Intentionen, die unserer Kultur zugrunde liegen. Sofern wir diese vergessen, so Taylor, setzen unsere eigenen Ideale ein selbstzerstörerisches Potential frei. Taylor geht davon aus, dass unserer neuzeitlichen westlichen Kultur im Wesentlichen *eine* Leitidee zugrunde liegt: die der individuellen Freiheit aller Menschen. Man achte bei dieser Formulierung auf den untrennbaren Zusammenhang von Individualismus und sozial-solidarischem Universalismus.

Diese Idee habe, wie er sagt, eine neue „Kosmologie" eröffnet, was wir als „Welt-Anschauung" übersetzen können. In einer ersten Phase, die wir von der Renaissance und der Reformation ausgehend bis zur Frühaufklärung ansetzen können, also von etwa 1500 bis 1650, hätten sich kulturell fortschrittliche Bevölkerungsteile ihre Freiheit gegenüber den Sachverhalten dieser Welt dadurch zu beweisen versucht, dass sie diese in ihrer inneren funktionalen Gesetzmäßigkeit

---

[57] Taylor (1992, 1994)

zu erkennen und sodann durch tätige Arbeit zu ihren Gunsten umzugestalten begonnen hätten. Das protestantische Arbeitsethos und die frühaufklärerische Forderung, durch rationale Erkenntnis Aberglauben und Autoritätshörigkeiten gegenüber dem feudalen Adel und dem Klerus abzubauen, seien die gemeinsamen Antriebskräfte des so genannten „Utilitarismus"[58] gewesen. Dieser, wurzelnd im Ideal einer Be-Nutzung und Aus-Nutzung der naturgegebenen Möglichkeiten zum größtmöglichen Nutzen einer größtmöglichen Zahl von Menschen, sei also zunächst eine Bewegung der Selbstvergewisserung der Menschen bezüglich ihrer – durchaus ihrer Überzeugung nach: „von Gott gewollten" – Freiheitsmöglichkeiten gewesen. Die Bewegung habe um die Mitte des 17. Jahrhunderts, nicht zuletzt unter dem Eindruck des Dreißigjährigen Krieges, eine besondere Überzeugungskraft gewonnen und danach eine Blüte naturwissenschaftlicher Forschung sowie die ökonomische Dominanz des Frühkapitalismus hervor gebracht.

Nach etwa 100 Jahren hätten jedoch, unter dem Eindruck beobachtbarer sittlicher Fehlentwicklungen bei den Vertretern der utilitaristisch-frühaufklärerischen wissenschaftlichen Naturerkenntnis und der ökonomischen Naturausnutzung kritische Stimmen zunehmend an Überzeugungskraft gewonnen. Deren entscheidendes Argument sei gewesen, dass sich in den neu aufgestiegenen Schichten des Handelsbürgertums, das ursprünglich sein ökonomisches Handeln als „Gottesdienst" verstand und die Gewinne deshalb nicht zur Mehrung individueller Macht und persönlichen Reichtums nutzte, neuartige Verhaltensweisen beobachten ließen, die das ursprüngliche Ideal individueller Freiheit widerrufen, zumindest falsch verstanden hätten. Beobachtbar seien die neuen, wirtschaftlich erfolgreichen Bevölkerungsschichten in Abhängigkeit von ihrem eigenen Besitz- und Machtstreben geraten. Die damit in die Wege geleitete, kritisch gegen Utilitarismus und Aufklärung gewendete Bewegung war nach Taylor die europäische Romantik, als deren „geistigen Vater" er Jean-Jacques Rousseau benennt.

Die Romantik hielte zwar an der Leitidee der individuellen Freiheit des Menschen fest, suche sie aber in einer ganz anderen Weise zu verwirklichen als die Aufklärung. Indem der aufgeklärte Utilitarist in nüchtern-rationaler Distanz die Gegebenheiten der ihn umgebenden Natur auf deren funktionale Zusammenhänge und anschließend auf die mögliche Ausnutzung für die eigenen Zwecke prüfe, habe er – so die romantische Kritik – die von ihm gesuchte Freiheit schon im Ansatz verfehlt. Durch die übergriffige Einstellung, die Natur zu einer den

---

[58] Wörtlich etwa „Nützlichkeitslehre", inhaltlich genauer wäre „Lehre von der Zurückführung der Ethik auf Nützlichkeitserwägungen".

eigenen Zwecken unterworfenen Objektwelt zu degradieren, überschätze er nicht nur seine Rationalität, er müsse auch den Kontakt zu seinen inneren Antriebskräften unterbinden bzw. verleugnen, durch die er selbst immer ein Teil der Natur bleibe. Wahre Freiheit hingegen sei dem Menschen nur darin eröffnet, dass er sich seinen inneren Antriebskräften überlasse, die ihn ihrerseits in das große Ganze einer ihn „mütterlich" inspirierenden und tragenden Natur integrierten. Wirkliche Vernunft übe der Mensch nur aus einem „Spüren" dessen aus, was ihn selbst als Gefühl, auch und gerade als Mit-Gefühl für die Mit-Welt und Um-Welt immer schon bewege.

Taylor geht in seiner geistesgeschichtlichen Rekonstruktion davon aus, dass die Grundidee unserer neuzeitlichen Welt-Anschauung und Gesellschafts-Gestaltung immer noch *die individuelle Freiheit aller* sei und dass das gesellschaftliche Zusammenleben seit dem ausgehenden 18. Jahrhundert durch einen Syntheseversuch aus utilitaristisch-aufklärerischen und romantischen Motiven bestimmt gewesen und bis heute immer noch bestimmt sei. Die gesellschaftsöffentlichen Verkehrsformen, insbesondere die Berufswelt, seien utilitaristisch bestimmt, im Privatbereich hätten sich jedoch romantische Vorstellungen durchgesetzt. Der ursprüngliche Freiheitssinn beider Eigenbereiche müsste immer wieder neu austariert werden. Nehme das aufklärerisch-utilitaristische Denken und Handeln überhand, führe das zu einem Gewinnstreben Aller, das die ökologischen Grundlagen rücksichtslos vernutze und dabei gleichzeitig maßlosen Wohlstand der Einen im Angesicht sinnloser, weil grundsätzlich überwindbarer Armut der Anderen häufe. Radikalisiere sich hingegen das romantische Moment des Gespürs für die eigenen Antriebskräfte zu Praxen der bindungslosen „Selbstverwirklichung", würde damit den nachfolgenden Generationen die Möglichkeit der Entwicklung von Identitätsmöglichkeiten entzogen, die das gesellschaftliche Zusammenleben aber benötige.

Taylors Überlegungen können uns dabei helfen, die oben entwickelte Unterscheidung von rationalen und privaten Einstellungen in einen geistesgeschichtlichen Zusammenhang zu stellen. Mit Taylor können wir annehmen, dass Schulpädagogik sich der Entwicklungsphase der Kinder annimmt, in der sie zunehmend die häuslich-privaten romantischen Umgangsformen mit utilitaristisch-aufklärerischen zu verbinden lernen, und wir können darüber hinaus ableiten, dass Lehrer ihnen in diesem schwierigen und für unsere Welt-Anschauung und Gesellschaftskultur so wichtigen Lern- und Erfahrungsprozess Geleit bieten.

Zusätzlich interessant für unser Thema Schulpädagogik bzw. Lehrerberuf ist Taylors geistesgeschichtliche Verortung Rousseaus insofern, als er nicht nur die europäische Romantik begründet haben soll, sondern auch mit seinem „Émile" einen Erziehungsroman vorlegte, der die moderne Pädagogik auf die nachhaltigste Weise beeinflusst und auf den Weg gebracht hat.

3.5 Professionelle „stellvertretende Deutung" im Lehrerberuf

Ein anderer Autor, den in unserem Kontext zu befragen sich lohnt, ist der Soziologe Ulrich Oevermann.[59] Dieser hat im Anschluss an seinen amerikanischen Bezugsautor Talcott Parsons die Unterscheidung von „diffusen" und „spezifischen" Sozialbeziehungen vorgeschlagen. Der Begriff „diffus" ist dabei nicht negativ gemeint, er könnte sinngemäß mit „ganzheitlich" übersetzt werden und bezieht sich auf Nahbeziehungen, etwa im familiären Bereich. „Spezifische" Sozialbeziehungen sind, wie der Begriff schon andeutet, leichter zu definieren, weil sie festgelegt sind durch bestimmte funktionale Verkehrsformen und entsprechende Rollenerwartungen. Oevermann wehrt sich daher sogar gegen einen Begriff wie „Mutter-Rolle", weil das Verhältnis der Mutter zum Kind eben nicht primär „spezifisch", sondern zunächst vor allem nur „diffus" sein könne.

Im öffentlichen Umgang, so Oevermann, verhalten wir uns zueinander im Rahmen von Rollenzuweisungen und entsprechenden -erwartungen. Privatpersönliche Aspekte sind zurück gestellt. In diffusen Sozialbeziehungen verhält es sich prinzipiell umgekehrt. Ich muss es dem Partner gegenüber legitimieren, wenn ich eine Frage, gerade wenn sie sehr persönlicher Natur ist, nicht beantworten will.

Oevermanns Unterscheidung ist für unsere Untersuchung schon deshalb von besonderem Interesse, weil er sie unmittelbar auf die Frage nach den Charakteristika des Lehrerberufs bezieht. Diesen möchte er zur Klasse der „Professionen" rechnen, und deshalb sucht er nach Merkmalen der Lehrertätigkeit, die diese strukturell mit den klassischen Professionen Priester, Arzt, Rechtsanwalt und Psychotherapeut verbinden. Oevermanns Argumentation kommt uns hier insofern zusätzlich entgegen, als er, wiederum von Parsons inspiriert, psychoanalytische Einsichten beachtet, auf deren Relevanz für pädagogische Fragestellungen wir oben mehrfach bereits gestoßen sind. Oevermann geht mit Blick auf ältere psychoanalytisch-entwicklungspsychologische Annahmen davon aus, dass Kinder die Zumutung bloß distanzierter spezifischer Rollenbeziehungen, wie sie im öffentlichen Erwachsenen-Leben üblich sind, als Frustration ihrer zunächst „diffusen" Bedürfnisse in der Wahrnehmung von Sozialbeziehungen erleben müssten. Schulpädagogik müsse darum grundsätzlich auf die „diffuse" Ausgangslage

---

[59] Oevermann (1997, 2002); vgl. dazu Wernet (2003)

der Heranwachsenden Rücksicht nehmen und dürfe sie erst langsam an stärker „spezifisch" ortientierte Sozialbeziehungen heranführen.

Der Lehrerberuf ist nach Oevermann darin ausgezeichnet, dass eine Verbindung „diffuser" Schülerbedürfnisse und „spezifischer" Erwachsenenforderungen darin vermittelt werden müsse. Der Lehrer bedarf hierzu besonderer Fähigkeiten, sich in das teildiffuse Realitätserleben Heranwachsender hineinzuversetzen, ohne die spezifisch bestimmten Ziele seiner Tätigkeit aus den Augen zu verlieren. Oevermann spricht hier von einer für Professionen im Allgemeinen typischen Fähigkeit der „stellvertretenden Deutung"[60], derer der Lehrer im Besonderen bedarf.

Zu ihr gehört auch die Fähigkeit, sich die entwicklungsbedingt normale Tendenz von Schülern, Verhaltenserwartungen aus dem häuslichen Bereich auf den schulisch-unterrichtlichen zu „übertragen", zu durchschauen und entsprechend reagieren zu können. Solche „Übertragungen" wären im psychoanalytischen Verständnis als unbewusste Einstellungen von Seiten der Schüler erwartbar und würden etwa bedeuten, dass die Schüler (je jünger natürlich umso mehr) das Lehrerverhalten in Analogie zum Elternverhalten wahrnehmen und demnach auch das Lehrerhandeln entsprechend existenziell bedeutsam für sich erleben müssten. Zugleich würde der Lehrer ganz selbstverständlich zum Objekt von negativen Gefühlen, etwa Misstrauen bezüglich seiner Verlässlichkeit, sofern die Schüler entsprechende Erfahrungen aus der Privatsphäre mitbrächten. Lehrer müssten solche „Projektionen" schon deshalb durchschauen, um sie nicht kurzschlüssig auf sich selbst zu beziehen, sondern um professionell abgeklärt in „stellvertretender Deutung" damit umgehen zu können.

Oevermann kommt zu der bemerkenswerten Feststellung, dass für ihn der eigentlich „professionelle" Kern der Lehrertätigkeit keineswegs in der Vermittlung von Wissen besteht – so wie in der Öffentlichkeit und auch von vielen Lehrern selbst irriger Weise angenommen werde. Er bestehe auch nicht einmal in der Einübung von ethischen Verhaltensnormen durch Entwicklung einer Lerndisziplin der Schüler, sondern wesentlich in der beruflich mitlaufend beachteten Rücksicht auf die entwicklungspsychologisch gegebene Verletzlichkeit der Schüler: kurz gesagt also im gekonnten Umgang mit „diffusen" und „spezifischen" Sozialbeziehungen durch „stellvertretende Deutung" bzw. „Krisenbearbeitung".

Oevermanns soziologische Unterscheidung von „diffus" und „spezifisch" weist Parallelen zu Taylors geistesgeschichtlicher Differenzierung von „romantisch" und „utilitaristisch" auf. Taylor ist allerdings nicht weiter an pädagogi-

---

[60] Diesen Ausdruck hat er in neueren Schriften durch „stellvertretende Krisenbewältigung" ersetzt: Oevermann (2002).

schen Konsequenzen interessiert, während Oevermann seit den frühen 90er Jahren die deutschsprachige Diskussion zur möglichen Professionalität des Lehrerberufs direkt stark beeinflusst hat. Beide Ansätze lassen sich verstehen als Auslegungsmöglichkeiten des oben unter den Stichworten Wissensfundament/Fundamentalwissen bzw. „Urvertrauen" Entwickelten. Nimmt man die drei Zugänge zusammen, dann enthält die schlichte Aussage, wonach der Lehrer Unterricht halte und den Schülern Wissen vermittle, berufliche Ansprüche, die sich erst bei genauerem Hinsehen in ihrer ganzen Bedeutung, auch ihrer Schwierigkeit und den berufsethischen Konsequenzen zeigen.

Es zeichnet sich ab, dass das Was der Inhalte, die vom Lehrer vermittelt werden, seine entscheidende Bedeutung, seinen gesellschaftskulturellen Sinn durch das Wie der Vermittlung erfährt, und dass dieses Wie durch die Person des Lehrers mitgestaltet wird. Jede Wissensvermittlung enthält „mitlaufend" kulturelles Grundwissen in der Nachfolge jenes elterlich auf den Weg gegebenen Fundamentalwissens, wonach es Menschen verbindet. Demnach muss der soziale, Menschen verbindende Sinn utilitaristischer Haltungen gespürt, also romantisch vertieft erlebt werden können; noch in jeder spezifischen Distanzierung – etwa bei der Notengebung – muss diffuse Fürsorge erfahrbar bleiben.

Der Kardinalfehler der Autoritärpädagogik wie der gegnerischen antiautoritären Pädagogik war die systematische Unterschätzung der Bedeutung der Lehrerpersönlichkeit für die Gestaltung der Beziehung zu den Schülern *und* für die Bedeutung der Inhalte selbst.

4 Der Lehrer engagiert und zeigt sich

4.1 Unterrichtserfahrungen der Schüler

Kehren wir zurück zu unserer Ausgangsformulierung, der Lehrer vermittle im Unterricht Wissen an Schüler und nehmen wir dabei wieder zur Veranschaulichung die Graphik zum Didaktischen Dreieck zu Hilfe! Während wir uns intensiver mit den Besonderheiten von Inhalte-Bezug und Schüler-Beziehung beschäftigt haben, indem wir aus den Übertreibungen und Vereinfachungen der autoritären wie der antiautoritären Pädagogik positiv zu lernen versuchten, ist unter der Hand die untere Ecke des Dreiecks – der Lehrer – immer mehr in den Fokus unserer Aufmerksamkeit gerückt. Kein Zweifel: Dass der Lehrer autoritativ „Unterricht hält", ist wichtig.

Der Lehrer, so sahen wir, muss zwei Fähigkeiten verbinden, die in den Extremen naturwissenschaftliches Erkennen bzw. ökonomisch-berufliche Erwerbstätigkeit und personale Fürsorge auseinander liegen und die auch die meisten Gesellschaftsmitglieder nur mithilfe der entsprechenden Trennung „privat – öffentlich/beruflich" in ihren Lebensvollzug zu integrieren versuchen. Dem Lehrer ist diese Trennung nur um den Preis eines Abrutschens in eine einseitige Pädagogik möglich: wenn er mit zu viel Distanz gar nicht erst in Schülerbeziehungen hinein- oder mit zu wenig Distanz darin auf- und als Lehrer untergeht. Der Lehrerberuf unterscheidet sich demnach von anderen Berufen dadurch, dass die Trennung von privatem und öffentlichem Verhalten während seiner Berufstätigkeit selbst nicht klar aufrecht erhalten werden kann; im Umkehrschluss wird der Lehrer auch besondere Mühe haben, die emotionalen Aspekte seines Berufsengagements nicht zu sehr in sein Privatleben hineinwirken zu lassen.

Interessant ist hier der Vergleich zu den klassischen Professionen. Auch sie setzen emotionales Engagement – es ergibt sich durch die „stellvertretende Deutung" bei Oevermann – voraus, aber sie arbeiten mit streng ritualisierten beruflich-situativen Arrangements und Abstinenzregeln.[61] Mit deren Hilfe bleiben die gegebenenfalls notwendig werdenden intimen Kontakte auf ihre funktionalen Zwecke reduziert und so von alltagsweltlichen Vorgängen abgesondert. Im Unterricht, geschweige denn in bestimmten außerunterrichtlichen Situationen wie z. B. Schullandheim-Aufenthalt, ist diese Ritualisierung deutlich relativiert. Den-

---

[61] Eine klassische ist das „Beichtgeheimnis" des katholischen Priesters.

ken wir an gewisse Internate und Landerziehungsheime, in denen in bewusster pädagogischer Absicht der Umgang von Schülern und Lehrern alltäglichen Umgangsformen angenähert wird! Das Problem, dass beruflich bedingtes Mitgefühl auch in die Privatsphäre „mitgenommen" werden und dort belastend wirken kann, haben allerdings alle Professionen, insofern sie ja mit Personen befasst sind, die in dieser oder jener Hinsicht in Not geraten sind und sich im jeweiligen Fall auch nicht mehr aus eigener Kraft zu helfen wissen.

Die „Kunst" des Lehrers besteht nun darin, Nähe und Distanz zu den Schülern und den Inhalten angemessen zu verbinden. Auf den ersten Augenschein hin sieht das so aus, dass er für die Schüler-Beziehung Nähe benötigt und für den Inhalte-Bezug Distanz, so dass er immer dann, wenn die erstere oder der letztere in den Vordergrund tritt, zwischen Distanz und Nähe wechselt. Der Sachverhalt ist allerdings bei näherem Hinsehen deutlich komplizierter. Beginnen wir beim Inhalte-Bezug.

Schauen wir uns das „Extrembeispiel" des Vertreters eines ausgeprägten Inhalte-Bezugs an, einen Forscher! Gewiss benötigt dieser einen emotional besonders strikt kontrollierten Zugang zu seinen Forschungsgegenständen, aber das sollte uns nicht darüber hinwegtäuschen, dass er das Forschen selbst mitsamt allen Wirkungen und möglicherweise auch weniger angenehmen Nebenwirkungen zu einem wichtigen, vielleicht zu dem existenziell wichtigsten Bereich seines Lebens gemacht hat. Mag das Forschen selbst so emotionsarm wie möglich vonstatten gehen, für den engagierten Forscher ist es ein bedeutsamer Bestandteil seines Lebensvollzugs.

Psychoanalytisch gesehen ist die Tätigkeit des Forschens für ihn „narzisstisch hoch besetzt", das heißt, sie gestaltet sein Selbstbewusstsein und speist sein Selbstwertgefühl in hohem Maße. Man könnte sogar sagen, dass die besondere Bereitschaft, im Verfolg der eigenen Tätigkeit emotionale Belange konsequent zurückzustellen und den sachlichen Gegebenheiten unterzuordnen, nur durch eine hohe emotionale Bereitschaft hierzu erbracht werden kann. Umgangssprachlich ausgedrückt, muss der Forscher von seinem Forschen „begeistert" sein – wiewohl es wohl den einen oder anderen geben mag, der die Gewohnheit, seine Gefühle zu kontrollieren, so perfektioniert hat, dass er beides, Gefühle samt Kontrolle, auch im Privatleben gar nicht mehr selbst bemerkt. Das wird dann Anderen umso mehr auffallen.

Was bedeuten diese Hinweise für den Lehrerberuf? Der Lehrer sollte zum Zweck der „Beherrschung" von Inhalten auch „selbstbeherrscht" sein, aber doch nicht so, dass er selbst den Zugang zu den Gefühlen verlieren dürfte, in denen die Bedeutung der Inhalte für sein Leben für ihn selbst spürbar ist. Als „wichtig" empfinden wir Sachverhalte, die uns emotional bereichern und auf deren Kenntnis wir nicht verzichten mögen. Selbst sehr unliebsame Sachverhalte wie z. B. die möglichen Konsequenzen eines ökologischen Desasters sind immer noch und indirekt mit positiven Emotionen verknüpft, in diesem Fall mit der Wertschätzung eines menschenwürdigen Lebens für die prognostisch Betroffenen, etwa unsere Nachkommen.

Warum ist es für die Schüler wichtig, dass der Lehrer nicht nur ein rational kontrolliertes, sondern auch ein emotional engagiertes Verhältnis zu seinem Wissen hat, und woran können sie es ablesen? – Das emotionale Verhältnis zum Wissen verleiht diesem erst Bedeutsamkeit, und der Lehrer repräsentiert diese Bedeutsamkeit in der Intensität seiner Bemühung, sie möglichst allen Schülern nachvollziehbar zu machen. Gleichzeitig gilt aber, dass das Gefühl des Lehrers für die besondere subjektive Bedeutung der von ihm kompetent beherrschten Sachverhalte für ihn selbst die Voraussetzung dafür ist, sich gelassen in davon abweichende Interessen von Schülern hinzuversetzen. Sollte er aber kein Gefühl für das eigene Sachinteresse aufweisen, muss er es für selbstverständlich-normal halten – und deshalb verallgemeinern. Schüler, die das entsprechende Interesse nicht teilen, erscheinen ihm dann als personal defizitär, und er muss sie offen oder indirekt menschlich abwerten.

Was die Vermittlung der Bedeutsamkeit von Sach-Wissen durch spürbares emotionales Engagement betrifft, so hat es logischer Weise zwei Seiten. Einerseits gehört zur Glaubwürdigkeit des Lehrerengagements seine Sachkompetenz; je besser er den Wissensinhalt in seinem Funktionieren, in seinen Bestandteilen oder Zusammenhängen durchschaut hat, umso mehr kann er andererseits die Schülerperspektive einbeziehen, also den Inhalt auf die Schülerinteressen, Begabungen, Anschauungsformen usw. ausrichten. Die Schüler machen im Fall von gelingendem Unterricht gleich mehrere Erfahrungen, die zwar untrennbar zusammenhängen, deren unterschiedliche Aspekte analytisch zu unterscheiden sich aber lohnt. Wenn sich den Schülern ein Wissensinhalt als interessant erschließt, bedeutet dies im optimalen Fall zugleich:

- Der Lehrer hat den Inhalt als für sich selbst relevant dargeboten,
- indem er den Inhalt den Schülern als interessant erfahrbar gemacht hat,
- indem er den Inhalt sachkundig aufbereitet und
- dabei für die Verstehensmöglichkeiten der Schüler zugänglich gemacht hat.
- Er hat dabei den Inhalt dadurch in seiner sozial-kulturellen Bedeutung erfahrbar gemacht.

Achten wir auf den letztgenannten Gesichtspunkt! Er verbindet das Unterrichtsgeschehen mit dem Gesellschaftsauftrag der Pädagogik bzw. des Lehrerberufs.

Halten wir fest, dass der Lehrer im Vollzug gelingenden Unterrichts eine mehrdimensionale Syntheseleistung erbringt. Das von ihm vermittelte Wissen muss er als subjektiv und damit sozial bedeutsam erfahrbar machen.

4.2 Durch den Unterricht wird die Lerngruppe zur Gruppe

Wenden wir uns nun der anderen Ecke unseres Dreiecks zu. Hier lautet die Frage eher umgekehrt, warum es wichtig für die Schüler-Beziehung des Lehrers sei, dass diese nicht nur emotional, sondern auch rational kontrolliert ist, warum also nicht nur Nähe gefordert ist, sondern auch Distanz. Indem ich die Frage mit „dem" Schüler im Singular formuliere, droht bereits eine Ungenauigkeit. Die Formulierung suggeriert entweder ein Exklusivverhältnis Erwachsener – Kind, das unter der Hand vom Einzelkind ausgeht, das sich dem jeweiligen Pädagogen gegenüber sieht, oder aber sie setzt eine in entscheidenden Belangen homogene Schülerschaft voraus. Ersteres mag inzwischen der häuslichen Situation vieler Kinder entsprechen, Letzteres gibt den Normalfall von Unterricht nur noch in schulischen Sonderfällen wieder.

Aber selbst fürsorgliche Eltern benötigen auch Distanz zu ihrem Kind. Akut spürbar wird dies für sie, sofern sie zwei Kinder großziehen und sich im Streitfall der Geschwister vor das Problem gestellt sehen, sich in *beide* Kontrahenten einzufühlen. Das geht bei aller Emotionalität nur auf einer Ebene abwägender rationaler Distanz. Der Lehrer bedarf dieser Distanz keinesfalls erst im Streitfall unter den Schülern, sondern bereits in jedem differenzierten Unterrichtsangebot – blicken wir nur auf den vorletzten der oben genannten Punkte!

Stellen wir uns ganz einfach ein Unterrichtsthema vor, das einigen Schülern bereits ungefähr bekannt, für andere zwar neu, aber wahrscheinlich schnell zu erfassen, für dritte nur mit Mühe und für vierte vielleicht gar nicht ohne weiteres zu begreifen ist! Der Lehrer bedarf dann nicht einfach einer Schüler-Beziehung im Singular, sondern vielfacher Beziehungen, deren jeweilige Erfordernisse er gerade darum rational-distanziert gegeneinander abwägen muss.

Macht er sich die eigene Entscheidung leicht, kann er, um noch einmal eine extrempädagogische Gegenprobe zu machen, den Inhalt entweder so darbieten, dass dieser zwar als wichtig erscheint, sich für die „unbegabten" Schüler aber aller Voraussicht nach ohnehin als kaum begreiflich darstellt. Im anderen Extrem würde er so präsentiert, dass er auf jeden Fall für alle begreiflich sein muss. Im ersten Fall, wäre er die Regel, würden die Kinder eingeübt in eine Gesellschaft, in der sich weniger Begabte als unzuständig für wichtige Inhalte erleben sollen; im zweiten würde die Wichtigkeit von Inhalten von den nicht weiter herausgeforderten Interessen Uninformierter abhängig gemacht.

Der Lehrer muss also sein Angebot so aufbereitet haben, dass alle Schüler dessen Wichtigkeit im Nachdruck erfahren, mit dem der Lehrer es an sie heranträgt. Dies ist nicht nur bedeutsam dafür, eine gegebenenfalls schlechte Bewertung hinterher zu akzeptieren, es ist vor allem für die Erfahrung ausschlaggebend, dass unter demokratischen Bedingungen die öffentlich wichtigen Angelegenheiten für alle prinzipiell zugänglich sein sollen, dass dazu aber auch ein gewisses Maß an eigenem Engagement gehört, das den Schülern dementsprechend auch abverlangt werden muss.

Bei dieser Gelegenheit zeigt sich noch einmal, wie wenig sich Lehrerhandeln holzschnittartiger Vereinfachung erschließt, obwohl jede Darstellung unvermeidlich schematisieren muss. Schüler-Beziehungen von Seiten des Lehrers verbinden nicht nur „Distanz" und „Nähe" in aller Selbstverständlichkeit, auch jede Einfühlung in einzelne Schüler schließt eine zumindest ungefähre Kenntnis ihrer jeweiligen wissensbezogenen Leistungsfähigkeiten ein.

Bevor wir noch etwas genauer in die Lehrer-Haltungen hineinschauen, die er beim Unterrichten braucht, sollten wir eine generelle Beobachtung festhalten. Die zunächst vielleicht etwas antiquiert klingende Formulierung, der Lehrer halte Unterricht, hat einen unauffälligen Sinn, den man im Anschluss an einen Vorschlag des amerikanischen Psychoanalytikers Otto F. Kernberg systemtheoretisch bestimmen kann.[62]

„Unterricht" vollzieht sich demnach in einem sozialen System und der Lehrer muss dabei – wie jeder Leiter einer sozialen Gruppe – das Thema festlegen.[63] Es stellt die für die Schüler verbindliche aktuelle Arbeitsaufgabe dar. Arbeitsaufgabe bzw. Unterrichtsinhalt konstituieren in einem gewissen Sinne erst die Lerngruppe als solche, weil der Zusammenhalt der Gruppe zunächst durch die Ausrichtung auf die als gemeinsam (an)erkannte Aufgabe gestiftet wird. Kernberg bezieht in seine psychoanalytische Sichtweise auf Gruppen – dazu gleich mehr – nicht nur systemtheoretische, sondern auch organisationstheoretische Sichtweisen ein. In der Kombination der Perspektiven geht er davon aus, dass soziale Gruppen einen verbindlichen Arbeitsauftrag benötigen, damit sie sich als

---

[62] Kernberg (2000); dazu Ilien (2008), 199-205
[63] Das mag im günstigen Fall anspruchsvollen Projektunterrichts etwa durch die Schülergruppe selbst geschehen, aber den Entscheidungs- und Abstimmungsprozess hierzu muss der Lehrer organisieren bzw. durch längerfristige Bemühungen organisiert haben.

solche definieren und arbeiten können. Die Verbindlichkeit des Arbeitsauftrags wird durch den Leiter repräsentiert.

Interessant an dieser Sichtweise ist für uns zunächst, dass der Gruppenleiter durch die autoritative – und das heißt immer auch: erfahrbar kompetente – Vorgabe die Individuen auf die gemeinsame Aufgabe einstellt: und damit *simultan* Inhalte-Bezug und Gruppen-Beziehung anregt. Dies wiederum gelingt ihm nur, wenn er der Gruppe in genau dieser Hinsicht als persönliches *Vorbild* erscheint. Gruppen, wenn sie arbeitsfähig sein wollen, benötigen demnach nicht nur hinreichend klare und leistbare Arbeitsaufträge, sondern auch einen Leiter, mit dem sich die Gruppe als Ganze identifizieren kann. Der Leiter repräsentiert die Einheit der Gruppe in den Augen ihrer Mitglieder.

Was Kernbergs Hinzuziehung psychoanalytischer Gesichtspunkte betrifft, so hat diese für unsere Erwägungen mindestens noch zwei weitere bedenkliche Konsequenzen. Die erste hängt mit den schon seit geraumer Zeit vorliegenden psychoanalytischen Einsichten bezüglich der Wirkungen von Gruppen auf Individuen zusammen.

Diese gehen davon aus, das Wesen des Menschen sei „gesellig". Dass sich diese Annahme auf die Beobachtung von Gesellschaftsmitgliedern, nicht aber auf einen naturwissenschaftsförmigen „Beweis" stützt, vermerke ich am Rande: Es handelt sich hier um den Ausdruck unseres kulturellen Selbstverständnisses. Die meisten von uns fühlen sich jedenfalls in vertrauten Gruppen wohl. Immerhin ist für uns erfahrbar, dass viele von uns in günstiger Gruppenatmosphäre kognitive und kreative Leistungen erbringen, die ihnen in anderen Situationen nicht zur Verfügung ständen. Einige Menschen nehmen dann sogar feinfühlig Beweggründe bei den Gruppengenossen wahr, die diese sich möglicher Weise selbst noch nicht ohne weiteres eingestehen können.[64]

Fremde und neue Gruppen aktivieren jedoch bei vielen Individuen sogenannte „regressive"[65] Tendenzen, beispielsweise „Schüchternheit", also eine

---

[64] Dieser letztere Aspekt wird sich später noch als zentral wichtig bei der Frage herausstellen, wie Lehrer ein Berufsleben lang „lebendig" bleiben können.

[65] „Regression", wörtlich „Zurückschreiten", meint situative Verhaltensweisen, durch die Personen auf psychische Zustände zurückfallen, die für sie unter normalen Bedingungen nicht zuträfen. Regressionen sind in psychoanalytischem Verständnis Schritte zurück in biographisch frühere Verhaltensweisen. Der Begriff wird zumeist im Kontext von Störungen und Störanfälligkeiten verwendet. Die alltagsweltliche Beobachtung, dass regressive Verhaltensweisen bzw. Zustände zum gesunden menschlichen Leben unerlässlich sind – Beispiele Orgasmusfähigkeit oder kreative Inspiration – hat in der älteren Psychoanalyse zum Konstrukt einer „Regression im Dienste des Ich" geführt.
In der psychoanalytischen Kulturtheorie Donald W. Winnicotts wird unsere Kultur insgesamt mit kreativen, kindlich-phantasiegeleiteten Umgangsformen mit dem Trennungsschmerz bezüglich der Pflegepersonen in Verbindung gebracht: Winnicott (1967), Honneth (1992), 148-211.

gewisse Angst, beobachtet zu werden, bei den einen, „Angeberei", also die Neigung, andere künstlich auf sich aufmerksam zu machen, bei anderen. Wenn sich Gruppen zu formieren beginnen, kommt es häufig zu Rollenverteilungen, durch die Einzelne situativ ein Verhalten an den Tag legen können, das ihrem sonstigen Verhalten in vertrauteren Kontexten nicht entspricht. Gruppen ohne sinnvollen „Arbeitsauftrag"[66] brauchen zu ihrer Konstitution und zu dem entsprechenden „Wir-Gefühl" im ungünstigen Fall einen Außenfeind, gegen den man sich aggressiv und in der Tendenz wahnhaft absetzt.

Wenn nun Gruppenerlebnisse und längerfristige Mitgliedschaften schicksalhafte Bedeutung für uns gewinnen können, indem sie uns Vertrautheit gewähren und zu womöglich auch beruflicher Kreativität inspirieren, umgekehrt aber auch regressive Einstellungen zutage fördern mögen – denken wir nur an Neid, Missgunst, überstarke Rivalität usw. – und wenn sinnvolle Aufgaben und vernünftige Leitung für positive Gruppenerfahrungen konstitutiv sind, dann gilt dies zweifellos auch für den schulisch organisierten Umgang mit heranwachsenden, also psychisch jedenfalls noch ungefestigten Schülern. Die Bedeutung von Gruppenbildungs-Bedingungen ist unbedingt bei der Beschäftigung mit Unterricht und Lehrerberuf zu beachten.

Ungeeignete Lehrer, insofern sie also situativ mit der Leitungsaufgabe überfordert sind, setzen bei ihren Schülern indirekt und geradezu automatisch negativ regressive Verhaltensweisen frei. Es kann dann im Klassenzimmer „über Tische und Bänke gehen". Bei misslingendem Unterricht wären allerdings rasche und einseitige Schlüsse und Schuldzuweisungen zumeist voreilig. Schwere Störungen können, müssen aber nicht zwingend von Fehlhaltungen des Lehrers herkommen. Denn „schwierige" Schüler pflegen in die Schule mitgebrachte, also außerschulisch erworbene bzw. bedingte Probleme im Unterricht „auszuagieren". Man denke nur an Oevermanns Hinweise bezüglich der „Übertragungen" von Schülern auf Lehrer. Die Anwesenheit anderer Schüler kann bereits ein Fehlverhalten auslösen. An bestimmten Schulen sind Lehrer alltäglich mit „regressiven" Verhaltensweisen von Schülern konfrontiert: die sie sich nicht nur nicht selbst zuschreiben müssen, sondern sogar auf keinen Fall dürfen.

Dies jederzeit zu unterscheiden, ist offenbar eine zentral wichtige und äußerst schwierig zu bewerkstelligende Aufgabe. Aber auch die Kriterien für regressives Schülerverhalten sind nicht selbstverständlich festzulegen. Was dem einen Beobachter als „arbeitswillig" erscheinen mag, könnte dem anderen als „duckmäuserisch" erscheinen. Es kann sein, dass derselbe Schüler beim autoritä-

---

[66] Das könnte selbstverständlich auch ein Wanderausflug sein.

ren Lehrer Wohlverhalten an den Tag legt, um dann umgehend beim weniger autoritären seine Spannungen abzureagieren.

Um guten Unterricht zu machen, muss der Lehrer ein hinreichend ausgeprägtes Gespür für psychische Bedürfnisse und Probleme seiner Schüler haben. Kernberg übrigens fordert dasselbe auch von jedem Leiter einer Erwachsenengruppe. Oevermann hat uns darauf bereits mit dem Hinweis auf die „stellvertretende Deutung" für die in Professionen Tätigen aufmerksam gemacht! Um wie viel mehr muss es dann im Hinblick auf Heranwachsende gelten!

Nehmen wir an, der Lehrer stellt eine inhaltliche Frage und mehrere Schüler melden sich. Wie verhindert er, dass sich immer dieselben in Szene setzen, ohne dass er sie bloßstellt, wie „baut" er den schüchternen Schüler so „auf", dass der sich auch einmal endlich traut, ohne dass er sich genötigt oder beschämt fühlt usw.? Im Anschluss an Kernberg lässt sich noch einmal leicht zeigen, dass der Lehrer die Lerngruppe zu einer solchen macht, indem er sie auf den jeweiligen Unterrichtsinhalt verpflichtet, der in der Vermittlung für die Schüler mitlaufend die unterschiedlichsten Bedeutungsfacetten entwickelt.

Dabei muss er sich immer wieder geistesgegenwärtig neu entscheiden. Soll es die vorbereitete Zehnerüberschreitung sein oder vielleicht doch eher der Tod von Claudias Meerschweinchen und ihre Trauer darüber...

4.3 Nähe – inhaltliches Angebot – Begegnung: ein Beispiel

Es ist allgemein anerkannt, dass der Lehrer beruflich zu den Schülern Nähe und auch Distanz benötigt. Wir wollen uns im Folgenden wieder etwas genauer ansehen, was damit sinnvoll gemeint sein kann. Zunächst Nähe – was haben wir uns darunter vorzustellen?

Vielleicht beginnen wir mit einigen sprachlichen Hinweisen. Bisweilen hört und liest man von pädagogisch-psychologischen Autoren, der Lehrer müsse zu den Schülern „Nähe herstellen". Eine solche Formulierung verrät sprachliches Ungeschick. Die Formulierung, Nähe „herstellen" wie einen Handwerksgegenstand[67] ist unschön. Das Problem liegt aber vielleicht nicht nur in mangelndem Sprachgefühl. Womöglich steckt eine Fehleinschätzung dahinter, was zwischenmenschliche Beziehungen betrifft. Ein Nähe-Verhältnis kann ich zu einem anderen Menschen nur gewinnen, wenn ich es ihm angeboten habe und er es

---

[67] Wo Richard Sennett (2008), 84ff, von „handwerklicher Einstellung" spricht, meint er allerdings gerade keine technologisch verkürzte Sichtweise, sondern die Bereitschaft, eine Sache „um ihrer selbst willen" zu tun.

erwidert hat, wobei dies natürlich auch umgekehrt gilt, so dass im Endeffekt nicht mehr wichtig ist, wer den ersten Schritt – das Nähe-Angebot – gemacht hat. Wichtig ist daran vor allem, dass sich ohne wie immer geartetes Angebot und entsprechende Resonanz keine Nähe herstellt. Halten wir fest: Niemand kann „Nähe herstellen", aber Nähe kann „sich" herstellen, sofern sie jemand angeboten und jemand Anderes das Angebot erwidert hat.

Die Aufgabe des Lehrers ist es, sofern er überhaupt Unterrichtsinhalte präsentiert, zugleich Nähe *anzubieten*. Wir haben gesehen, dass die Präsentation von Inhalten von Seiten des Lehrers immer einhergehen muss mit der Präsentation der kulturellen *Wichtigkeit* der Inhalte, die er, der Lehrer, glaubhaft-kompetent bezeugt. Nicht ganz zufällig nennen wir Hochschullehrer „Professoren"[68]. Das hier gemeinte Nähe-Angebot ist damit nicht als sozialromantische Sympathieofferte miss zu verstehen – und dennoch hat es etwas davon. Denn in seinem Engagement, die Schüler für den Inhalt zu interessieren, tritt der Lehrer kommunikativ in Vorleistung, er bietet den Schülern an, etwas auf seine potentielle Bedeutung zu erkunden, das ihm selbst irgendwie wichtig geworden oder bedeutsam erschienen ist.

Ich gebe ein Beispiel aus unserem alltagsweltlichen Umgang, das zugleich noch gewisse inhaltliche Vorteile aufweist. Man stelle sich im Anschluss an eine Vorlesung, etwa zur Einführung in pädagogische Grundbegriffe, zwei Pädagogikstudierende vor, die sich in der Mensa treffen, außerhalb der Lehrveranstaltung aber nicht kennen. Der eine, F, sagt, in der Veranstaltung habe er etwas nicht verstanden. Wenn in der Frühaufklärung bestimmte Vordenker festgestellt hätten, dass die Menschen durch den Glauben an einen Gott, der sich ihnen geoffenbart hat, nicht vernünftiger und friedfertiger geworden seien, wieso sie denn dann erwartet hätten, die Menschen würden ohne diesen Glauben an Gott vernünftiger und friedfertiger werden können? Der andere, E, antwortet, das hinge mit der optimistischen Vorstellung zusammen, die sich die Frühaufklärer von der menschlichen „Vernunft" gemacht hätten. Deren Naivität sei ja dann von Immanuel Kant kritisiert worden, indem er schließlich „Verstand" und „Vernunft" unterschieden und dem „Verstand" die wissenschaftliche Erkenntnis von innerweltlichen Dingen, der „Vernunft" aber die Leitung zu einer universalistischen Moral zugewiesen habe...

Stellen wir uns vor, F habe gelangweilt mit dem Suppelöffeln begonnen, während E noch engagiert die Perspektiven skizziert, die sich aus der Unterscheidung von Vernunft und Verstand bei Kant ergeben. F macht nun irgendwie deutlich, dass er seine Frage nicht wirklich inhaltlich gemeint hat. F's Interesse,

---

[68] Aus dem Lateinischen, soviel wie „Bekenner".

die Aussagen des Dozenten zu verstehen, galt lediglich der Sorge, die Testklausur nicht mit der gebotenen Zensur zu bestehen. Das Thema selbst interessiert F nicht. Das bemerkt E spätestens, nachdem er F angeboten hat, ihm die Zusammenhänge bei Gelegenheit noch etwas eingehender zu erklären. Denn auf dieses Angebot antwortet F etwa so, wie man an der Tür auf Sektenvertreter zu reagieren pflegt, die sonntags morgens mit unerwünschten Bekehrungsofferten aufwarten.

Schauen wir uns diese Szene etwas genauer an. Zwischen dem Fragesteller F und dem engagierten Studenten E liegt offenbar ein deutliches Wissensgefälle vor. E meint nun, weil F sich so deutlich zu seiner Wissenslücke bekennt, dieser wolle sie auch schließen. „In Wirklichkeit" will er das aber gar nicht. Am Wissen selbst (also der Beantwortung der Frage) ist er keineswegs interessiert, sondern nur an der Wissens*verwendung* zu Prüfungszwecken. Jedes andere Thema, um dessentwillen er sich Prüfungssorgen machen würde, hätte ihn genauso viel oder wenig interessiert. In unserem Beispiel ist das Wissensgefälle zwischen E und F so groß, dass E die von F gestellte Frage und deren „objektive" Bedeutung viel besser versteht als F selbst. Weil er aber F fälschlich unterstellt, die Frage selbst ernst zu meinen, versteht er deren „subjektive" Bedeutung nicht. Offenbar hat E die Frage von F falsch verstanden, obwohl er ihren objektiven Sinn besser verstanden hat als der Fragesteller selbst.

Notieren wir nebenbei: Den Sinn einer Frage können wir objektiv nicht aufschlüsseln, wenn wir nicht zugleich die subjektive Bedeutung der Frage verstehen.

Es treten bei genauerem Hinsehen sehr merkwürdige und widersprüchliche Zusammenhänge zutage. Dass F eine Wissenslücke aufweist, hat E als Anfrage und implizite Bitte verstanden, diese zu schließen. Indem er F ein hinreichend hohes Sachinteresse vorschussartig zutraut, ist er spontan bereit, diesem sein Wissen aus dem eigenen Interesse heraus zugänglich zumachen. Er informiert diesen damit nicht nur über den angefragten Sachverhalt, er lässt ihn auch teilnehmen an etwas, das ihn innerlich interessiert. In dieser Hinsicht „öffnet" er sich und bietet dem Anderen Unterstützung.

Der Fehler, den er dabei macht, besteht darin, von seinem Interesse an geistesgeschichtlichen Zusammenhängen auf eine entsprechende Aufgeschlossenheit von F zu schließen. Man kann von einer voreiligen Identifikation mit dem anderen sprechen.[69] Dass E, wie gut auch immer er in inhaltlichen Fragen bewandert sein mag, zu voreiligen – und insofern zweifellos „naiven" – Identifikationen

---

[69] Der vergleichbare Sachverhalt wurde zuvor unter dem Gesichtspunkt diskutiert, der Lehrer müsse sein emotionales Engagement als solches spüren können, um es zu relativieren.

neigt, durchschaut niemand besser als F: denn das erlebt er ja jetzt am eigenen Leib mit. Aus der Sicht von F erscheint E durchaus als der geistesgeschichtlich-inhaltlich besser informierte, aber er erscheint zugleich unfähig, den wirklichen Sinn der gestellten Frage zu verstehen. So gesehen kehrt sich der Aspekt „Wissensgefälle" um. Genauer wäre es zu sagen: Die unterschiedlichen Verständnisse von wichtigem Wissen treten auseinander.

Dieses Auseinandertreten von unterschiedlichen Verständnissen im geschilderten Fall wird psychologisch bei E irgendwann zu einer mehr oder weniger schmerzlichen Kränkung führen. Zumindest kränkungsnah ist F's Reaktion dadurch, dass er E's Engagement als voreilig-übereifrig erkennbar werden lässt, indem er, zunächst in Gesten, dann auch in Worten deutlich macht, was er eigentlich wollte. F hat also die Situation als solche weit besser durchschaut als E, und er hat natürlich auch E's Fehlreaktion zeitlich deutlich vor diesem erkennen können. Die eigentliche Kränkung entsteht durch ein subtiles Zusammenspiel von F und E. E engagiert sich und geht dadurch auch persönlich auf F zu, F wiederum weist das Engagement als übertrieben-unwillkommen zurück. Was von E als inhaltlich qualifizierte größere personale Nähe angeboten wird, interpretiert F als übergriffige Aufdringlichkeit. E's Näheangebot erscheint dann als Ausdruck von Schwäche: Er sucht eine Nähe, die F nicht nötig hat.

Wir können das Beispiel noch etwas weiter aufschlüsseln. Nehmen wir an, F weise insgesamt einen tendenziell berechnenden Umgang mit Sachverhalten auf, indem er sein jeweiliges Wissensinteresse etwa ganz funktional an einer möglichen beruflichen oder gesellschaftlichen Karriere orientiere. Das scheinbare Gegenbeispiel der an geistigen Sachverhalten interessierten Haltung von E muss für ihn keineswegs überzeugend und durchaus auch nicht authentisch sein. Denn aus seiner Sicht ist die Frage berechtigt, was ein Wissen über geistige Sachverhalte jemandem nutze, wenn er alltagsweltlich gestellte Fragen falsch aufschlüssele. F's Kritik könnte sogar noch weiter gehen. Verbirgt sich hinter dem geistigen Interesse von E nicht am Ende eine Störung normaler Umgangsmöglichkeiten mit Anderen, eine Eigenbrötelei, die vielleicht sogar noch dadurch überkompensiert wird, dass man andere gern belehrt? Demnach würde F unterstellen, dass E geradezu darauf gewartet hätte, ihm – F – sein Wissen auszubreiten, um damit unauffällig zu renommieren.

Halten wir fest: Wer sich anderen öffnet, macht sich angreifbar. Und außerdem: Was ein authentisches Engagement von einem naiv-aufdringlichen trennt, ist nicht nur zwischen Sektenmitgliedern und anderen Zeitgenossen umstritten, sondern es hängt von unseren persönlich-biographisch gemachten Vorerfahrungen ab, die gesellschaftlich-kulturell und nicht zuletzt organisatorisch gerahmt sind.

Hat Richard Sennett recht, dass wir auf kapitalistisch bestimmte gesellschaftliche Verhältnisse zusteuern, in denen wir unser Interesse an geistigen Zusammenhängen kommunikativ eher legitimieren müssen als unverhohlen berechnende Einstellungen?

4.4 Die kommunikative Vorleistung

Was hat dieses alltagsweltliche Beispiel mit dem Lehrerberuf zu tun? Es kann uns Entscheidendes verdeutlichen helfen. Der Lehrer macht das unterrichtliche Inhalte-Angebot, er tritt grundsätzlich in kommunikative Vorleistung. Aus entwicklungspsychologischen wie organisationspraktischen Gründen gilt für jede Schulpädagogik, dass der Lehrer das initiale inhaltliche Angebot macht. Indem er es tut, versieht er die unterrichtliche Situation mit einem Bedeutungs- und Qualitätskoeffizienten, der ihr – qua Unterricht – zwar grundsätzlich zukommt, den er aber in seinem personalen Angebot aktuell und immer wieder neu verantworten muss.

Wie im Beispiel angedeutet enthält jedwede kommunikative Initialhandlung, sei sie auch noch so sehr inhaltlich bezogen, einen Anteil subjektiven Engagements. Die „Eröffnung" eines Gesprächs ist dann mitlaufend auch immer die „Eröffnung" eines subjektiven Engagements, der Sprecher „öffnet sich" in gewisser Hinsicht selbst. Umgangssprachlich vertraut ist, dass wer ein Thema „einbringt", stets auch „sich einbringt". Und nicht nur das, denn in jeder Gesprächseröffnung ist die Aufforderung an die entsprechenden Adressaten gerichtet, „sich" ihrerseits „einzubringen".

Im Unterricht ist ein solcher Ablauf verlässlich institutionalisiert, und im Prinzip steht auch die Rollenverteilung fest. Der Lehrer wird in seinem immer wieder aufs Neue erhobenen Anspruch, Unterrichtsinhalte vorzugeben, durch den Organisationsrahmen der Schule entlastet. Er kann also gegebenenfalls darauf verweisen, dass die Schulklasse zum Schuljahresende bestimmte Inhalte erfolgreich bearbeitet, ein festgelegtes Wissen und Können erarbeitet haben soll – etwa als Voraussetzung für eine erfolgreiche Versetzung. Die organisatorische Entlastung für den Lehrer greift aber nicht überall gleich und sie greift auch nicht immer. Denn sie hängt mit der Reputation der Organisation – in diesem Fall der Einzelschule – und der subjektiven Bedeutung zusammen, die der einzelne Schüler dem Schulbesuch im Rahmen seiner biographischen Vorstellungen zuschreibt.

Stellen wir uns eine berühmte Internatsschule vor, die absolviert zu haben, im betreffenden Land als lebenslang vorweisbares Privileg gilt![70] Die Lehrer haben argumentativ leichtes Spiel, wenn sie das Abfordern hoher Lernleistungen und die Entwicklung einer entsprechenden Arbeitsdisziplin ihren Schülern abverlangen, weil sie jederzeit auf den besonderen Status der Schule, ihr elitäres Selbstverständnis, ihre langjährige Erfahrung mit dcm, was für spätere Absolventen in gesellschaftlichen Führungsposten unumgänglich nötig ist usw. verweisen können. Stellen wir uns nun aber vor, dass das betreffende Internat finanziell hochgradig vom Sponsoring einiger Eltern abhängig wäre! Deren Sprösslinge würden dann im ungünstigen Fall vielleicht geringschätzig auf ihre schwach besoldeten Lehrer herabblicken, die in ihren Augen keinen wesentlich höheren Status genössen als das häusliche Dienstpersonal. In einem solchen Fall wäre die disziplinarische Entlastung, die der Lehrer von seiner Institution gratis gewährt bekäme, folgenreich in Frage gestellt.

Bleiben wir noch kurz beim Beispiel eines Schulsystems, das unter anderen auch ausgewiesen elitäre und nur ausgesuchten Schülern zugängliche Schulen vorhält! Der Blick soll dabei auf das Schulsystem als Ganzes gehen. Was eine Eliteschule zu einer solchen macht, wird nur in der Differenz zu den anderen, den Nicht-Elite-Schulen deutlich zu machen sein. Je elitärer das Elite-Selbstverständnis der relativ wenigen „Auserwählten" (Schüler, Lehrer, Eltern), umso größer ist die Zahl und je ausgeprägter das entsprechende Bewusstsein derer, die sich *nicht* hinzurechnen dürfen. In unserem Kontext bedeutet das aber, dass an den öffentlich als solchen bekannten Nicht-Elite-Schulen der Gratisbonus der Lehrer bei der Zusatzmotivation der Schüler nur gering ausfallen kann, sofern er nicht ganz bedeutungslos wird oder gar ins Gegenteil umschlägt: weil man an solchen Schulen die Schüler besser nicht daran erinnert, dass sie schon jetzt als prognostische Verlierer eingeschätzt sind.

Damit sind wir wieder direkt beim Thema. Die Entlastung des Lehrers durch die Schule als Organisation gilt nur begrenzt und möglicher Weise in den Schulen am wenigsten, wo sie am dringendsten benötigt würde. Es bleibt also dabei: Der Lehrer muss die Unterrichtsinhalte im Prinzip stets personal vermitteln, er muss sie repräsentieren. Dabei erbringt er nicht nur die besagte kommunikative Vorleistung, er macht auch in seinem Engagement Aspekte seiner Subjektivität für die Schüler erfahrbar. Durch sein inhaltliches Engagement, das

---

[70] Wir haben oben bereits gesehen, dass Ähnliches im Deutschland der 50er Jahre durchaus für jede pädagogisch miserable Realschule gelten konnte.

untrennbar persönliche Aspekte enthält, bietet sich der Lehrer als Objekt für Übertragungen insbesondere aus den Eltern-Beziehungen an.

4.5 Unterricht unter optimalen Ausgangsbedingungen

Vergegenwärtigen wir uns kurz eine optimale Unterrichtskonstellation. Sie würde zunächst darin ihren Ausgang nehmen, dass die Kinder in ihren Elternhäusern eine fürsorgliche Behandlung erfahren hätten, die – selbstverständlich – bereits längst inhaltliche Mitteilungen eingeschlossen haben würde. Die Kinder wären es demnach gewohnt, auf interessierte Sachfragen ernsthafte Antworten zu bekommen, sie hätten auch umgekehrt erlebt, dass ihre Eltern sie ganz selbstverständlich in eigene Interessen einbezogen oder ihnen von sich aus Hinweise auf Interessantes gegeben hätten.

Der entsprechend durch den Schulbeginn in ihr Leben eintretende Lehrer bräuchte dann lediglich die den Kindern aus den Elternhäusern vertrauten Verhaltensweisen fortzuführen. Die Kinder würden dann die gewohnte Erwartungshaltung auf den Lehrer „übertragen" – die Formulierung ist hier in einem alltagsweltlichen, jedenfalls noch nicht in einem engeren psychoanalytischen Sinn gemeint.[71] Denken wir dieses überaus günstig angelegte Beispiel zu Ende, so hätten die Kinder in ihren Elternhäusern sogar die Erfahrung gemacht, dass auch erzieherische Eingriffe, die ihnen zunächst Unliebsames zumuteten, zu ihren eigenen Gunsten bzw. aus elterlicher Zuneigung erfolgt sind. Die Kinder hätten damit die Erfahrung begründeten Vertrauens in den Sinn elterlicher Anweisungen auch für die Fälle gemacht, in denen sich dieser ihnen erst im Nachhinein erschlossen hätte.

Der Lehrer ist beruflich verpflichtet, die Kinder unablässig mit immer wieder neuen und vertieften Inhalten zu konfrontieren, mit denen sie sich im Normalfall kaum von sich aus, also aus eigenem Antrieb beschäftigt hätten. Dabei muss er beständig versuchen, über eine bloß äußere Motivation hinauszukommen zu einer inneren. Erstere würde etwa lauten: „Wenn Ihr das nicht lernt, gibt

---

[71] Der psychoanalytische Sinn von „Übertragung" ist ursprünglich auf die Wiederbelebung als traumatisch erlebter und „verdrängter" Beziehungserfahrungen mit den Eltern auf den Analytiker bezogen, ist also „pathologisch" gemeint. Nimmt man aber Erikson ernst, dann ist das „Urvertrauen" nichts anderes als eine unausschöpfliche Ressource eines vertrauensvollen Umgangs mit sich und anderen. Insofern werden die frühen Pflegeerlebnisse als Vertrauensvorschuss auf neu begegnende Mitmenschen „übertragen".
Im pathologischen Fall tendiert „Übertragung" dazu, den aktuell begegnenden Menschen mit früheren zu „verwechseln", im günstigen Fall eröffnet sie erst die Fähigkeit, dem Anderen in seiner Individualität gerecht zu werden.

es schlechte Noten...", Letztere würde auf Einsicht setzen: „Ihr werdet sehen, wie sinnvoll es sich erweisen wird, das gelernt zu haben...". Wie sollen Schüler diese innere Motivation unter Schulbedingungen entwickeln können, wenn sie nicht zuvor biographisch einiger Maßen verlässlich erfahren haben, dass Vertrauen in den Sinn von Eingriffen anderer ins eigene Leben unerlässlich für die eigene Entwicklung ist? Dass sie dieses nämlich in der Schule erfolgreich nachholen, was sie zu Hause nicht erfahren haben, ist grundsätzlich unwahrscheinlich. Warum? – Wegen der „Übertragung".

Ein Kind, dessen Eltern über ein für das Kind tolerables Maß[72] hinaus unzuverlässig und rücksichtsarm waren, kann sich der Zuwendung des fürsorglich engagierten Lehrers seinerseits nicht ohne weiteres öffnen. Es hat sich durch viele traumatische Einzelsituationen hindurch frühzeitig daran gewöhnt, dass es gerade solchen Personen mit Misstrauen begegnen muss, die behaupten, ihm nahe zu stehen und die etwas von ihm wollen. Scharf formuliert, kann das entsprechend verstörte und traumatisierte Kind den fürsorglichen Lehrer *nicht als fürsorglich* wahrnehmen – vielmehr wartet es instinktiv darauf, dass der Lehrer sein „wahres Gesicht" offenbart: und damit seine Ähnlichkeit mit den Eltern, deren einzige Regelmäßigkeit ihre rücksichtslose Enttäuschung der kindlichen Zuwendungserwartungen war oder noch ist.[73] Wir sind hier bis in die Begrifflichkeit hinein wieder auf das gestoßen, was Erikson „Urvertrauen" nannte und was sich, etwas formaler formuliert, als das elterlich zu vermittelnde Fundamentalwissen oder Wissensfundament bezeichnen lässt. Wo es fehlen würde, wäre jede Schulpädagogik, sofern sie nicht sonderausgestattet ist, überfordert.

Eriksons deutliche Unterscheidung sollte uns allerdings nicht zu einem Schwarz-Weiß-Denken verleiten. Der Begründer der Psychoanalyse, Sigmund

---

[72] Was ein solches „tolerables Maß" sei, ist in traditionellen Kulturen genau festgelegt. Innerhalb moderner Kulturen ist es weit stärker umstritten. Hinzu kommt, dass die subjektiven Frustrationstoleranzen von Kindern sehr unterschiedlich sind.
Interpretiert sich die öffentliche Kultur als vorwiegend wettbewerbsorientiert, darf man Heranwachsenden frühzeitig hochdosierte Vereinsamungen zumuten. Insofern eine Kultur ihren demokratischen Anspruch ernst nimmt, muss sie Rahmenbedingungen schaffen, in denen die Eltern ihre Kinder sich als soziale Wesen erfahren lassen können.
[73] Indem Kinder von ihren Lehrern nichts Besseres erwarten als sie von ihren Eltern erlebt haben, entschuldigen sie Letztere zugleich. Sie erklären deren negative Verhaltensweisen für „normal", in besonderen Fällen verbinden sie rücksichtsloses Elternverhalten mit der Vorstellung von Macht und Souveränität. Anna Freud hat solche Phänomene als „Identifikation mit dem Aggressor" bezeichnet. Wenn rücksichtsarmes Elternverhalten „normal", ja, Ausdruck von „Macht" ist, dann kann die erfahrene Lieblosigkeit der eigenen Eltern doch noch als Ausdruck von Zuwendung uminterpretiert werden. Der Lehrer, der dem Kind seine Fürsorge als solche erfahrbar macht, konfrontiert es mit dem Schmerz, menschlich defizitäre Eltern zu haben. Dagegen muss es sich wehren, weil das Eltern-Bild zunächst mit dem Selbstbild verschmolzen ist.

Freud, sah Gründe anzunehmen, dass kein Mitglied unserer neuzeitlichen Kultur damit rechnen kann, störungsfrei aufgewachsen zu sein. Der Optimalfall, dass sich ein vorbildlicher Lehrer einer normal großen Lerngruppe mit Schülern aus fürsorglichen Elternhäusern gegenübersieht, so dass er das ihm allenthalten entgegengebrachte Vertrauen in den prognostischen Sinn seiner Unterrichtsvorschläge nur aufzugreifen und zu bestätigen braucht, ist eine Idealvorstellung, die man in der Pädagogenausbildung besser nicht unter der Hand als Normalität ausgeben sollte. Das böse Erwachen hinterher hat einen empiriegesättigten Namen: „Praxisschock".[74]

Allerdings hat das begrenzte Verweilen bei der naiven Illusion in unserem Kontext einen doppelten Sinn. Einerseits wird noch einmal deutlich, dass jede Beachtung der Schülerperspektive die entsprechend engagierte Pädagogik vor eine Fülle differenzierter Probleme stellt. Sie ergeben sich unmittelbar aus der Qualität der häuslichen Vorerfahrungen der Schüler. Nur unter der Bedingung äußerst günstiger, leicht überschaubarer und homogener Aufwachsbedingungen der Schüler kann sich die Schulpädagogik die Vernachlässigung der Schülerperspektive leisten. Dass diese Zeiten – sollten sie jemals so bestanden haben – spätestens unter Globalisierungs-Bedingungen abgelaufen sind, erfährt jeder Lehrer in seiner alltäglichen Arbeit und „am eigenen Leib": durch die Art und Weise, wie er von Schülern überhaupt wahrgenommen, wie er behandelt wird und auf welche Resonanzen sein Handeln trifft. Ohne ungefähre Einsicht in die „Übertragungen" seiner Schüler kann er das Geschehen nur unzureichend erfassen und ist genötigt, es mit seinen biographisch-zufällig erworbenen oder alltagsweltlich gängigen Vorstellungen zu verbinden. Unzureichend ausgebildete Lehrer sind damit auch den Voreingenommenheiten einer medial gesteuerten öffentlichen Meinung samt den dort kursierenden pädagogischen beratungsliterarischen Bestsellern ausgesetzt.

Der zweite Sinn, sich eine optimale Konstellation bewusst vorzustellen, erschließt sich darin, dass ein neues Problem deutlicher werden kann. Stellen wir uns das einzelne aufgeweckte Kind vor, dessen Eltern seine Fragen ernsthaft beantwortet haben! Die unvermeidliche organisatorische Uniformierung in Schule und Klassenverband könnte ihm Schwierigkeiten bereiten. Denn jedes schulisch gesteuerte Lernen entwickelt organisatorische Eigenwirkungen, durch die das Kind immer wieder erfährt, dass seine aktuellen Interessen zur Zeit nicht befriedigt werden können. Diese Erfahrung ist im Prinzip und in Maßen nötig. Dieses Maß aber kann für Kinder sehr unterschiedlich sein. Halten wir das Problem fest, dass durch die Organisationsform der Schule auch kreative und beson-

---

[74] Müller-Fohrbrodt u. a. (1978)

ders lernneugierige Kinder lernen müssen, ihre eigenen Interessen hintanzustellen, dass der Unterricht ihnen vielleicht Antwort auf Fragen gibt, die ihnen nicht halb so wichtig erscheinen wie die, die sie selbst bewegen.

Es wird schwer zu vermeiden sein, dass dadurch nicht nur die für das zukünftige gesellschaftliche Zusammenleben wichtige Disziplin und Ordnung gelernt, sondern in manchem Einzelfall auch wertvolle Talente unterdrückt werden.

4.6 Die Übertragungs-Problematik

Kehren wir noch einmal zu der Problematik negativer Schüler-Übertragungen zurück. Die eine ist, dass die Schüler, weil sie durch das Lehrer-Engagement an erzieherische Intentionen der Eltern direkt erinnert werden, eingespielte Abwehrreaktionen beleben, also beispielsweise sich offen oder verdeckt dem Anspruch durch bloße Nichtbefolgung entziehen. Für eine psychoanalytisch informierte Betrachtung sind solche Verhaltensweisen bei vielen Schülern zu erwarten, ohne dass dies bereits auf besondere pathologische Fehlentwicklungen hinwiese. Leider sind auch noch kompliziertere Reaktionen möglich, nämlich etwa dann, wenn die Eltern einelner Schüler sich für kindhaften Widerstand unsensibel und unzugänglich erwiesen hätten. Die Schüler würden sich dann beispielsweise beim Lehrer getrauen, Verhaltensweisen an den Tag zu legen, die bei den Eltern zu zeigen sie sich nicht mehr wagen. Das Risiko des Verlusts an Zuneigung wäre dann beim Lehrer geringer als bei den Eltern.[75]

Die andere für den Lehrer womöglich noch kränkungsrelevantere Wirkung könnte darin bestehen, dass die Schüler tatsächlich bei ihm vorhandene Schwächen aufspüren. Solche möglichen Schwächen sind uns nicht nur aus der alten und neueren Psychoanalyse bekannt, sie sind uns wohl auch durch alltägliche Erfahrungen bestens bzw. unangenehm gut vertraut. Es sind dies etwa persönlichkeitsbezogene oder rivalitätsaggressive und sexuell unkontrollierte Tendenzen. Stellen wir uns als Beispiele einen Lehrer vor, der nur pedantisch-umständlich agiert oder sich häufig emotional aufgeregt präsentiert; der Schüler

---

[75] Der englische Kinderanalytiker Donald W. Winnicott ging in seiner Erklärung jugendlichen Fehlverhaltens gegenüber Erziehern noch einen Schritt weiter. Jugendliche, die ernsthafte Vernachlässigungen durch ihre Eltern erlitten haben, neigen, wenn sie fürsorglichen Betreuern begegnen, zu einem „antisozialen" Verhalten. Ihre oft derb aggressiven und provokanten Verhaltensweisen sind dann nach Winnicott unbewusst inszenierte Tests, ob der Betreuer tatsächlich die fürsorgliche Einstellung durchhält oder – wie insgeheim gefürchtet – kurz oder lang in die elterlich gewohnte Ablehnung und Vernachlässigung zurückfällt.

für Nichtwissen demütigt oder einen, der hübsche Mädchen deutlich bevorzugt und sich vor ihnen in Szene setzt. Die neuere Psychoanalyse würde beim letzteren Beispiel ihr Augenmerk neben der mehr oder weniger umgeleiteten oder „verklemmten" Sexualität vielleicht eher noch auf die „narzisstische" Störung richten, zu der auch ein labiles Selbstwerterleben gehört, das sich im besagten Fall zugleich sexuell artikuliert. Entsprechend „gestört" wäre auch der Lehrer, der zur „Angeberei" neigt oder sich chronisch unterschätzt, der schüchtern vor der Klasse steht oder von den Schülern für sein vermeintliches Entgegenkommen geliebt werden will usw.

Wir vermuten intuitiv, dass Kinder und Heranwachsende für solche und ähnliche psychische Schwächen hochsensibel sind – und dass sie bei ungünstigen Ausgangsvoraussetzungen ihrerseits oder lehrerseits dazu neigen, die erspürten Schwächen „auszunutzen" – so oder so. Es wurde von Anfang an unterstellt, dass niemand Lehrer wird, der den skizzierten Sachverhalt einzelfallweise nicht schon als Schüler selbst erlebt hätte. Wenn nun aber unsere alltägliche Erfahrung ernst zu nehmen ist, dass einzelne Personen aus unserem Bekanntenkreis Schwächen an den Tag legen, die sie bei sich selbst nicht sehen können und meist nicht sehen wollen, indem sie gekränkt oder beschämt reagieren, wenn wir sie darauf aufmerksam machen – wer könnte uns dann als Lehrern garantieren, dass unsere Schüler nicht solche Schwächen aufgreifen und irgendwie gegen uns kehren würden?

Bei der Betrachtung der Palette möglicher Übertragungen von Schülern und Reaktionen von Lehrern könnten uns vielleicht zwei Beispiele intensiverer Übertragung einfallen. Es gibt Lehrer, in die sich einzelne Schüler, manchmal auch ganze Klassen regelrecht verlieben. Dass damit Turbulenzen verbunden sein können, die in ernsthafte pädagogische Herausforderungen münden, liegt auf der Hand. Selbstverständlich kann der jeweilige Lehrer durch übermäßige „Selbstdarstellung" solchen Entwicklungen Vorschub geleistet haben – das muss aber keineswegs so sein. Nicht ganz einfach dürfte es für den Lehrer werden, in einem solchen Fall ohne Kränkung der Gefühle der betreffenden Schüler eine für alle Seiten erträgliche Arbeitsatmosphäre aufrecht zu erhalten. Der Lehrer wird eine schwierige Balance finden müssen, sich den Schülererwartungen nicht abrupt und mit Beschämungsfolge zu entziehen, ohne sie gleichzeitig durch eigenes Handeln auflösen zu wollen. Dann würde er sich unweigerlich verstricken – so oder so.

Die Notwendigkeit einer schwierigen emotionalen und praktischen Balance bzw. die Gefahr der Verstrickung ist auch in dem Beispiel gegeben, mit dem ich die Erörterung abschließen möchte. Immer wieder trifft der fürsorgliche Lehrer auf Schüler, die ihn „anrühren", deren Schicksal und weiterer Werdegang ihn in besonderem Maß emotional beteiligt sein lassen. Dies kann z. B. dann leicht geschehen, wenn der Lehrer etwa von schwer beeinträchtigenden biographischen Bedingungen des Kindes weiß und dabei so etwas wie Tapferkeit spürt, mit der das Kind sein Los trägt. Beispiele hierfür sind viele möglich. Wichtig in unserem Kontext ist, dass noch jeder Lehrer, der sich innerlich für seinen Beruf engagiert, in entsprechende Problemlagen geraten kann. Er nimmt dann teil an der Not des Kindes, die er empfindet, vielleicht sogar klarer empfindet als das Kind selbst, das nichts anderes kennt. Die Begegnung mit verletzten Kindern kann auch den Lehrer verletzen. Ist dies überhaupt vermeidbar? Und wie soll der Lehrer damit umgehen? Was macht er, wenn er die – womöglich schwachen – Schulleistungen des Kindes benoten muss?

Die Antwort ist auch in einem solchen Fall ebenso eindeutig wie uneindeutig. Der Lehrer kann und darf sich solchen Erfahrungen nicht verschließen, aber er muss sich vor Verstrickungen schützen. Um Genaueres zu erfahren, dürfen wir nicht auf klare Fakten oder methodische Verhaltensrezepte hoffen, wir müssen uns dem Problem selbst in seiner Vielschichtigkeit stellen. Sie liegt in der pädagogischen Berufsrealität des Lehrers als solcher angelegt, sie ist also strukturell bedingt. Zu ihrer Bewältigung benötigen wir nicht nur rationale Einsicht in die objektiv benennbaren und kognitiv erfassbaren Komplikationen, wir bedürfen auch des Gespürs beim Abwägen unserer praktischen Reaktionen. Trotz besten Bemühens werden wir nach vielen Konfliktsituationen hinterher mit der Unsicherheit leben müssen, ob wir Fehler begangen haben oder vermeiden konnten.

Allerdings gilt nicht nur in der Pädagogik, dass wir die wichtigsten und unausweichlichen Fragen höchstens stellen, aber nicht theoretisch klar beantworten können. Dennoch geben wir die Antworten, ob wir es merken oder nicht, in der Art, wie wir die Fragen praktisch leben.[76]

---

[76] So etwa könnte man das Grundproblem umreißen, dem sich Immanuel Kant zwischen der „Kritik der reinen" und der der „praktischen Vernunft" unter neuzeitlichen Bedingungen stellt. Seine Suche galt einem uns alle verbindenden „Sittengesetz", das unsere moralische „Vernunft" anleiten könnte. Die Idee des Sittengesetzes wurde mit guten Gründen theoretisch verworfen, die Suche bleibt lebendig, solange wir sie kulturell nicht aufgeben.

4.6 Die unumgängliche Nähe: sofern wir von Personen sprechen wollen

Es hat sich herausgestellt, dass der gute Lehrer auf eine bemerkenswert vielfältige Weise engagiert ist und dass sich dabei eine Reihe Hinsichten nicht trennen lassen, von denen wir doch alltagsweltlich-spontan eher denken, dass sie getrennt sein müssen. Vor allem greift die Trennung in beruflich-öffentliche und private Bereiche beim Lehrer so nicht und wo er sich scheinbar bloß an Wissensinhalten orientiert, da hat er immer schon die Schüler-Perspektive mit im Blick. Der subjektive und psychische Preis, den er dafür entrichten muss, dass er im Prinzip keinen Inhalt rein sachorientiert aufbereiten geschweige denn präsentieren kann, hat uns auf den vergangenen Seiten beschäftigt. Der Lehrer wird zur Projektionsfläche von Schüler-Erwartungen, die sie aus außerschulischen Kontexten mitbringen. Der Lehrer ist unumgänglich Objekt von „Übertragungen". Dadurch dass und in dem Maß wie sich der Lehrer den Schülern kommunikativ öffnet, wird er *offen* für die „Übertragungen". Er spürt sie, und er spürt auch bei hinreichender Sensibilität, wie er der Gefahr agierter „Gegenübertragungen" ausgesetzt ist, etwa, wenn er enttäuscht auf eine erlittene Verletzung überreagiert und den Schüler im Gegenzug bloßzustellen oder zu demütigen geneigt ist.

Psychoanalytisch leicht zu begründen wäre die Vermutung, die Unfähigkeit oder die Weigerung von einzelnen Lehrern, sich auf das Spüren von Übertragungen einzulassen, sei nichts anderes als eine prophylaktische Dauer-Gegenübertragung, also ein schützender „Charakterpanzer". Vielleicht ist der Hinweis noch angebracht, dass sich der Charakter der Schüler-Übertragungen zwischen einem autoritär-unzugänglichen und einem offenen Lehrer unterscheidet, und zwar – leider – nicht automatisch zugunsten des Letzteren. Viele Schüler getrauen sich beim Autoritären nicht, was sie demjenigen zumuten, der ihnen „eigentlich" viel sympathischer sein müsste oder es sogar ist. Denkt man dies zu Ende, dann zeichnet sich sogar ab, dass der von Schülern einem Lehrer gezeigte Respekt in bestimmten Fällen nur wenig zu tun haben muss mit der empfundenen Sympathie. Respekt ohne Sympathie hat jedoch autoritäre Züge.

Der Lehrer, so hatten wir festgestellt, muss sich öffnen und wird dadurch angreifbar. Wie kann er damit umgehen, so lautet die anschließende Frage, die sich formaler gestellt als Problem der Balancierung von Nähe und Distanz darstellt. Wieder zeigt sich schon bei der ersten Annäherung, dass Nähe und Distanz, so wie das umgangssprachlich häufig suggeriert wird, keine wirklichen Gegensätze sein können, und natürlich gilt das auch für den Lehrer. Beginnen wir bei einer einfachen Überlegung, die uns zu einem tiefer liegenden Sprachproblem hinführt.

Stellen wir uns zwei Lehrer im Lehrerzimmer vor, die sich über den Schüler S unterhalten. Lehrer A sagt sinngemäß, er finde S sympathisch, Lehrer B sagt sinngemäß er könne S nicht gut leiden. Denkbar wäre – aber es erscheint eher doch unwahrscheinlich – dass beide Lehrer den Schüler in etwa gleich wahrnehmen, dass sie aber die von S gezeigten Verhaltensweisen aufgrund eigener Vorlieben sehr unterschiedlich beurteilen. Selbst dann müsste man eigentlich konsequenter Weise sagen, sie nähmen S gerade nicht gleich wahr, denn zur sozialen Wahrnehmung gehört nicht nur die Feststellung so genannter objektiver Merkmale, sondern immer auch deren Bewertung mit.

Krass auseinander gehende Lehrerurteile hängen im Regelfall aber eher mit etwas anderem zusammen, und das führt uns wieder näher an das Nähe-Distanz-Verhältnis heran. Wahrscheinlich ist nämlich, dass die Distanz, die Lehrer B zum Schüler S einnimmt, in Wirklichkeit nicht nur die Konsequenz seiner negativen Einschätzung von S war, sondern weitgehend schon deren Voraussetzung geworden ist. Wir können vermuten, dass Lehrer B sich innerlich weit weniger als Lehrer A auf den Schüler „eingelassen" habe, weil gewisse Verhaltensmerkmale von ihm als unsympathisch bewertet wurden und er sich deshalb auf Distanz gehalten habe. Die Komplikationen, mit denen wir uns im vorangegangenen Kapitel beschäftigt haben und die um das Thema Übertragung – Gegenübertragung kreisen, würden von B demnach ignoriert.

Stellen wir uns der Einfachheit halber vor, die unterschiedlichen Einschätzungen der Lehrer A und B hätten mit zufälligen Unterschieden im Verhalten von S zu tun – beim Unterrichtsfach von A habe S von vornherein gern mitgearbeitet, während er das Fach von B nicht möge; stellen wir uns zusätzlich vor, S habe auf die beiden Lehrer seinerseits zusätzlich unterschiedlich reagiert, indem er sich tatsächlich A gegenüber immer sympathischer und B gegenüber immer unsympathischer verhalten hätte – indem er auf deren unterschiedliche Wertschätzung seinerseits reagiert hätte! Was würde aus all dem zu folgern sein? – Zweierlei: Dass B zu S eine geringere Nähe und eine größere Distanz und umgekehrt A zu S eine größere Nähe und geringere Distanz empfindet, ist auf Anhieb mehr als verständlich. Und, vielleicht überraschend – es ist zugleich irreführend ausgedrückt. B kennt nämlich S gerade als Folge seiner größeren Distanz weit weniger gut als A, und das heißt, scharf formuliert: Der Schüler S, den A mag, ist nicht identisch mit dem Schüler S, den B nicht mag.

In unserer Alltagssprache differenzieren wir nicht zwischen dem Menschen, wie er „an sich" ist, und unserer jeweiligen Wahrnehmung. Auf die Frage „Kennst Du eigentlich den Soundso?" können wir möglicher Weise antworten „Ja, auf der letzten Fete wurde er mir vorgestellt." Von *Kennen* in einem anspruchsvollen Sinn mag also keine Rede sein, und doch verwenden wir unbefangen den Begriff. Was berechtigt uns dazu? – Unsere Umgangssprache arbeitet mit praktischen Verkürzungen. Mein Gesprächspartner ging wahrscheinlich schon bei seiner Frage, geht spätestens aber im Anschluss an meine Antwort davon aus, das mein „Kennen" der besagten Person kaum tiefer reichenden Ansprüchen genügen wird, sondern ganz oberflächlich ist. Auf den Begriff „oberflächlich" komme ich gleich zurück.

Wir sind bereits auf den Sachverhalt gestoßen, dass der Sinn sprachlicher Mitteilungen sich im Alltag nicht immer schon durch die Formulierungen selbst, sondern erst durch ihren sprachlichen Kontext erschließt. So mag es sein, dass wir einem guten Freund gestehen, „glücklich" zu sein, weil wir seit kurzem eine bestimmte Person „lieben" und verwenden vielleicht dieselben Begriffe gegenüber einem anderen Bekannten, wenn wir sagen, wir wären „glücklich" mit einem Glas Wein in einer schönen Landschaft und würden beides „lieben". Ersteres ist wahrscheinlich eine intime Mitteilung über einen existenziell bewegenden Sachverhalt an einen ausgesuchten Gesprächspartner, letzteres vielleicht eine leichte sprachliche Überschwänglichkeit in einem eher belanglosen „small-talk". Die für beide Situationen verwendeten identischen Begriffe „glücklich" und „lieben" artikulieren in beiden Fällen etwas weit auseinander Liegendes und kaum Vergleichbares. Wir dürfen uns dennoch im Normalfall auf die Intelligenz unserer Ansprechpartner verlassen, dass sie die Kontexte richtig zur Interpretationshilfe des jeweils Gemeinten heranziehen werden.

Wenn wir also sagen, wir „kennen" eine Person, dann kann damit gemeint sein, dass wir mit ihr sehr vertraut sind oder auch nur, dass wir sie bei Gelegenheit bei ihrem Namen rufen könnten. Bis in alle Winkel seiner Persönlichkeit „kennen" wir ohnehin niemanden anderes – nicht einmal uns selbst. Die „oberflächliche" Begriffsverwendung jedenfalls meint neben dem Namen gewisse Merkmale, die eine Person aufweist, wenn wir ihr Erscheinungsbild fokussieren. Tatsächlich können wir jede Person auf diese Weise genauestens verorten und verzeitlichen, selbst eineiige Zwillinge, die sich „aufs Haar gleichen" mögen. Immerhin wird der Eine der Beiden erst nach dem Anderen geboren worden sein. Die Identifikation eines Menschen durch seine einzigartigen raum-zeitlichen Merkmale wie Geschlecht, Geburtszeit, Geburtsort, Abstammung, also insgesamt biographische Daten oder dann Körpergröße, DNA, Fingerabdrücke usw. sollten wir differenzieren von der „Kenntnis" seiner Person – obwohl diese ohne die angedeuteten Merkmale nicht sinnvoll bestimmt werden kann. Zur „oberflächlichen" Kenntnis eines anderen Menschen gelangen wir dadurch, dass wir ihn als „physikalisches" raum-zeitliches Ereignis in unserer Biographie registrieren. Die genaue Kenntnis entsprechender Daten mag uns deshalb so imponieren, weil sie uns zu unverwechselbarer Eindeutigkeit verhilft.[77] Eine ernsthafte personale „Kenntnis" erschließt sich hingegen nur und erst durch Nähe, und die müssen wir riskieren, indem wir in kommunikative Vorleistung gehen.

Je eindeutiger für Fremde wir eine Person durch unsere Kenntnisse über sie identifizieren können, umso weniger sagen sie zur Person als solcher. Damit wir überhaupt von Personen als solchen reden können, müssen wir uns „auf sie eingelassen" haben, bedürfen wir also einer gewissen Nähe zu ihnen. Aus bloßer Distanz lässt sich von Personen nicht wirklich als von Individuen reden.

---

[77] Wann aber benötigen wir eine solche ernsthaft? Doch wohl nur, wenn wir glauben, jemanden überwachen zu sollen, etwa wenn wir uns und unsere Angehörigen vor bösartigen Kriminellen schützen wollen.

5 Der Lehrer muss lebendig bleiben

5.1 Unterschätzte Unterrichts-Nachbereitung

Donald W. Winnicott, der bedeutende englische Kinder- und Jugendlichen-Analytiker soll auf die Frage, was für ihn das Wichtigste sei während der Analysestunden, gesagt haben: „Ich versuche lebendig zu bleiben". Obwohl eine solche Formulierung innerhalb der analytischen Therapie eine besonders subtile Bedeutung gewinnt, scheint sie mir doch sehr geeignet, unsere bisherigen Überlegungen zum Lehrerberuf bündig auf den Punkt zu bringen. Der Lehrer muss, so hatten wir gesehen, begegnungsfähig bleiben, indem er den Inhalte-Bezug in die Schüler-Beziehung hinein öffnet: Der Ausdruck „lebendig", so vieldeutig und unpräzis er ist, hält das Ineinander von Ansprache und Resonanz bei gleichzeitigem Zugewinn an Inhalte-Bezug und Lehrer-Schüler-Beziehung in seinem wichtigsten Charakteristikum fest, eben in seiner „Lebendigkeit". Dass man auch den Unterricht mit guten Gründen so apostrophieren dürfte, ist kein Einwand, im Gegenteil, Unterricht, der wie oben gesagt: „stattfindet", *ist* „lebendig" und wird vom lebendigen Lehrer entsprechend vermittelt.

Stellt die Begegnungsoffenheit des Lehrers seine Lebendigkeit dar, und ist der Lehrer durch die Erstere zugleich emotional angreifbar und sogar verstrickungs-gefährdet, dann muss unsere nächste Frage lauten: Wie kann der Lehrer lebendig bleiben, wie seine Lebendigkeit schützen oder erhalten? Die Frage scheint auf Anhieb leicht zu beantworten zu sein: Der Lehrer hält sich durch guten, und das heißt erfolgreichen Unterricht lebendig. Diese Antwort ist zutreffend. Ihre Richtigkeit scheint ein Hauptgrund dafür zu sein, dass die Lehrerausbildung, je nachdrücklicher praxisbezogen sie sich im Studium und erst recht im Referendariat darstellt, ihre Aufmerksamkeit auf das Planen und methodengeleitete Durchführen von Unterricht konzentriert. Durchgängig gelingender Unterricht hat für den Lehrer die berufsbiographische Auswirkung, dass er sich um sein Lebendig-Bleiben kaum noch Gedanken mehr zu machen braucht. Dasselbe gilt natürlich für seine Ausbilder.

Insofern ist die auch organisatorisch abgesicherte Grundtendenz der Lehrerausbildung sinnvoll, auf die spätere Berufspraxis durch didaktisch-methodische Anweisungen zur Unterrichtsplanung vorzubereiten. Zum Fehler, und zwar für die Lehrer selbst folgenreichen, wird diese beratungstheoretische Ausbildungspraxis, wenn ihr eine technologische Unterstellung dogmatisch zugrunde liegt, die als solche verschwiegen bleibt und als pädagogisches Spezialwissen eingeübt wird. Sie lautet: Gut geplanter Unterricht ist automatisch erfolgreich. Wir haben gesehen, dass diese Voraussetzung bildungsphilosophisch unreflektiert ist sowie soziologisch und psychologisch als unwahrscheinlich gelten muss. In der pädagogischen Praxis wird sie allzu häufig als falsch und auch im Normalfall teilweise gelingenden Unterrichts als illusorisch widerlegt.

Gehen wir, um uns dies stärker zu verdeutlichen, wieder von einem überschaubaren Beispiel aus! Der Lehrer hat einen anspruchsvollen Unterricht kompetent geplant, die Schüler haben sich das Angebot musterhaft zueigen gemacht. Dass ein solches Erlebnis von Unterricht – als gelingendem – für den Lehrer etwas Schönes, Erfreuliches, ihn Bereicherndes und durchaus ja auch in seinem beruflichen Selbstwerterleben Bestätigendes sein muss, sehen wir ohne weiteres ein. Hier hat demnach offenbar vieles zusammengepasst. Von Seiten des Lehrers etwa günstige Persönlichkeitsstrukturen, eine gute Ausbildung mit Studium und Referendariat, eine geschickte Unterrichts-Vorbereitung, eine gekonnte Unterrichts-Durchführung usw. Von Seiten der Schüler sind ein günstiger Gruppen-Zusammenhalt, häuslich geförderte Aufgeschlossenheit, gute inhaltliche Eingestimmtheit samt Vorwissen und eine zufriedenstellende Tages- bzw. Stundenform zu unterstellen. Keine Frage, gelingender Unterricht hält jeden Lehrer lebendig. So weit, so gut.

Regelmäßig gut gelingender Unterricht würde aber, wie wir gesehen haben, nicht nur optimale Lehrer-Schüler-Beziehungen, sondern mit diesen auch weit reichende außerschulische und außerunterrichtliche günstige Bedingungen als gegeben voraussetzen. Diese gesellschaftsbezogene Voraussetzung würde kein zeitgenössischer Gesellschaftstheoretiker teilen. Ich schlug deshalb oben vor, sich mit einer Normalvorstellung von Unterricht zu arrangieren, bei der dieser für einige Schüler stattfindet, für andere hingegen nicht; ich hätte auch wenig dagegen, noch mit einer weiteren Komplikation zu rechnen, wonach der Unterricht für Schüler S1 vielleicht in der ersten Viertelstunde, für Schüler S2 hingegen eher in der letzten stattgefunden haben mag. Wenn man solcherart von „teilweise stattfindendem" Unterricht sprechen kann, dann unterscheidet sich dieser vom gelingenden Idealunterricht, an dem alle Schüler jederzeit beteiligt sind, vor allem in einer für den Lehrer besonders folgenreichen Hinsicht: Er kann kaum wissen, wie viel Unterricht bei welchem Schüler tatsächlich angekommen ist bzw. ernsthaft „stattgefunden" hat.

Halten wir der Einfachheit halber in unserem Beispiel die anderen Voraussetzungen gelingenden Unterrichts vor allem von Lehrerseite hoch, dann bedeutet dies, dass auch der lebendigste Lehrer im Normalfall von Unterricht damit rechnen muss, dass dieser nur teilweise stattgefunden hat. Stellen wir uns das Anbieten von Unterricht, also die Offerte möglicher neuer Wissens-Bezüge an Schüler für einen Augenblick als eine Kräfte-Verausgabung vor! Es ist dann berechtigt zu vermuten, dass der gelingende Idealunterricht für den Lehrer wirklich eine echte Belohnung als Stärkung seines Selbstwerterlebens bedeutet, ihm vielleicht sogar *mehr* zurückerstattet als er verausgabt hat. Leider dürfen wir uns den Übergang vom idealen zum normalen, nur teilweise stattgefundenen Unterricht bezüglich des Erfolgsgefühls für den Lehrer nicht einfach als graduelle Abschwächung vorstellen. Wo das Gefühl des runden Erfolgs sich nicht einstellen kann, bleibt die Resonanz fraglich. Der Lehrer verlässt den Unterricht im Normalfall eher mit einem Gefühl der Vagheit bezüglich des Erfolgs.

Je weiter wir uns von den gedachten Voraussetzungen des Idealunterrichts entfernen, umso mehr wird die Resonanz-Unsicherheit des Lehrers zunehmen. Stellen wir uns für den nächsten Gedankenschritt schwierige Schüler, aber einen sehr gefestigten lebendigen Lehrer vor, dann trauen wir diesem zunächst auch einen realistisch-ruhigen Umgang mit der Dauer-Unsicherheit zu, die ihn in bestimmten „schwierigen" Klassen vielleicht monate- oder jahrelang nicht mehr verlassen wird. Dieser Lehrer zehrt von seiner Substanz. Dass dies nur unter optimalen Persönlichkeitsbedingungen relativ lange gut gehen kann, leuchtet jedem ein.

Wie schafft es ein Lehrer, sich von den problematischen Übertragungen seiner Schüler nicht zu unprofessionellen Gegenübertragungs-Reaktionen hinreißen zu lassen? Immerhin sind solche denkbar. Krasse Beispiele hierfür wären etwa, dass die Schüler ihm respektlos begegnen und er sie dafür zu demütigen geneigt ist; dass sie sich in seinen Augen untereinander hinterhältig und gemein verhalten und er darüber wütend ist; dass sie seine Bemühungen um lebendigen Unterricht unterlaufen und er die Lust an differenzierter Unterrichtsvorbereitung zu verlieren droht; dass ihn einzelne Schüler sexuell provozieren und er davon irritiert ist usw.

Dass in der gängigen Lehrerausbildung entsprechende Probleme durch den Fokus auf Unterrichtsvorbereitung weggeschoben zu werden pflegen, hat eine bemerkenswerte Nebenwirkung. Sie werden nicht nur indirekt zu Phänomenen erklärt, die nur ausnahmshaft bei Lehrern in Erscheinung treten können, sondern sie werden dadurch auch indirekt streng moralisierend aufgeladen. Der einzelne Lehrer, der vor Kollegen unliebsame „Gegenübertragungen" eingestehen würde, ginge in nicht wenigen „Schulkulturen" damit das Risiko sozialer und beruflicher Beschämung ein.[78] Nehmen wir jedoch die Bedeutung von Übertragung und Gegenübertragung sowie das im vorangegangenen Kapitel Gesagte zum Sich-Öffnen des Lehrers ernst, deutet sich ein denkwürdiger Zusammenhang an zwischen der unterkomplexen pädagogischen Ausbildung und einer die Lehrer anschließend in die moralische Selbstverstellung drängenden Schulpraxis mit heuchlerischen Tendenzen. Dass dies sich fatal auswirken kann, wird sich am Beispiel der „Schulkulturen" zeigen lassen.

Demgegenüber ist festzuhalten, dass jeder engagierte Lehrer während des Unterrichts-Geschehens und zur Zeit des dienstlichen Zusammenseins mit den Schülern im Schulgebäude oder auf dem Schulhof mit für ihn überraschenden Verhaltensweisen der Schüler rechnen muss.[79] In Einzelfällen können sie ihn zu unbedachten Reaktionen im Sinne spontan agierter „Gegenübertragungen" provozieren. Selbst wenn wir von einem „gefestigten" Lehrer ausgehen – das wäre einer, der nur wenig zu unkontrollierten Gegenübertragungs-Handlungen neigt – so sind diese doch im Schulalltag kaum auszuschließen. Der stets gleichmütige Lehrer, der nie sichtlich enttäuscht, empört, beleidigt oder zornig wäre, stellt eine psychologisch äußerst fragwürdige Idealvorstellung dar. Wird sie allzu nachdrücklich proklamiert oder im Schulalltag erwartet, kann dies einzelne Lehrer dazu verleiten, sämtliches Schülerverhalten für sich selbst zu vergleichgültigen, indem sie ihr berufliches Engagement reduzieren. Von solchen Möglichkeiten wird noch unter dem Stichwort „Fluchtwege" die Rede sein.

Die Frage, wie Lehrer es auf Dauer schaffen sollen, ihre Gegenübertragungen zu spüren und in Maßen zuzulassen, ohne damit Schüler auf schwer wieder gut zu machende Weise zu verletzen oder zu schädigen bzw. sich in zu enge Beziehungen zu verstricken, verweist uns wieder auf das Grundproblem, das unsere Erörterungen von Anfang an begleitet. Der Lehrerberuf ist von strukturgegebenen Schwierigkeiten bestimmt; der Einzellehrer muss mit ihnen umgehen lernen. Dazu bedarf es seines Gespürs, Anfang des 19. Jahrhunderts sprach Johann Friedrich Herbart von „Takt". Wir werden noch deutlicher sehen, dass der Lehrer, um dies lebendig zu halten, auf kollegiale Unterstützung angewiesen ist.

Rechnet er methodisch damit, dass er in schwierigen Situationen möglicherweise Gegenübertragungen unkontrolliert ausagiert hat, verweist diese professionelle Bereitschaft nicht nur auf das, was *im* Unterricht passiert, sondern viel entscheidender auf das, was danach geschieht. Die Unterrichts-*Nachbe-*

---

[78] Roggenbuck-Jagau hat den Zusammenhang von kurzfristig-technizistischem Selbstverständnis und längerfristig wirksamer Schwächung des beruflichen Selbstwerterlebens bei strukturell gegebenen – und deshalb unvermeidlichen – Schwierigkeiten von Schulleitern exemplarisch aufgewiesen (2005).
[79] Mühlhausen (1994)

reitung durch den Lehrer ist die innerberuflich entscheidende Arbeitsphase, innerhalb derer der Lehrer für seine Lebendigkeit sorgen muss: indem er sich selbstkritisch mögliche Fehler gegenüber Schülern eingesteht, sofern er sie durch unkontrollierte Gegenübertragungen begangen hat. Warum diese Selbstreflexion beruflich unumgänglich, gleichzeitig aber ohne kollegial-solidarische Unterstützung nicht möglich ist, wird sich später noch genauer zeigen.

5.2 Beispiel: Der übereifrige Junglehrer

Gewiss sollte der Lehrer den Unterricht hinreichend sorgfältig planen. Stellen wir uns einen Junglehrer vor, der zum ersten Mal in eine ihm fremde Klasse kommt, denken wir etwa an einen gymnasialen Leistungskurs der Oberstufe! Spielen wir das Beispiel einmal durch. Wir würden den Novizen wahrscheinlich intuitiv davor warnen, sich für den Anfang zu viel vorzunehmen.

Die Setzung unverhältnismäßig hoher inhaltlicher Ziele und der für Schüler unerwartete Einsatz methodischen Raffinements könnten einer Überkompensation der inneren Unsicherheit des Junglehrers entspringen. Er würde vielleicht durch seine Planungs-Offensive die Klasse zu sehr in Atem halten wollen; er würde sie vielleicht mit einer Erfahrung optimalen Unterrichts schlagartig für die Mitarbeit zu gewinnen versuchen. Zugleich würde er wahrscheinlich sowohl die Klasse als auch sich selbst durch die perfektionierte Ablaufs-Vorbereitung unter erhöhten Gelingens-Druck stellen. Unser Verdacht wäre, dass ein solches Arrangement kaum gut ausgehen könnte. Worauf würde sich der Verdacht gründen?

Zunächst dürfte die Wahrscheinlichkeit eher niedrig sein, dass ein Unterricht, der ohne vorherige Kenntnis der Lerngruppe abstrakt geplant wurde, dann auch noch optimal verlaufen kann. Die Gefahr eines emotionalen Absturzes wäre erhöht, der Start mit der Klasse dann missglückt. Sollte es trotzdem dem Lehrer gelungen sein, die Klasse durch seine engagierte Unterrichts-Vorbereitung und -Durchführung zu begeistern, dann hätte er zugleich deren Erwartungen hochgeschraubt, und es bestünde schon mittelfristig die Gefahr der Enttäuschung der anfänglich „verwöhnten" Schüler.

Hochengagiert vorbereiteten und dann enttäuschend verlaufenen Unterricht nachzubereiten, ist schwierig und schmerzlich. Schwierig wäre es im angedeuteten Fall, weil der Lehrer die Lerngruppe eigentlich nur unter den von ihm selbst inszenierten Ausnahmebedingungen als überforderte kennen gelernt hat. Eindrücke, was die Klasse normaler Weise leisten kann, hätte der Lehrer nur unter entsprechend normalen Bedingungen einigermaßen verlässlich gewinnen können. Dass er sich im konstruierten Beispiel in unkontrollierte Gegenübertragungen auf Schüler-Übertragungen verstrickt hätte, ist keineswegs nahe liegend. Schließlich brauchten ihn die Schüler auf sein Über-Angebot hin nur durch die zu geringe Reaktion leerlaufen zu lassen.

Schmerzlich ist die Nachbereitung in einem solchen Fall, weil der Junglehrer eine Korrektur vornehmen muss, die ihm so oder so nicht leicht fallen kann. Er muss entweder sein Schüler-Bild oder sein Selbst-Bild korrigieren. Der didaktisch perfekt durchdrungene und methodisch durchgestylte Unterricht kann der Fehler in seinen Augen ja nicht gewesen sein, jedenfalls wäre die Idee, bei sehr gut vorbereitetem, aber wenig erfolgreichem Unterricht das Niveau der Vorbereitung zu senken, alles andere als nahe liegend.

Eine Korrektur des Schüler-Bildes würde im angedeuteten Fall auf eine Abwertung der Schüler, beispielsweise in Bezug auf die ihnen unterstellte Leistungsfähigkeit oder Lerndisziplin hinauslaufen. Die Aussicht, ein kommendes Schuljahr lang mit Schülern arbeiten zu sollen, die schwächer sind als man glaubte erwarten zu dürfen, wäre jedenfalls für einen der Wissensvermittlung verpflichteten Lehrer selbst wenig motivierend. Viel schmerzlicher aber wäre es für den betreffenden Lehrer, sich in die Richtung der Eindrücke zu bewegen, auf die das Beispiel für uns als Außenstehende hin angelegt war. Der Lehrer, der dazu neigt, die Lerngruppe sogleich unter erhöhten Leistungsdruck zu stellen – und sich selbst mit – gewährt allen Beteiligten die Zeit bzw. den Raum nicht, den sie bräuchten, um sich unter Normalbedingungen zu zeigen.

Die von uns hier als Konstrukt vorgestellte Überrumpelung von Schülern durch forcierte Inhalte-Präsentation erweist unter den Gesichtspunkten von „Verstrickung" und „Gegenübertragung" besondere Aufschlüsse. Zunächst sieht es so aus, als ob der Lehrer sich in die Schüler-Übertragungen kaum „verstricken" könnte, weil die Schüler unter seinen inhaltlich-methodischen Aktivierungs-Offerten in Atem gehalten werden. Zu eigenständigen und potentiell störenden Aktivitäten können sie kaum kommen. Dann zeigt sich, dass der übervorbereitete Lehrer sein unterrichtliches Scheitern offenbar ohne es zu merken mit vorbereitet haben muss. Er hat es den Schülern ganz leicht gemacht, ihn scheitern zu lassen. Sie brauchten ihn ja nur leer laufen zu lassen, indem sie ihm, vielleicht lediglich durch emotionale Indifferenz, die von ihm erwartete Resonanz verweigerten.

Unser Junglehrer hätte dann das Kunststück fertiggebracht, sich in eine Schüler-Übertragung zu „verstricken", die er selbst provoziert hätte. Die besagte „Übertragung" von Seiten der Schüler wiederum würde sich entpuppen als Reaktion auf die vorangegangene „Gegen-Übertragung" des Lehrers. Korrekter aber wäre es zu sagen: Das ostentativ passive Verhalten der unter Druck gesetzten Schüler ist die „Gegen-Übertragung" auf die „Übertragung" des Lehrers.

Sollte sich ein Lehrer Ähnliches eingestehen müssen, wäre es schmerzlich, sollte er es sich eingestehen können, wäre es eine beachtliche Leistung. Umgangssprachlich formuliert würde der Lehrer sich attestieren müssen, dass ihm die erfolgreiche Vermittlung von Wissens-Bezügen zu wichtig war, als dass er hinreichend Rücksicht auf die Schüler hätte nehmen können; und dass höchstwahrscheinlich hinter einer solchen Fehlhaltung persönliche Ängste stecken, etwa, kein guter Lehrer zu sein oder von den Schülern nicht dafür gehalten zu werden usw.

Welche Schlüsse lassen sich aus diesem Konstrukt eines übervorbereiteten Junglehrers ziehen? Vom Ausgangsbeispiel eines gelingenden Idealunterrichts hatten wir uns in einem ersten Schritt durch die methodische Annahme nur teilweise unterrichtlich erreichbarer Schüler entfernt. Hier war festzuhalten gewesen, dass auch der optimal lebendige und professionelle Lehrer sich mit der Unsicherheit arrangieren (lernen) muss, ob und inwieweit sein Unterricht wirklich erfolgreich war. Er muss also mit der Wahrscheinlichkeit leben (lernen), dass sein Unterricht in unserer obigen Terminologie nur teilweise „stattgefunden" hat.

Das Beispiel des ängstlich um seinen Erfolg besorgten Junglehrers kann uns zunächst darauf verweisen, dass in der Persönlichkeit des Lehrers liegende Schwierigkeiten von einem überhöhten Mangel an innerer Sicherheit bis hin zum normal erwartbaren Fehlen von Routine und Erfahrung belastend in den Unterricht hineinwirken müssen. Das ist ohne weiteres einsehbar.

Die – vielleicht überraschende – Pointe ist allerdings, dass den Schwierigkeiten über eine Mobilisierung berufsethischer Handlungsmotive nicht beizukommen ist. Wo großer Fleiß, betonter Wissens-Bezug und forcierte Methoden-Anwendung innere Unsicherheiten überspielen und für den Lehrer besser aushaltbar machen sollen, lösen sie das Problem in aller Regel nicht, sondern treiben es erst heraus.

In unserem Konstrukt ruft die anfängliche ängstliche Vorstellung des Lehrers, wonach er für das Gelingen seines Unterrichts die Schüler zu hoher Leistung führen müsse, im Sinne einer „Übertragung" mit hoher Wahrscheinlichkeit bei Schülern „Gegen-Übertragungen" hervor, in diesem Falle als einfache Verweigerungen. Psychoanalytisch ist zu vermuten, dass hinter allen Spielarten von Leistungsfixierung eher ein ängstliches bzw. pessimistisches Menschenbild steckt. Nach diesem würde gelten, dass nur der Mensch, der Besonderes leistet, persönliche Wertschätzung Anderer in Anspruch nehmen darf. Für sich betrachtet käme ihm kein Wert zu. Nicht selten sind auch elitaristische Vorstellungen leitend. Nur der überdurchschnittlich Leistungsfähige wäre dann, grob gesagt, ganz Mensch und würde unsere Wertschätzung verdienen.

Was wir außerdem aus dem Beispiel lernen können, ist, dass ungünstige Reaktionen von Schülern auf Unterrichtsangebote des Lehrers diesen in ein Dilemma drängen, dessen belastende Wirkung wir nicht unterschätzen sollten. Ich hatte oben ja das „einfache" Beispiel gelingenden Idealunterrichts herangezogen. Sobald wir methodisch mit Schülern rechnen, die nicht jederzeit interessiert auf Unterrichtsangebote reagieren, muss der Lehrer mit der Unsicherheit potentiellen Nicht-Stattgefunden-Habens von Unterricht rechnen. Wenn nun, wie in unserem Junglehrer-Beispiel simuliert, der Unterricht offenkundig schlecht verläuft, ist es für den Lehrer nicht mehr ohne weiteres zu beurteilen, ob nun die desinteressierten Schüler, eine ungeschickte Unterrichts-Planung oder womöglich das Eingeflossen-Sein eigener problematischer Sichtweisen auf die Schüler die Ursache darstellten.

Die ungeschickte Unterrichtsplanung wäre jedenfalls im Beispiel aus Sicht des Junglehrers die unproblematischste Lösung, obwohl er sich doch redlich und nach besten Kräften angestrengt hatte. Erscheinen aber – was die Unterrichtsvorbereitung anbetrifft – seine Spielräume ausgeschöpft, dann führt ihn die nachträgliche Ursachenerkundung in eine besondere Schwierigkeit. Selbst wenn er nämlich seinen Schülern einen besonders hohen Mangel an Motiviertheit attestieren muss bzw. darf, bleibt doch der Tatbestand unleugbar, dass *er* sie unterrichtlich nicht erreicht hat. Ihr Scheitern, etwas Ähnliches hatten wir weiter oben schon gesehen, ist auch das Seinige. Die Frage, die er sich nicht ohne weiteres ersparen kann, die ihn aber, nimmt er sie ernst, bedrängen muss, lautet dann unabweisbar, ob er nicht selbst am Misserfolg beteiligt war, ob die Schüler nicht doch etwas an ihm provoziert haben, was er an Unliebsamem aus seiner Biographie mit in den Beruf einbringt.

5.3 Sinn von Selbstreflexion

Ganz gleich, wie er es begründen will, ob mit dem Wunsch, in Zukunft guten Unterricht zu machen, die Wissens-Vermittlung für die Schüler ernst zu nehmen oder selbst lebendig zu bleiben, beständig ist der Lehrer genötigt, den bislang von ihm erteilten Unterricht auf dessen Gelungen-Sein nachträglich kritisch zu überprüfen. Wenn es nicht selten in der pädagogischen beratungspraktischen Literatur heißt, der Lehrer müsse bereit sein zur „Selbstreflexion", dann ist dies völlig richtig, wiewohl wir nach dem Dargelegten einige wichtige Anmerkungen machen müssen.

Gewiss ist „Selbstreflexion" zunächst und stets eine kognitive Leistung, in unserem Fall jedoch enthält sie von vornherein eine emotionale Aufladung, damit sie überhaupt in Gang kommt. Die Korrektur seines Schülerbildes ist für den Lehrer unangenehm, die mögliche Korrektur seines Selbstbildes aber schmerzlich. Sie hat etwas zu tun mit dem, was Sigmund Freud „Trauerarbeit" nannte, und führt den Betreffenden nicht einfach nur an änderungsbedürftige Selbsteinschätzungen, sondern immer auch an deren Entstehungsgeschichte heran.

Greifen wir noch einmal auf das Beispiel des ängstlichen und übereifrigen Junglehrers zurück! Wir vermuten, dass er zunächst seine Ängstlichkeit durch den berufsethischen Übereifer vor sich unkenntlich gemacht und sodann den eigenen Unterrichtserfolg unter der Hand so wichtig genommen hat, dass er die Schüler gleichzeitig unter Druck gesetzt hat, diesen auch zu ermöglichen. Der ängstliche Junglehrer müsste sich dann im Zuge seiner ehrlichen und erfolgreichen Unterrichtsreflexion nicht nur gängige Fehler eingestehen – das wäre wohl nicht allzu problematisch –, er müsste vielmehr anerkennen, dass ihm bei allem rationalen und ethischen Engagement ein seltsam irrationales Verhalten unterlaufen ist. Die Konfrontation mit irrationalen Handlungsanteilen gerade da, wo wir besonders rational kontrolliert und ethisch anspruchsvoll handeln wollen, ist stets schmerzlich und beunruhigend.

Verschärfen wir jetzt das Beispiel, indem wir annehmen, der betreffende Lehrer sei überhaupt ein durchaus liebenswürdiger und begabter, aber eben auch sensibler, ein wenig schüchterner und insofern wirklich „ängstlicher" Mensch, dann sehen wir intuitiv ein, dass er, müsste er sich seine Ängstlichkeit am deutlichen Beispiel eingestehen, geradezu zwangsläufig noch ängstlicher werden würde. Definieren wir zunächst Ängstlichkeit in einem ganz umgangssprachlichen Sinne als die gespürte Schwierigkeit, sich mit sich selbst in Situationen ruhig zu identifizieren, die problematisch oder beunruhigend erscheinen, bzw. durch ein solides Selbstbewusstsein getragen zu werden. Der ängstliche Mensch, mit den Wirkungen seiner Ängstlichkeit konfrontiert, würde nur noch ängstlicher. Er sähe dann geradezu allen Grund, sich, sein Auftreten und sein Handeln kritisch zu hinterfragen und seiner Wirkung auf andere zu misstrauen.

Die Konfrontation mit eigener Ängstlichkeit ist also immer eine Auseinandersetzung mit der inneren Drohung irrationaler und zunächst unerkennbarer, also auch im Konfliktfall unkontrollierbarer Handlungsweisen. Aber nicht nur das. Sie verweist auch auf die Frage nach den Hinter-Gründen, die in der eigenen Biographie liegen müssen. So deprimierend sie auf Anhieb scheint, wäre die bequemste Antwort der Hinweis auf die eigene Veranlagung, umfassender gesagt also auf „die eigene Natur". Deprimierend erscheint sie, weil sie das Subjekt als determiniert darstellt, die Ängstlichkeit in unserem Falle wäre dann ein lebenslanger Begleiter bzw., um ein drastischeres Bild zu verwenden, eine lebenslange Fußfessel. Bequem ist die Antwort aber, weil das betreffende Subjekt nun, seiner Natur unterworfen, nicht nur nichts mehr tun könnte, sondern auch nichts mehr unternehmen müsste – „außer" sich abfinden.[80]

Weicht der Betreffende nun aber nicht auf seine angebliche „Natur" aus, dann bleiben nur biographische Ereignisse, die eine Schädigung der eigenen Selbstwahrnehmung hervorgebracht haben können. Warum Schädigung? Weil das Sich-Eingestehen irrationaler Handlungsmotive zwingend auf eine Schädigung der eigenen Rationalität verweist. Wer mit der Möglichkeit oder sogar der Wahrscheinlichkeit solcher biographischer Schädigungen bei sich selbst rechnet, gerät in gravierende Probleme. Der Gedanke, ich könnte ein rationalerer Mensch sein als ich heute bin, wenn ich nur günstigere Aufwachsbedingungen angetroffen hätte, ist bitter. Er kann sich schnell verschieben und verdichten zu dem Vorwurf an Andere, die mich nicht gefördert oder sogar in meiner Entwicklung behindert haben. Damit kommt ein Wust von Problemen auf mich zu, die bis in die Frage meiner Identität hinabreichen. Von ihnen ist nicht zu sehen, wie sie anders gelöst werden können, als dass ich mich mit ihnen abfinde, ohne doch resignieren zu dürfen.

Noch ein ganz anderes Problem zeigt sich. Wir haben oben schon andeutungsweise gesehen, dass unser öffentlich-gesellschaftliches Leben unter dem Einfluss des neuzeitlichen Utilitarismus steht. Das gilt zumal für die liberalistischen Wirtschaftsdoktrinen, die unser Berufsleben bestimmen.[81] Sie gehen ganz selbstverständlich vom Individuum aus, das seine eigenen Interessen rational und rationell, also wissentlich-selbstbewusst und zielstrebig verfolgt. Wie kommen nun Pädagogen dazu, mit der Möglichkeit „eigener" Irrationalität, also fremdbestimmter innerer Motivation bei sich zu rechnen? Ich möchte diese Frage, um ihre Bedeutung herauszuarbeiten, von vornherein zuspitzen: Warum *müssen* reflektierte, lebendige oder professionell arbeitende Pädagogen sich *im Prinzip* diese Frage und dieser Frage stellen? Die Antwort ist durch die implizite Erinnerung an die Arbeiten von Charles Taylor schon geistesgeschichtlich umrissen: durch das romantische Element in der neuzeitlichen Pädagogik. Was aber besagt es in unserem Fall?

---

[80] Dass Letzteres meistens auf das unterschwellige Ansinnen hinausläuft, „die Anderen", insbesondere Nahestehende, müssten sich damit eben abfinden, sei am Rande vermerkt.
[81] Vgl. Ulrich (1993)

Die Antwort muss in der Berufsmotivation von Lehrern als solcher liegen. Ich habe sie in diesem Lehrbuch von Anfang an inhaltlich und methodenleitend im Sinne der Mehrzahl der Lehramtsstudenten vorausgesetzt, die ich im Laufe meiner Berufstätigkeit kennen lernte. Ihre Einstellung war sinngemäß: „Ich möchte durch meine Berufstätigkeit junge Menschen unterstützen, zu sich selbst und ihren möglichen Fähigkeiten zu finden."

Je ausgeprägter die hinter diesem Berufsziel steckende Berufsethik ist, umso stärker kommt allerdings ein Kontrastgedanke zum Zuge. Er lautet ungefähr: Unengagierte oder falsch engagierte Lehrer können Schülern indirekt durch Nicht-Förderung oder sogar direkt durch Demotivierung in der Entwicklung ihrer Fähigkeiten so schaden, dass sie diese – als „ihre" Fähigkeiten – womöglich nie mehr entdecken können. Die meisten Lehramtskandidaten, mit denen ich diesbezüglich ins Gespräch kam, haben wie oben erwähnt auf gute Lehrer-Vorbilder verwiesen. Fast alle hatten aber auch Negativbeispiele von Lehrern vor Augen, die ihren Berufswunsch indirekt mitsteuerten, indem sie wie jene auf keinen Fall werden wollten. Knapp gesagt, wollten die meisten das Gute, das sie selbst von Lehrern erfahren hatten, auf ihre Weise weitergeben, und, scharf gesagt, die Schüler vor dem bewahren, was sie von anderen Lehrern erlitten hatten. Der Wunsch, Lehrer zu werden, schließt also, je stärker er ausgeprägt ist umso mehr, das Grundwissen um die Bedeutung des Lehrerberufs für die schulische Förderung junger Menschen ein – und damit logisch zwingend das Wissen um die möglichen Negativwirkungen unzureichenden Lehrerhandelns.

Wer ein guter Lehrer sein und bleiben will, wird angesichts der Normalität nur teilweise gelingenden Unterrichts zur berufsbegleitenden Selbstreflexion gezwungen.

Halten wir nebenbei fest, dass der Ausdruck „Selbstreflexion" zur Unterschätzung des damit im diskutierten Kontext eigentlich Gemeinten verleiten kann. Er lässt unbeleuchtet, dass es nicht um die emotional neutrale, rein kognitive Widerspiegelung von abgelaufenem Unterricht geht, sondern um die fallweise akut werdende Frage nach der eigenen Geschicklichkeit, wenn nicht gar der Berufseignung. Ausgeblendet bleibt vor allem der soziale Kontext der „Selbstreflexion". Sie wird ja vor allem durch Schülerreaktionen ausgelöst, die als unzureichend oder uneindeutig erlebt werden.

Es zeichnet sich ab, dass der Ausdruck „Selbstreflexion", womöglich noch als individuelle und technisch lernbare „Kompetenz" präsentiert, im pädagogischen Sprachgebrauch nicht selten mehr verdeckt als er offenbart und dass er die entscheidenden Probleme bereits als gelöst suggeriert statt sie präzise benennbar zu machen.

5.4 Die nachträgliche Aufarbeitung von Problemfällen

Im Idealfall gelingenden Unterrichts sind es die unterrichtlich erfahrbaren Resonanzen der Schüler, die gemeinsamen Begegnungen in einem verbindlich-verbindenden Inhalte-Bezug, die den Lehrer lebendig halten. Die Resonanzen der Schüler sind es auch, und zwar die uneindeutigen oder gar negativen, die ihn im Normalfall nur teilweise stattfindenden Unterrichts belasten werden und die Sorge entstehen lassen, wie er sich seine Lebendigkeit erhalten könne. Ist deren Irritationswirkung erträglich gering, kann er die entstehenden Problemlagen in der regelmäßigen Nachbereitung seines Unterrichts, die mit der jeweiligen Unterrichtsvorbereitung verschmilzt, immer wieder bearbeiten. Was aber ist, wenn der Problemdruck zu groß wird?

Wer die Mitglieder eines normalen Lehrerkollegiums hinreichend lange bei ihren Gesprächen – etwa im Lehrerzimmer – beobachtet hat, kennt die Richtung, in die mögliche Antworten gehen werden. Lehrer müssen bisweilen regelrecht „Dampf ablassen", also ihre Enttäuschungen, um die es sich zumeist handelt, bekannten Gesprächspartnern anvertrauen. Die Art und Weise, wie sie das tun, verrät schon viel, und man kann auch leicht beobachten, dass einige Lehrer ihre Gesprächspartner vorsichtig auswählen, andere die Zufälle der Öffentlichkeit beliebiger Anwesender nicht scheuen.

Wo Letzteres geschieht, verbindet sich nicht selten die Beschwerde über bestimmte Schüler mit abfälligen Bewertungen, aber auch mit einem unverhohlenen Anspruch an die jeweiligen Zuhörer, sie mögen dem Beschwerdeführenden beipflichten. Sehen wir für den Augenblick davon ab, dass in solchen Fällen oft eine offensive Rechthaberei im Spiel ist, dann kann man doch auch erkennen, worum es letzten Endes in solchen Beschwerdefällen geht: um Verständnis und Mitgefühl.

Sensiblere Lehrer können nach Situationen, in denen Schüler sie herb enttäuscht haben, emotional so angegriffen sein, dass dies ihre Furcht vor uneinfühlsamen Kollegen-Reaktionen steigert. Deshalb suchen sie sich ihre Gesprächspartner besonders vorsichtig aus. Auch bei ihnen geht es also um Verständnis und Mitgefühl, das sie wahrscheinlich in einem Konzert abfälliger pauschaler Äußerungen von Kollegen über bestimmte „schwierige" Schüler aber kaum finden können.

Ich schlage vor, auch und gerade solche Enttäuschungsreaktionen von Lehrern mit unserem obigen Stichwort „Selbstreflexion" kontextuell in Verbindung zu bringen. Auch hier würde dann sofort auffallen, dass „Selbstreflexion" bei einem Gefühl anhebt – diesmal bei der Enttäuschung. Dieses schmerzliche Gefühl würde den Betreffenden intuitiv dazu führen, die vom Schüler verweigerte positive soziale Resonanz sich von erwachsenen Partnern „ersatzweise" zurück zu holen. Der möglichen Heilung einer solchen Verletzung geht dann immer, analog zur Wundpflege bei einer Verletzung an einer schlecht zugänglichen Körperstelle, eine Art „Entblößung" des sich verletzt Zeigenden voraus.

Blicken wir noch einmal rasch auf das Beispiel des rechthaberischen Lehrers zurück, der seine Enttäuschung über Schüler undifferenziert publik macht, dann legt sich uns eine psychologische Vermutung nahe. Er leidet unter dem unerwünschten Schülerverhalten, tut aber so, als ob ihn selbst dies nicht berühre: weil ja ausschließlich der Schüler selbst die Störung verursache. Wir können sogar vermuten, dass er – unbewusst – seine Trauer nicht ertrage und deshalb in Wut umwandle. Demnach leidet er unter etwas, das fest im Griff zu haben er gleichzeitig behauptet. Die zufällig Umstehenden versucht er zur Bestätigung seiner für ihn selbst nicht durchschaubaren Selbsttäuschung zu nötigen. Damit „verstrickt" er natürlich jeden sensibleren Ansprechpartner in eine dilemmatische Konstellation, nicht nur weil der sich von ihm als austauschbar funktionalisiert erleben muss, sondern auch, weil er etwas bestätigen soll, von dessen Falschheit ihn das Gegenüber genau dadurch überzeugt, dass er ihn zur gewünschten Zustimmung zu nötigen versucht.

Halten wir fest: Die Konfrontation mit relativ häufigem beruflichem Misserfolg kann zu charakterlichen Fehlentwicklungen beitragen. Rechthaberei könnte somit eine zwar missglückte und nicht besonders sozialverträgliche, aber immerhin verständliche Abwehrform gegenüber beruflich erfahrenen Kränkungen darstellen. Die Neigung zur Belehrung Anderer wäre vielleicht ihre abgemilderte Variante. Dass ihr beruflicher Alltag mit Schülern den Lehrern das erschweren kann, dessen sie doch berufsbegleitend bedürfen – Kooperation mit Kollegen – erscheint nahe liegend. Dass es in Lehrerkollegien tatsächlich nicht ganz selten zu Auftrittsformen kommt, die auf „Rechthaberei" und Belehrungsneigung Einzelner schließen lassen, möchte ich noch als Behauptung beisteuern, die sich auf eigene Beobachtung stützt.

Ich unterschied eben schematisch zwischen sensibleren Lehrern und weniger wählerischen bei der Suche nach Gesprächspartnern im Zusammenhang von Bewältigungsversuchen nach Enttäuschungen durch Schüler. In vielen Kollegien kann nämlich einem Lehrer, der unkontrolliert „Dampf" bei Kollegen „ablässt", leicht passieren, dass ihm sofort beigepflichtet wird, dass aber der ihn offen Unterstützende gleich noch eine unangefragte Hilfestellung nachschiebt. Die Argumentation lautet dann in typischer Schematisierung: „Ich hatte genau dasselbe Problem wie Du. Aber dann habe ich die Methode XY angewendet und das hat dann das Problem ein für allemal zum Verschwinden gebracht. So musst Du das auch machen." Wer rechthaberisch ist, dem fehlt die Sensibilität für die implizite Kränkung, die er seinem Gesprächspartner zufügt, indem er diesem bescheinigt, das notwendig und zumeist einfach zu Tuende nicht gewusst zu haben. Die uneinfühlsame Belehrung durch einen Kollegen ist das Letzte, was ein ehrlich enttäuschter Lehrer in dieser Situation brauchen kann.

Dass der rechthaberische Kollege eine Art pädagogisches Dogma offensiv vertritt, wonach sich mit der richtigen Methode noch jedes pädagogische Problem lösen lasse, sei am Rande vermerkt. Die Vertreter dieses Dogmas sind im Regelfall nicht nur überzeugt, dass sich alles auf wünschenswerte Weise pädagogisch durchsetzen lässt, sie selbst sind stets auch im Besitz der richtigen Rezepte und Methoden.

Das schlechte Beispiel rechthaberischer Lehrer kann uns jedenfalls bei genauerem Hinsehen dasselbe lehren wie das bessere der sensiblen. Nach emotional als belastend erlebten Situationen mit Schülern suchen viele Lehrer intuitiv und spontan gleichgesinnte Kollegen, um sich von ihnen sozial auffangen zu lassen.

5.5 Die entscheidende Dimension der Schulkultur, vier Beispiele

In den letzten Jahren haben sich Schulforscher verstärkt mit einem Thema beschäftigt, das sie die „Schulkultur" nennen.[82] Auf eine entscheidende Dimension von „Schulkultur" sind wir durch die vorangegangenen Beobachtungen gestoßen und wir sollten ihr noch etwas genauer nachgehen. Allerdings schlage ich zwei Einschränkungen vor.

Zunächst und zentral sollte der Begriff „Schulkultur" auf die Kultur des beruflichen Umgangs im Kollegium konzentriert werden. Das hat nach dem zuvor Erarbeiteten ganz organisationspraktische Gründe. Nur im Kollegium selbst können Kollegen sich über ihre Probleme mit Schülern oder Eltern verständigen. Unsere obigen Überlegungen haben uns auf die entscheidende Dimension von „Schulkultur" hingeführt. Sie lautet in Frageform: Wie unterstützt die jeweilige Schulkultur die Lehrer dabei, lebendig zu bleiben, oder, etwas konkreter: Welche Unterstützung und Anregung finden Lehrer, als problematisch empfundene Beziehungen zu Schülern und Eltern zu bearbeiten? Ich gehe davon aus, dass sich kaum ein anderes Weiterbildungs-Thema finden lässt, das nicht direkt mit diesem Fragekomplex verbunden ist.

---

[82] Vgl. die Arbeiten von Helsper (2000, 2008)

Ich habe schon angedeutet, dass ich eine Reihe von Schulen auch aus ihrer Lehrerzimmer-Situation heraus kennengelernt habe. Die jeweiligen Kollegien haben sich teilweise beträchtlich in dem schulkulturellen Zentralaspekt unterschieden, der uns hier beschäftigt. Kollegien, ob sie es wollen oder nicht, müssen ihre kommunikativen Regeln – die natürlich bis in Sprachregelungen hineinreichen – und damit ihre Gruppen-Kohäsion vor allem über das Thema „unsere Schüler" zu stabilisieren versuchen. Umgekehrt ist dann das, was über Schüler gesagt werden kann und auch wie das zu geschehen hat, entsprechend eingegrenzt. Spielen wir das hiermit Gemeinte wieder an Beispielen durch, die durch Schematisierung zu Extremen stilisiert sind.

Beispiel 1: Stellen wir uns eine Schule vor, die sich zu besonderer Eliteförderung berufen sieht. Es mag sich um das traditionsreichste Gymnasium am Ort handeln. Im Regelfall bedeutet das nicht nur, dass hier die lokalen Hochbegabungen unter den Schülern versammelt sind, dass besondere Leistungen abgefordert und bewältigt zu werden pflegen und dass auch das Schulorchester gehobene musikalische Ansprüche befriedigt; es bedeutet zugleich, dass sich das Kollegium zu dem elitären Anspruch positiv verhält. Wer die Schüler-Elite unterrichtet, muss der nicht selbst ein Elite-Lehrer sein?

In einem solchen Kollegium – so unsere spontane Vermutung – muss es nicht unbedingt zu einer rein kognitiven Leistungsorientierung kommen, dagegen sprechen schon Tradition und Orchester, wohl aber ist mit gewissen Stilisierungen zu rechnen. Einige Lehrer werden aller Voraussicht nach als anerkannte Vordenker die kollegialen Diskussionen bestimmen, andere werden sich eher als Künstler oder anderswie Hochbegabte darstellen. Es mag dann zwar zwischen den rationalen Statements der Einen und den ästhetischen Einfällen der Anderen in den Lehrerdiskussionen zu gewissen Spannungen kommen – was aber thematisch eher vermieden wird, werden alltägliche Normal-Sachverhalte sein.

An Schulen mit elitärem Anspruch pflegt dieser unmittelbar in das kollegiale Diskutierverhalten hineinzuschlagen, weil mit innerer Wahrscheinlichkeit nur Lehrer mit gehobenem Begabungs-Selbstbewusstsein das Wort ergreifen werden. Lehrer, die in einer solchen Atmosphäre Probleme mit schwierigen Schülern ansprechen würden, hätten vermutlich einen schweren Stand. Dies hängt direkt mit dem „Elite"-Gedanken zusammen.

Von „Leistungseliten" sprechen wir im Zusammenhang vorzeigbarer und einigermaßen genau messbarer Fähigkeiten. Im Umkehrschluss werden dann tendenziell alle messbarer Weise weit überdurchschnittlichen Leistungen mit dem Elite-Begriff in Zusammenhang gebracht – selbstverständlich fließen hier auch immer gesellschaftliche Wertungen ein. Bestimmte kognitive, sportliche oder musikalische Leistungen sind ohne weiteres und relativ genau messbar. Nebenbei bemerkt ist prinzipiell am besten messbar unser allgemeinstes Tauschmittel: Geld.

In der Pädagogik ist jedenfalls vieles messbar, allerdings das Wesentliche gerade nicht. Wir haben dies unseren Überlegungen aus bildungsphilosophischen Gründen von Anfang an zugrunde gelegt und an Phänomenen wie dem „kulturellen Grundwissen" oder „Begegnung" erörtert. „Elite"-Schulen haben sich logischer Weise immer auf das konzentriert, was in einem maßgeblichen Segment der gesellschaftlichen Öffentlichkeit als besonders wichtig erachtet wird und dabei messbar ist: wobei immer Leistung im Vordergrund und stets Geld aus besonderen Quellen mit im Hintergrund steht.

Der Lehrer, der ein Beziehungs-Problem mit dem „schwierigen" Schüler offenbarte, spräche über etwas, was im „Elite"-Kontext des Messbaren gar nicht vorkommen kann. Schüler nämlich, sofern sie das Privileg in Anspruch nehmen, eine „Elite"-Schule zu besuchen, sind durch ihre entsprechende höhere Begabung bzw. Leistungsfähigkeit bereits auf dem Sektor ausgewiesen, auf den es an der betreffenden Schule ankommt. Daraus ergeben sich die entsprechenden Erwartungen an die Leistungsdisziplin der Schüler. Denn zur Attestierung Leistungs-Begabung gehört einigermaßen zwingend die Disziplin-Erwartung. Wer als nennenswert „begabt" gilt, darf pädagogisch zur Selbstdisziplin aufgefordert werden, ohne dass dies in den Verdacht geriete, „Druck" oder „Zwang" zu sein. Das ihm zuerkannte Gut der erhöhten Begabung zwingt den Schüler gewissermaßen selbst, verantwortlich, und das heißt diszipliniert, damit umzugehen. An Elite-Schulen besteht deshalb eine logische Wahrscheinlichkeit, dass Schüler als hinreichend in ihrer Persönlichkeit belastbare Subjekte betrachtet werden, bei denen es nur um die disziplinierte Weiterförderung der ohnehin schon vorauszusetzenden Talente geht.

Mit Blick auf oben bereits kurz angedeutete gesamtgesellschaftliche Entwicklungen der letzten Jahrzehnte erweist sich schulisches Elite-Selbstverständnis allerdings als zwieschlächtig. Wir haben bereits gesehen, dass einerseits der Respekt vor der klassischen „Hochkultur" sich in der Öffentlichkeit unter dem Druck von vielfachen Modernisierungsschüben nachdrücklich abgebaut hat. Andererseits können wir bereits aus der Tagespresse wissen, dass auch in den fortgeschrittensten Industrienationen die Einkommensschere zwischen Arm und Reich immer weiter auseinander geht. Das hat selbstverständlich Auswirkungen auf die gesellschaftsöffentlichen Vorstellungen von „Elite". Die aus dem 19. Jahrhundert stammende Verpflichtung der gesellschaftlichen Funktionseliten etwa politischer oder wirtschaftlicher Art auf die Förderung der Hochkultur löst sich auf. Je größer die Bedrohung durch Arbeitslosigkeit oder Altersarmut nicht nur kleiner Bevölkerungsteile, je geringer die Wertschätzung von „Bildung", die „sich nicht rechnet", umso selbstverständlicher bzw. verständlicher wird der Wunsch vieler, zur Einkommens-„Elite" zu gehören.

An jeder „Elite"-Schule wird das für Lehrer-Verhältnisse relativ hohe Studienratsgehalt von einem Großteil der dortigen Eltern um ein Vielfaches übertroffen. Das wissen auch die Schüler, selbstverständlich. Wer vermutet, solche Faktoren müssten noch keinen Einfluss auf die Schulkultur haben, geht von einem hohen pädagogischen Idealismus der betreffenden Lehrer aus. Aber wäre das realistisch – und insbesondere in einem Kollegium, das sich von gesellschaftsgängigen „Elite"-Vorstellungen bereitwillig abhängig macht?

Beispiel 2: Stellen wir uns die Schulkultur in einer normal kleinen großstädtischen Hauptschule vor! Die Lehrer sind hier in jeder Klasse mit Schülern alltäglich konfrontiert, die aus „problematischen" Elternhäusern stammen, von denen einige aber immerhin noch die Chance auf einen erweiterten Schulabschluss sich erhoffen, während andere dies bereits erfolglos fürs erste versucht haben, da sie „Absteiger" aus Realschulen sind. Bei einigen Schülern in jedem Jahrgang steht die Frage an, ob man sie vielleicht besser einer Förder- oder Sonderschule anvertrauen sollte. Einige werden vielleicht sogar ihre Anwesenheit dem Verweis von der benachbarten Hauptschule wegen besonderer Disziplinschwierigkeiten verdanken.

Mit einer gewissen Wahrscheinlichkeit kommt es an einer solchen Schule zu einer Schulkultur, in der das Kollegium sich selbst durch Familiarisierung und Ästhetisierung seiner Konferenzkultur am Leben zu halten versucht. Insbesondere wenn der Schulleiter dies fördert,[83] wird das Kollegium seine Zusammenkünfte in einer möglichst gemütlichen Atmosphäre mit einem reichlichen Angebot an Kaffee und Kuchen, womöglich mit Tischdecke und Blumenstrauß in der Mitte abhalten. Der entspannten Atmosphäre korrespondiert dann mit einiger Wahrscheinlichkeit auch eine gewisse Schwierigkeit, formale Regeln einzuhalten bzw. von Schulleiter-Seite durchzusetzen.

Was die Freiheit möglicher Äußerungen über Schüler betrifft, so wird diese groß sein. Es wird also Lehrer geben, die aus ihren alltäglichen Enttäuschungen wenig Hehl machen und die gelegentlich lautstark über die Schüler schimpfen. Es wird andere geben, die betroffen an das Leiden einzelner Schüler erinnern, indem sie z. B. auf häusliche Vernachlässigungen hinweisen. Es wird wieder

---

[83] Die folgenden Beobachtungen habe ich mehreren solcher Hauptschulen zu verdanken, die etwa 20 Kollegen stark waren und jeweils von einer Schulleiterin geleitet waren. Die beobachteten Familiarisierungs-Tendenzen mögen sich den Zufällen meiner Kontakte verdanken.

andere geben, die von ihren Schülern nur Gutes zu berichten haben – was die Durchführung anspruchsvoller und erfolgreicher eigener Unterrichtsprojekte mehr oder weniger nachdrücklich einschließt usw. Die entsprechende Schulkultur muss sich so eingespielt haben, dass jeder die Freiheit hat, auf seine Weise über seine Schüler zu berichten und sich dabei selbst darzustellen, und jeder erwarten darf, dafür in irgendeiner Weise Anerkennung zu finden.

Da die verschiedenen Weisen, über Schüler zu sprechen samt den jeweils dahinter stehenden Selbstbildern der Lehrer aber untereinander nicht immer vereinbar sind, muss auch der bei den Diskussionen mitlaufende Anspruch logischer Stimmigkeit und gedanklichen Fortschritts entsprechend abgemildert sein. So wird der Eine etwas sagen, worauf der Andere prinzipiell zustimmend reagiert, um dann möglichst unauffällig – zumeist assoziativ – sein eigenes Anliegen zur Sprache zu bringen usw. Bei den Beschlüssen, die in solchen Kollegien gefasst werden, wird es vermutlich eine hohe Zone von Unbestimmtheit geben, so dass kein Lehrer zu etwas genötigt wird, was er eigentlich nicht will.

Was dem Außenstehenden an solchen familiarisierend geführten Kollegien besonders auffallen mag, ist dass sich dort mit der Zeit Rollenzuweisungen abzuzeichnen pflegen, die tatsächlich an familiäre und großfamiliäre Konstellationen erinnern. Es scheint dann Lehrer zu geben, die sich vom elterlichen Schulleiter – in der symbolischen Rolle von Vater, Mutter, Oma oder Opa – besonders viel Aufmerksamkeit holen, vielleicht auch dadurch, dass sie der Schulfamilie äußere Ehre einbringen oder dass sie sich regelmäßig eine Sonderbehandlung herausnehmen; andere Lehrer werden in jeder Konferenz durchblicken lassen, dass leider höchstwahrscheinlich auf ihren Rat nun doch wieder nicht gehört wird oder dass sie ihrer Meinung nach überhaupt zu wenig Aufmerksamkeit finden usw.

Was der Außenstehende dann erfährt, ist eine seltsame Mischung von Unzufriedenheit und Zufriedenheit, weil die Einnahme von Familienrollen niemanden wirklich zufriedenstellt, aber doch biographisch vermittelte Vertrautheiten schafft. Sieht man noch etwas genauer hin, wird die Freiheit der Rede über die Schüler dann doch eingeschränkt durch die Rollenverteilung in der kollegialen Großfamilie mit ihren unterschiedlich prestigeträchtigen Rollen.

Beispiel 3: Stellen wir uns das Kollegium einer großen Gesamtschule vor, die zeitgleich mit der Glocksee-Schule, also Anfang der 70er Jahre, in einer größeren Stadt gegründet wurde. Das Kollegium ist unübersichtlich groß, es umfasst mehr als 120 Kollegen. Damit sich die Lehrer sozial orientieren können, bedarf es der Untergruppierungen, etwa nach dem Jahrgangsprinzip. Die Gefahr, dass einzelne Gruppen relativ eng und andere nur locker kooperieren, während eine Reihe von „Einzelkämpfern" nirgendwo integriert wird, ist kaum zu vermeiden. Würde es bei den Großkonferenzen gemütlich zugehen wie in der Hauptschule, kämen nahezu gar keine Beschlüsse zustande, soll Letzteres geschehen, muss eine straffe Konferenzkultur mit gut vorbereiteten Tagesordnungspunkten etabliert sein. Das verlangt u. a. hinreichend differenzierte Vorab-Informationen für alle Beteiligten. Man stelle sich die Zahl der jeweiligen Beschlussanliegen vor: die nach Möglichkeit allen Lehrern vertraut sein sollten, häufig aber nur einen Teil betreffen.

Zu den pädagogischen Leitvorstellungen aus der Schulgründungszeit zählten allerdings neben der Forderung der Öffnung von höheren Bildungsabschlüssen für bildungsfernere Bevölkerungsgruppen auch Vorstellungen von freiheitlichem Lernen, die teilweise Absage an das gängige Leistungsprinzip und durchaus auch die Ablehnung bürokratie-ähnlicher Umgangs- und Organisationsformen im pädagogischen Kontext. Aus nahe liegenden Gründen tendieren Lehrer dazu, ihr eigenes Handeln an ihren offenen oder verdeckten pädagogischen Leitvorstellungen auszurichten – und umgekehrt. Im Fall eines solchen schulischen Großsystems mit der angedeuteten ursprünglichen pädagogisch-politischen Einstellung ist demnach mit bestimmten Problemen vorhersehbar zu rechnen. Damit sich bei einer Abneigung gegen bürokratische Organisationsformen überhaupt ein kollegialer Zusammenhalt und eine hinreichend hohe Arbeitsfähigkeit einspielen können, bedarf es eines pädagogisch-politischen Grundoptimismus und eines beträchtlichen kollektiven Idealismus. Ersterer ist von der gesellschaftlichen Gesamtsituation hochgradig abhängig, Letzterer lässt sich nur unter sehr günstigen Bedingungen in der Schulgründungszeit mobilisieren und dann über Jahre hinweg aufrecht zu erhalten.

Rechnet man zu den unzweifelhaften Erfolgen der Gesamtschul-Bewegung die Öffnung höherer Schulabschlüsse für neue Bevölkerungsgruppen oder insgesamt eine Liberalisierung des Verständnisses angemessenen pädagogischen Umgangs mit Heranwachsenden, so haben diese Ziele sich rasch normalisiert und sind dann im Zuge von Globalisierungsfolgen – etwa der in den 80er Jahren einsetzenden Massenarbeitslosigkeit – in ihren positiven Wirkungen von neuen Anforderungen öffentlich überlagert worden. Dem politischen Veränderungsoptimismus der späten 60er und frühen 70er Jahre folgte eine Ernüchterung, die sich vor allem auf die Hoffnung negativ auswirkte, mit schulischen Mitteln zu einer Selbsthumanisierung der Gesellschaft beitragen zu können. Während sich den Gesamtschulen – ähnlich wie der Glocksee-Schule – der gesellschaftspolitisch förderliche Hintergrund schleichend entzog, ließ die bald einsetzende gesellschaftsöffentliche Propagierung von individueller Leistung unter verallgemeinerten Wettbewerbsbedingungen die ursprünglichen pädagogischen Leitvorstellungen der reformorientierten Gesamtschulpädagogik zunehmend als naiv bzw. veraltet erscheinen.

Das bedeutete keineswegs das Ende der Gesamtschul-Pädagogik – sie lud ihre Bedeutung nun allerdings neu und für ihre eigenen Verfechter fremdartig auf. Ihr pädagogisches Versprechen, unter freiheitlichen schulischen Bedingungen einer maximalen Zahl von Schülern die Möglichkeit hoher Schulabschlüsse zu sichern, machte sie im Zuge der allgemein gestiegenen Leistungserwartungen an Heranwachsende neuartig interessant. Viele Gesamtschulen haben da, wo sie überhaupt eingerichtet wurden, in den letzten Jahren hohen Zulauf. Diesen können sie aber realistischer Weise nicht mehr der Lebendigkeit gesellschaftspolitischer Reformvorstellungen verdanken – sie ziehen ihre Attraktivität vielmehr zur Hauptsache aus Aufstiegswünschen und -ängsten breiter Elternschichten, aus Motivationslagen also, die ihren ursprünglichen Leitideen der 70er vollständig fremd waren.

Hinzu kommt ein weiterer Faktor. Eine freiheitliche Pädagogik setzt häusliche Aufwachsbedingungen voraus, die den Schülern im Kindesalter hinreichend psychischen Halt und eine grundsätzliche Akzeptanz der neuzeitlich-demokratischen gesellschaftspolitischen Leitziele mit auf den Weg gegeben haben. Im Zuge der Bevölkerungsentwicklung seit den 70er Jahren hat sich jedoch die familiäre Betreuung in Segmenten der „Neuen Armut" verschlechtert, während sich zugleich die Zahl von Migranten aus traditionalistischen Kulturen beträchtlich erhöht hat. Diese weisen im Regelfall autoritäre, männlich dominierte Züge auf, die sich eher an Vorstellungen von hierarchisch gestufter „Ehre" als von „Würde" aller orientieren.

Gesamtschulen können aufgrund ihrer ursprünglichen pädagogischen Leitziele ein bevorzugter Anlaufpunkt von Bevölkerungsgruppen werden, die sich beruflichen Aufstieg ihres Nachwuchses wünschen, ohne diesen mit hinreichend hohem „kulturellem Grundwissen" ausgestattet zu haben. Dadurch kann sich die alltägliche Arbeit der Lehrer ungemein erschweren. Die pädagogische Betreuung extrem leistungsinhomogener Lerngruppen erfordert ohnehin eine beträchtliche Differenzierungs-Mehrarbeit. Von der Schwierigkeit der pädagogischen Förderung von Schülern, die demokratiefremd erzogen wurden, war schon die Rede.

Wenn sich an Schulen Disziplinprobleme mit Schülern häufen, kann sich das schnell in der Kommune herumsprechen. Es bedarf nicht einmal schwacher Inspektions-Ergebnisse, damit dann das öffentliche Prestige der Schule sinkt – mit der Folge, dass erzieherisch stärker engagierte Eltern ihre Schüler an Schulen mit höherem Leistungsprestige anmelden. Gesamtschullehrer können demnach für ihr politisch-pädagogisches Mehrengagement durch schwieriger gewordene Arbeitsbedingungen einerseits bei gleichzeitigem Nachlassen der öffentlichen Anerkennung oder sogar Entzug der bildungspolitischen Unterstützung andererseits bestraft werden.

Nehmen wir für unser Beispiel methodisch an, die entsprechende Gesamtschulkultur sei vom Kollegium selbst im Zusammenwirken mit der Schulleitung nicht rechtzeitig und kontinuierlich den massiven Veränderungen der gesellschaftlichen Veränderungen angepasst worden – was jedenfalls eine weitere schulorganisationserforderte Kraftanstrengung bedeutet hätte! Die Wahrscheinlichkeit ist dann groß, dass die Abgrenzungen gegenüber den immer fremder gewordenen öffentlichen Diskussionen samt den Enttäuschungen über das eigene Unverstanden-Sein mit der Zeit in das Kollegium selbst „eingewandert" sind.

Insbesondere solche Lehrer, die sich in der emotional aufgeladen Anfangssituation der Schule besonders begeistert engagiert haben, werden später dazu neigen, einigen neuen Kollegen die Schuld für das relative Scheitern der hochgesteckten pädagogischen Erwartungen zu geben. Warum? Erstens sehen sie, dass diese nicht so begeistert ihren Dienst antreten wie sie es selbst einst taten; sie unterschätzen dann den Gruppenfaktor, der noch ihr eigenes Engagement mitstimulierte und der den neuen Kollegen nicht mehr entgegen kommt. Und zweitens hat die Schuldzuweisung den psychologischen Vorteil, dass man an der Gültigkeit des alten Leitideals nicht zweifeln muss. Man hat dann noch im Scheitern recht. Innerkollegiale Abgrenzung mit bisweilen aggressiven Zügen kann helfen, eigene Deprimiertheiten nicht spüren zu müssen.[84]

Beispiel 4: Stellen wir uns abschließend nur ganz kurz eine Förderschule für Lernbehinderte vor! An solchen Schulen entwickeln viele Lehrer, mitbedingt schon durch die Kleinheit der Lerngruppen, ein besonders enges Verhältnis zu ihren Schülern. Die Arbeit der Lehrer ist vom Gefühl eines großen pädagogischen Freiraums einerseits und eines vergleichbar großen öffentlichen Desinteresses an der geleisteten Arbeit andererseits bestimmt. Für viele Lehrer ist der Gedanke, ihre Schüler aus dem Schutzraum Schule in eine Erwachsenenwelt zu entlassen, für deren Konkurrenzbedingungen diese zumeist keine günstigen oder nicht einmal die notwendigen Voraussetzungen werden erbringen können, eine bittere Perspektive. Der anfängliche Berufswunsch, Kinder zu unterstützen, die es besonders nötig haben, drängt viele dieser Lehrer – je engagierter umso mehr

---

[84] Gesamtschulen haben der innerkollegialen pädagogischen Verständigung einen hohen Stellenwert beigemessen. Es spricht viel dafür, dass innerkollegiale Verständigungsmöglichkeiten durch das außerschulische Verständnis für pädagogische Belange stark beeinflusst werden. Dies gilt nicht nur für Gesamtschulen.

– in eine Übernahme der Außenseiterrolle, also in ein gesellschaftliches Außenseiter-Bewusstsein, wie sie ihrer Klientel ganz naturwüchsig zuzukommen scheinen.[85]

5.6 Angewiesenheit auf Schulkultur

Treten wir nun ein wenig zurück, so dass wir die Beispiele besser überblicken können! Sie sollten zunächst die unerhörte Breite der zeitgenössischen Schulpädagogik und damit auch das entsprechend große Spektrum des mit dem Lehrerberuf Gemeinten zeigen. Sie ergeben sich schon im Hinblick auf die unterschiedlichen Schulformen, die von gesellschaftlichen Veränderungsschüben der letzten Jahrzehnte jeweils äußerst unterschiedlich betroffen sind. Man darf vermuten, dass viele Lehrer im Laufe ihrer Berufskarriere, insbesondere dann, wenn sie ihre tägliche Arbeit wichtig und ernst nehmen, die einzelschulischen und schulformbedingten Besonderheiten ihrer Tätigkeit im Vergleich zu vielen anderen Kollegen kaum einschätzen können, weil sie deren Aufgabenbereich keineswegs besser kennen als interessierte Nicht-Lehrer.

Man kann sagen, analog zu den Driftentwicklungen bei Armut und Reichtum in den letzten Jahrzehnten, dass die verstärkte öffentliche Wertschätzung elitärer Bildungseinrichtungen von denjenigen gebüßt wird, die nicht in den angesagten Hinsichten konkurrenzfähig sind. Man darf vermuten, dass die von bestimmten gesellschaftspolitischen Kräften und Lobbys befürwortete Frühzeitigkeit der Segregation der Schülerströme in unterschiedliche Schulformen Privilegien der Klientel sichern helfen soll, der man selbst nahe steht. Sie verstärkt nicht nur das Driften der Schulkulturen, sondern trägt zugleich dazu bei, dies in der Tendenz für die Lehrer selbst erfolgreich zu verdecken. In einem Lehrbuch zu „dem" Lehrerberuf ist noch einmal nachdrücklich an solche Sachverhalte zu erinnern.

Sodann lässt sich sagen, dass unsere zwischenzeitige Leitfrage, wie Lehrer sich mit kollegialer Hilfe lebendig halten können, einige bemerkenswerte Ant-

---

[85] Eine Schulleiterin erklärte mir anlässlich einer Schulleiterweiterbildung, an ihrer Schule seien sich Lehrerinnen und Lehrer einig, ihre Schüler möglichst lange im Schonraum Schule zu halten. Die meisten von ihnen seien aber bezüglich der Zukunft ihrer Schüler (wörtlich) „so verzweifelt", dass man das Thema in den Konferenzen gar nicht ansprechen dürfte. Mehrere andere anwesende Schulleiterinnen von Sonder- bzw. Förderschulen stimmten dieser Feststellung im Blick auf ihr eigenes Kollegium zu.
Kurz zuvor hatte sich der zuständige Kultusminister die erfolgreiche Entideologisierung der Schulen des Landes per Durchsetzung des Leistungsprinzips bescheinigt.

worten, zumindest der Tendenz nach, bereithält. Halten wir noch einmal fest, dass Lehrer normaler Weise auf einen gewissen psychischen Rückhalt in ihrem jeweiligen Kollegium angewiesen sind – so wie umgekehrt jenes seine Kohärenz aus diesem Angewiesensein bezieht. Offenbar ist aber die Art und Weise des psychischen Rückhalts je nach Kollegium äußerst unterschiedlich.

Wenn wir nun vom „Elite"-Gymnasium her denken, dann hat sich unsere erste spontane Vermutung, dass das Arbeiten dort und die Teilnahme an der Schulkultur per se den höchsten Aufwertungseffekt für das berufliche Selbstbewusstsein der Beteiligten aufweisen müsse, nur teilweise als zutreffend erwiesen. Zwar spricht alles dafür, dass die Leitweisheit gewisser Politiker, „Leistung müsse sich lohnen", wobei „Leistung" zunehmend durch diejenigen definiert wird, die es zu den höchsten Entlohnungen bringen, nirgendwo im Schulbereich eher zutrifft als hier. Der relativ günstigen Honorierung von Gymnasiallehrern stehen eine besonders leistungsfähige Klientel und das korrespondierende Prestige der jeweiligen Einzelschule als Ganze gegenüber. Dass die schulkollektive Aufwertung des persönlichen beruflichen Selbstwerterlebens im kollegialen Kontext mit hoher Wahrscheinlichkeit deutliche psychische Nebenwirkungen mindestens für einen Teil der Lehrerschaft und wahrscheinlich den „normalen" haben wird, habe ich oben skizziert. Kollektive Fixierungen auf elitäre Leistungsfähigkeiten bevorzugen ohnehin nicht automatisch die Leistungsfähigsten oder wirklich starke Persönlichkeiten, sondern, wie wir aus alltagsweltlicher Erfahrung vermuten, eher diejenigen, die von sich selbst am meisten überzeugt sind.

Was jede leistungsfixierte Schule ihren Schülern als Dauerfrage zumutet – den Selbstzweifel: reicht meine Leistungsfähigkeit, reicht meine Begabung für diese Schule? – wandert dann in das Kollegium selbst ein und bestimmt die dortige Schulkultur mit. Den Selbstzweifel offen zuzugestehen, dazu gehört viel Zivilcourage, mehr jedenfalls als wir als Normalfall erwarten sollten. Fassen wir alles zusammen, so ergibt sich ein seltsamer Zirkel. An „Elite"-Schulen sind es zunächst die Lehrer, die den entsprechenden Anspruch erheben bzw. aufrecht erhalten. Sie bestimmen damit den Fokus der zulässigen Schülerwahrnehmung und sie bestimmen diesen höchst selektiv. Nicht nur das: Dadurch, dass sie ihr Schülerbild relativ eng und rigoros festlegen, legen sie auch schon die zulässigen Lehrer-Schüler-Beziehungen fest, und zwar so, dass deren Beziehungscharakter als solcher tendenziell nicht mehr erscheinen muss.

Mit Schülern haben Lehrer an „Elite"-Schulen deshalb im Prinzip kaum Probleme. Sind diese leistungsfähig, können sie leicht und mit klarem Wissens-Bezug mit ihnen arbeiten. Die Schüler können mit Verweis auf ihre erhöhte

Begabung jederzeit auf die Verpflichtung verwiesen werden, sich im eigenen Interesse selbst zu disziplinieren. Erweisen sie sich nicht als hinreichend leistungsfähig, werden sie an die nächstniedrige Schulform bzw. ein Gymnasium mit geringerem Leistungs-Anspruch weitervermittelt. So weit, so bequem.

Unbequem ist allerdings der Rückschlag der Anforderungen an die Schüler auf die Lehrer selbst. Nehmen wir also an, dass die Fokussierung auf vorzeigbare Leistungen und die Abblendung persönlicher Schwierigkeiten eine Dauerbelastung für „normal" empfindende Lehrer an solchen Schulen werden können.

Am anderen Extrem der Schulkultur-Skala stehen exemplarisch die Gesamtschule einerseits, die Förder- bzw. Sonderschule andererseits. Die Gesamtschule repräsentiert deshalb ein Extrem, weil ihre möglichst weit gehende Absage an das gängige Leistungsprinzip an Schulen, an Selektion und Segregation – geschweige denn Ziele der „Elite"-Bildung – kein Nebeneffekt der hier gewollten Pädagogik war, sondern bereits programmatisch ihre Hauptabsichten kennzeichnete. Was wir allgemein feststellten, dass die traditionelle „Bildung" durch den Niedergang der Wertschätzung einer „Hochkultur" in die Krise geriet, gilt für die mit „Emanzipations"-Absichten angetretene Gesamtschulpädagogik auf ihre Weise auch. Sie erfreut sich heute großer Nachfrage aus Motiven, die ihren Gründungsabsichten teilweise direkt widersprechen.

Sich einer Bewegung mit großer innerer Begeisterung und Überzeugung verschrieben zu haben, die dann aus äußeren Gründen oder sogar, was weit schmerzlicher ist, aus eingestandener Maßen auch inneren Gründen gescheitert ist, ist bitter, zumal man dann seinen alten politisch-pädagogischen Gegnern, die „es" schon vorher „besser gewusst haben" aspektweise Recht geben muss.

Die Schulkultur an einer Förderschule hat mit der an einer normalen Gesamtschule durchaus Gemeinsamkeiten. Die Förderschule war immer schon denjenigen Kindern zugewandt, deren Karrierechancen unter den bestehenden gesellschaftlichen Verhältnissen als unbezweifelbar beeinträchtigt betrachtet wurden. Die Förderschule versuchte, durch gezielte individualisierte Förderung in kleinen Lerngruppen die Startchancen ihrer Absolventen zu verbessern. Die Gesamtschule trat hingegen ursprünglich an, um zu zeigen, wie viel kreatives Potential der Gesellschaft aus relativ großen Bevölkerungsgruppen zugeführt werden könne, wenn man nur die schulorganisatorischen Einengungen überwinde. Die prinzipielle Gemeinsamkeit beider Schulformen heute, die im Übrigen auch für die Hauptschule gilt, ergibt sich durch die neuerliche gesamtgesellschaftliche Wertschätzung von Leistungskonkurrenz, durch die ihre eigentlich pädagogischen Leistungen ins Abseits der öffentlichen Wahrnehmung geraten.

Nach den mir vorliegenden Schulleiter-Berichten ist eine wichtige Funktion der Schulkultur einer normalen Förderschule die Verhinderung eines Abgleitens in eine vielleicht unmerklich beginnende kollegiale Dauerdepressivität, die sich mit resignativen Elementen mischt. Dies ist allerdings differenzierungsbedürftig, denn die für lebendige Lehrer charakteristische Fähigkeit, zu ihren Schülern in verlässliche Beziehungen einzutreten, scheint an Förderschulen nicht nur erleichtert, sie scheint nach meinen persönlichen Erfahrungen auch tatsächlich bei vergleichsweise vielen Lehrern deutlich entwickelt. Man muss dabei bedenken, dass Sonderschullehrer sich als Studenten bewusst für diese Schulform entschieden haben. Eine erhöhte Unabhängigkeit von gesellschaftlich-konventionellen „Leistungs"-Vorstellungen ist bei ihnen im Vorhinein anzunehmen. So können sie aus ihrem Unterricht selbst Schüler-Resonanzen beziehen, die durch die Kleinheit der Schülergruppe, das Zurücktreten von Leistungszwängen und – nicht selten – die besondere Angewiesenheit der Schüler auf Zuwendung erleichtert bzw. ermöglicht sind.

Das Problem ist dann die Zukunftsperspektive der Schüler, die sich für die Lehrer als deutlich erhöhte Neigung zu echtem Trennungsschmerz immer wieder berufsbegleitend erfahrbar macht. Die verdüsterte Zukunft liegt dann als Schatten auf der Schulkultur, die gewissermaßen ihre Kraft exklusiv aus dem Hier und Jetzt ziehen muss. Das aber ist etwa bei manchen auch verhaltensgestörten Schülern trotz günstiger schulischer Rahmenbedingungen nur begrenzt möglich.

Halten wir am Extrembeispiel der Sonderschulen einen äußerst wichtigen Gesichtspunkt fest! Schulpädagogik bedarf, so wie jeder Lehrer und jede Schulkultur, gesellschaftlicher Rahmenbedingungen, die ihren Schülern Aussicht auf eine Zukunft unter menschenwürdigen Bedingungen eröffnet, so wie sie es selbst zu tun versucht. Damit Lehrer Schüler wirklich pädagogisch fördern können, müssen sie zu ihnen in eine Beziehung treten können. Diese müssen sie aber auch später wieder loslassen können und loslassen dürfen. Das aber können sie nur dann unbefangen, wenn ihre Schüler einer Zukunft mit fairen Chancen entgegen gehen.

Blicken wir auf die Schulkultur von Hauptschulen, deren Kollegiumsumgang ich oben als familiarisierend dargestellt habe, dann zeigt sich zunächst eine Gemeinsamkeit mit den Sonderschulen. Die prognostische Schwierigkeit der Schülerklientel schlägt in die Schulkultur durch, ebenso wie die bereits zur Bearbeitung andrängenden Probleme zwischen der Bedrohung durch weiteren Abstieg und die Hoffnung doch noch möglichen Aufstiegs. Bieten die Aufwachswelten den betreffenden Schülerpopulationen im Allgemeinen zu wenig Unterstützung, so muss die jeweilige Schulkultur zunächst den Lehrern Halt bieten, damit sie hier pädagogisch-kompensativ tätig werden können. Das schulkulturelle Bewusstsein, dass die eigenen Schüler eher in den Randbereichen einer Leistungsgesellschaft zu verorten sind, macht prinzipiell eine ungeschminkte Bestandsaufnahme des damit verbundenen pädagogisch-beruflichen Gestaltungsraums der Lehrer möglich: einschließlich der sich zugleich eröffnenden Beziehungsansprüche, Beziehungschancen – und Beziehungsprobleme.

Es mag auf den ersten Blick verblüffend sein: Die schulkulturell eröffnete Wahrnehmung von Lehrer-Schüler-Problemen wird an jeder „normalen" Hauptschule heute differenzierter sein als an jeder „Elite"-Schule, und das gilt selbstverständlich auch für den Realismus des Blicks auf die außerschulische Lebenslage von Schülern. So gesehen ist das pädagogische Bewusstsein auch komplexer; „Elite"-Schulen, so hatten wir oben gesehen, versuchen sich die Erhöhung ihrer pädagogischen Leistungen durch das organisatorische und schulkulturelle Außer-Kraft-Setzen widriger Ausgangsbedingungen zu erleichtern, ganz gleich ob diese möglicherweise anderswo als „normal" betrachtet würden.

Die schulkulturell zugelassene hohe Komplexität des pädagogischen Selbstbewusstseins der Lehrer hat, wie der Hinweis auf Familiarisierungs-Tendenzen andeuten sollte, ein gravierendes Problem im Gefolge. Die Lehrer werden angesichts des ihnen alltäglich erfahrbar gemachten Problemdrucks der Schüler bis in die eigenen Probleme ordentlichen Unterrichts hinein selbst verstärkt halt- und resonanzbedürftig. Die Widersprüche und ungeklärten Problemlagen im Alltag ihrer Klientel wandern dann so in die Schulkulturen ein, dass diese zusätzliche Ansprüche an Verständnis, Geborgenheit und Hilfe zur Problembearbeitung bieten müssen.

Wie ich oben an den extrem stilisierten Beispielen zu zeigen versuchte, sind damit aber viele Schulkulturen überfordert. Die Gefahr besteht, dass emotional verunsichernde Konstellationen mit schwierigen Schülern dann eher ins kollegiale Miteinander einwandern als dass sie dort erfolgreich bearbeitet werden können.

Das Gemeinsame der vier skizzierten Schulkulturen war, dass es in ihnen um die besondere pädagogische Förderung besonderer Schüler gehen sollte – so oder so. Dass es den jeweiligen Schulkulturen ohne weiteres möglich ist, die Lehrer wirklich lebendig zu halten, indem ihnen Sprache und Raum für eine angemessene Darstellung ihrer alltäglichen Schwierigkeiten mit Schülern gegeben wird, scheint nach dem Dargelegten nur eingeschränkt möglich. Wenn dies aber schon auf die (so oder so) besonders engagierten Schulen zutrifft – wie soll es dann um Schulen bestellt sein, die sich mit Schülern unter Normalbedingungen bzw. Normalitätsannahmen befassen? Oder verhält es sich gerade umgekehrt, so dass Letztere günstigere Bedingungen der Entwicklung einer befriedigenden Schulkultur aufweisen?

Hinzu kommt noch etwas Anderes. Damit Lehrer hinreichend differenziert und berufsangemessen über Schüler sprechen können, bedürfen sie einer differenzierungsfähigen Sprache, die sie selbstverständlich auch gelernt haben müssen. In ihren Schulkulturen finden die Lehrer sehr unterschiedliche Sprachtraditionen vor, von denen wir annehmen müssen, dass sie binnen kurzem die praxisenthobenen Sprachgepflogenheiten der beiden Ausbildungsphasen modifiziert, vielleicht sogar weitgehend ersetzt haben werden.

6 Systematische Analyse der Lehrertätigkeit

6.1 Zwischenüberlegung

Wir haben uns zum Beginn unseres Nachdenkens mit einigen terminologischen Besonderheiten des Lehrerberufs beschäftigt, den es als solchen ja nur bedingt gibt. Das nächste Hauptthema stellte die Abhängigkeit jeder Schulpädagogik von ihren gesellschaftlichen Rahmenbedingungen dar – die ihre Vertreter selbst in der Konzentration auf ihre jeweilige Praxis und deren aktuelle Anforderungen zu unterschätzen pflegen. Es zeigte sich, dass die gesellschaftlichen Veränderungen im letzten halben Jahrhundert so tiefgreifend gewesen sein müssen, dass sich das öffentliche Verständnis des mit Schulpädagogik Gemeinten beträchtlich gewandelt hat und zwar mindestens zwei Mal schubartig. Die Alternativpädagogik der frühen 70er Jahre wäre in den 50ern nicht vorstellbar und durchsetzbar gewesen, und in den 90ern war sie es auch schon nicht mehr. Zugleich hat sich die öffentliche Wertschätzung einer klassischen „Hochkultur", die sich im 19. Jahrhundert unter nationalen Vorzeichen gebildet hatte, in weiten Bevölkerungsteilen abgebaut. Währenddessen hatte sich im Gefolge der Bildungsreformen der 70er Jahre die Zahl der Absolventen höherer Bildungsabschlüsse in einem historischen Quantensprung vervielfacht.

Geprügelt wird an unseren Schulen längst nicht mehr. Die inzwischen erfolgte Sensibilisierung für die Bedürfnisse Heranwachsender findet allerdings eine naturwüchsige Grenze durch so genannte Sachzwänge. Allenthalben ist die Rede vom Bedarf eines „Wirtschaftsstandorts" wie Deutschland an „Bildung", die ihrerseits sich letzten Endes an ökonomischer Leistungs- und Durchsetzungsfähigkeit im globalen Wettbewerb bemessen soll. Der Leistungsnötigung in den Schulen hilft als verschwiegene und umso wirksamere Motivation für die Schüler die Drohung von zukünftiger Arbeitslosigkeit und Armut nach.

Kurzum: Die Schulpädagogik hat sich im Gefolge gesellschaftlicher Wandlungsschübe in einem Maß verändert, das 1955 niemand hätte voraussehen können, und 1975 wohl auch noch nicht. Wollte sie sich in ihren auf „Emanzipation" und „Selbstregulierung" setzenden Varianten zwischenzeitlich noch den gesellschaftlichen Vorgaben entwinden, um diesen humanere Zielperspektiven vorzugeben, so ist sie inzwischen längst wieder von jenen überholt worden. Der Prozess der Modernisierung der Schulpädagogik durch ihre Unterwerfung unter ökonomische und betriebswirtschaftliche Gesichtspunkte scheint noch immer nicht an sein Ende gekommen zu sein – obwohl seit Allerneuestem – ich verfasse diesen Text Anfang 2009 – von politischer Seite über Zähmungsmöglichkeiten einer aspektweise zu offenkundig asozialen und zukunftsgefährdenden kapitalistischen Finanzwirtschaft nachgedacht wird.[86]

Reale gesellschaftliche Rahmenbedingungen bestimmen die Pädagogik ebenso wie kulturelle gesellschaftspolitische Selbstverständnisse. Diese können sich entwickeln und sie tun es tatsächlich. In unseren Überlegungen geht es dabei immer auch um die Frage, ob es der Pädagogik gelingen mag, humanisierend auf die gesellschaftsöffentliche Kultur einzuwirken oder ob sie sich für deren jeweils durchsetzungskräftigste Fehltendenzen funktionalisieren lässt. Wir haben gesehen, dass diese klare Frage in der politischen Realität wie in der schulpädagogischen Praxis selten klar zu beantworten ist. Wo sie allerdings bereits als Frage unbeachtet bleibt – hierfür gibt es seit Jahren deutliche Tendenzen – verrät sich die falsche Antwort selbst.

Wir hatten von dieser Eröffnung aus über die schwierige Vermittlung von Inhalten an die Schüler nachzudenken. Jedem Wissen, um das es in der Schule geht, muss ein kulturelles Grundwissen zugrunde liegen, das der Lehrer, indem er sich unterrichtlich engagiert, zugleich in seiner sozialen Sinnhaftigkeit erfahrbar macht. Ist das Zentrum der Tätigkeit des Lehrers die vielfältige unterrichtliche Begegnung, dann stellt sich die Frage, wie er sich seine Lebendigkeit sichert. Er bedarf, wie wir gesehen haben, der berufsbegleitenden Selbstreflexion, die sich als emotional bedeutsames soziales Geschehen entpuppt und nicht als das, was sie vom Wortlaut her zu sein scheint: nüchterne kognitive Selbstspiegelung eines auf sich selbst gestellten, isolierten Individuums. Lehrer sind auf ihre kollegialen Schulkulturen angewiesen; welche Möglichkeiten aber auch Schwierigkeiten darin stecken, sollte an den vier Beispielen deutlicher werden.

Welchen Problemen sollte unsere weitere Argumentation nachgehen? Eine besonders wichtige Frage hat sich im letzten Kapitel aufgetan. Lässt sich eine berufsleben-lange Lebendigkeit der Lehrer sichern oder wenigstens unterstützen oder zumindest besser unterstützen als das bisher üblich ist? Die Frage lenkt unsere Aufmerksamkeit direkt in das Feld der gängigen Lehrerausbildung und, wie wir andeutungsweise gesehen haben, in die berufsbegleitende Lehrerweiterbildung. Unweigerlich stellt sich die Frage, wie die neueren Entwicklungen in der hochschulischen Lehrerausbildung oder der verstärkten politischen Schul-

---

[86] Die entsprechenden Vorschläge kommentiert und kritisiert Hengsbach (2009). Vgl. auch Altvater (2009)

entwicklungsbemühungen auf dem Hintergrund unserer Erörterung zu beurteilen sind.

Scheinbar bloß theoretisch, in Wirklichkeit aber eminent praxisrelevant ist die Frage, welches der ursprüngliche Sinn der neuzeitlichen Schulpädagogik eigentlich sein sollte. Diesen bildungsphilosophische Sinn haben wir ansatzweise in der Berufsmotivation engagierter Lehramtstudierender als wirksam vorausgesetzt. Er wurde deshalb dem Argumentationsgang dieses Lehrbuchs methodisch zugrunde gelegt. Der Streit um diesen Bildungssinn wurde am Beispiel zweier Extrempädagogiken exemplarisch-skizzenhaft dargestellt. Es zeigte sich nebenbei, dass in der Pädagogik auf Begriffsbedeutungen zu achten wichtig ist. So bedienen sich die aktuellen Modernisierungsbestrebungen der Pädagogik von politischer und wirtschaftlicher Seite des klassischen „Bildungs"-Begriffs, der nach dem terminologischen Kahlschlag der Antiautoritären nun offenbar zu weitgehend sinnentleerter Benutzung bereitsteht.

Wenn wir hingegen wie vorgeschlagen den geistesgeschichtlichen Verweisen eines Autors wie Charles Taylor folgen, sollten wir die ursprünglichen Bedeutungsdimensionen aus der Entstehungszeit des „Bildungs"-Begriffs in Erinnerung rufen: mit der Absicht, dann besser zu verstehen, was wir als Pädagogen eigentlich wollen und was wir besser nicht wollen sollten.[87] Eine solche „theoretische" Anstrengung wäre im Endeffekt äußerst „praktisch", weil wir dann besser wüssten, was uns als Lehrer wirklich und nicht nur scheinhaft bzw. vorübergehend bewegt.

Was in der Pädagogik „theoretisch" und was „praktisch" sei, ist, wie sich nebenbei wieder zeigt, nicht immer auf Anhieb gut zu entscheiden. Ich habe oben mehrfach angedeutet, dass bestimmte Vorstellungen einer rezepthaft anwendbaren Pädagogik, wie sie in der Lehrerausbildung häufig vertreten werden, üblicher Weise als „praktisch" gelten, in Wirklichkeit aber abstrakte – und schlechte, weil zu simple – „Theorie"-Konstrukte sind. Falsche Begrifflichkeiten können also die Wahrnehmung des Gemeinten nachhaltig mitbestimmen. Wer etwa unbedarft von „Selbstreflexion" redet, könnte am Ende meinen, sie bedürfe lediglich seines subjektiven guten Willens, um jederzeit von ihm erfolgreich in Gang gesetzt zu werden. Um ein anderes wichtiges Beispiel zu nennen: Wer meint, „Bildung" sei an abfragbarem Wissen oder individuellen „skills" messbar, wird versuchen, sie organisatorisch am Muster einer ingenieurshaften Weltbewältigung auszurichten.

---

[87] Das war Wolfgang Klafkis Vorschlag schon Mitte der 80er Jahre: Klafki (1996), vgl. auch Hentig (1996). Ich habe eine Rekonstruktion an anderer Stelle versucht, vgl. Ilien (2008), S. 111-174

In durchaus praktischer Absicht wird im Folgenden versucht, aus dem Dargelegten ein Strukturmodell des Lehrerhandelns abzuleiten.

6.2 Vom Didaktischen Dreieck zum Lehrviereck

Will man das bisher Erarbeitete in ein Strukturmodell eintragen, dann erscheint wieder eine graphische Darstellung hilfreich, und es bietet sich auch wieder das Didaktische Dreieck an. Allerdings gibt es zwei wichtige Einschränkungen.
Zunächst darf man das Didaktische Dreieck im Folgenden nicht aus der Perspektive eines neutralen Beobachters sehen und verstehen wollen, der etwa, nachdem er lange genug Unterricht beobachtet hat, feststellt, dass es dort immer einen Lehrer, eine Schülergruppe und irgendeine inhaltliche Thematik gibt. Das ist zwar zutreffend, aber im Folgenden interessiert uns das Didaktische Dreieck ausschließlich aus der Perspektive des handelnden Lehrers selbst. Diese Perspektive geht nun nach dem oben Dargelegten niemals nur auf Schüler und Inhalte, sondern bezieht immer auch sich selbst als handelnde Person ein.

Der zweite Einwand ist bereits inhaltlicher Art, und kann hier nur angekündigt werden. Das Didaktische Dreieck ist nur flächig, also zweidimensional angelegt. Wir benötigen aber noch eine dritte, eine Tiefen-Dimension, die sich im Prinzip durch unterschiedliche Ebenen dessen ergibt, was wir mit Unterrichtsinhalten sinnvoll meinen können. Denn die Inhalte sind, wie sich bereits mehrmals andeutete, sehr unterschiedlicher Art. Damit ist nicht gemeint, dass sie in verschiedenen Fachgebieten liegen – etwa Englisch, Physik oder Erdkunde/Geographie – sondern dass sie sich auf unterschiedlichen logischen Ebenen bewegen. Eine bildungsphilosophisch bedingte Unterscheidung wurde oben bereits zwischen inhaltlichem Wissen und kulturellen Grundwissen vorgenommen. Insofern arbeiten wir von Anfang an bereits mit zwei unterschiedlichen Lehr-Lern-Ebenen.

Beginnen wir, bevor wir uns den Ebenen zuwenden, noch einmal mit dem Blick auf das flächige Didaktische Dreieck. Dessen drei Ecken – Lehrer, Inhalte, Schülergruppe – haben sich im Zuge unseres genaueren Nachdenkens auf komplizierte Weise als miteinander verschränkt erwiesen. „Inhalte" etwa stehen für sich, aber sie sind doch für unsere gesellschaftliche Kultur als bedeutsam ausgewählt, und diese Bedeutsamkeit wird ihnen in den Augen der Schüler durch die Person des Lehrers vermittelt. Lehrer wiederum können noch so fachlich-inhaltlich bezogen handeln, gerade darin „zeigen" sie Aspekte ihres Person-Seins. Im Engagement, die Inhalte den Schülern zu vermitteln, geben sie etwas von ihrem Schüler-Bild und ihrem gesellschaftlichen Auftrag preis, dem sie folgen.

Beim nochmaligen Blick auf das Didaktische Dreieck mag etwas als differenzierungsbedürftig auffallen, das oben schon durch zwei unterschiedliche Kapitel angedeutet wurde. Der Lehrer engagiert sich, und der Lehrer schützt sich vor dem Verlust seiner Lebendigkeit, der vor allem dadurch droht, dass er sich in seinem Engagement verausgabt. Trägt man dieser Beobachtung in der graphischen Darstellung Rechnung, entsteht eine gewisse Verlegenheit, es ergibt sich sozusagen ein Viereck, das dem Eindruck eines Dreiecks nahe kommt.[88] Denn der Lehrer muss sich in seinem Engagement zugleich disziplinieren bzw. schützen, und zwar, während er vor der Klasse handelt, fortwährend und in immer neuen unterrichtlichen Konstellationen. Da die Graphik die Lehrersicht wiedergeben soll, spreche ich vom „Lehrviereck".

Abbildung 2: Lehrviereck

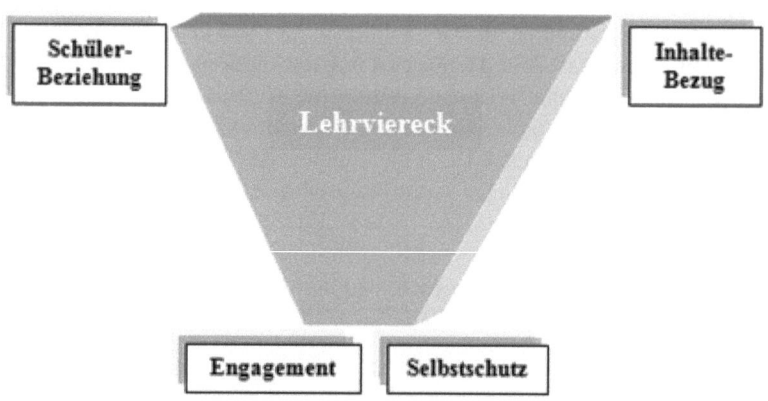

Die hier graphisch festgehaltene Doppelung des Lehrerhandelns ist bereits in sich schwierig. Was als Selbstwiderspruch aussehen könnte, ist in Wirklichkeit eine Dialektik, die der Lehrer mithilfe seiner persönlichen Fähigkeiten ausbalancieren muss. Selbstverständlich kann er ohne Selbstschutz auf Dauer kein Enga-

---

[88] Geometrisch korrekt wäre es zu sagen, dass es sich um eine gleichschenklige Raute handelt, deren Parallelseiten sehr ungleich lang sind.

gement aufbringen, während der reine Selbstschutz sein Engagement ersticken würde.

Wir haben oben gesehen, warum das engagierte Anbieten der Nähe für den Lehrer riskant ist. Der Grund liegt nicht einfach im Anbieten selbst, sondern er liegt im Angewiesensein des Lehrers auf die positive Schülerresonanz, damit Unterricht überhaupt „stattfindet". Der Lehrer muss die notwendige Bedingung erbringen. Sein Engagement muss nachdrücklich genug sein, um Schüler zu erreichen, es darf aber auch nicht übermäßig ausfallen, damit er sich nicht verausgabt.[89] Die hinreichende Bedingung von Unterricht, so er stattfindet, erbringen die Schüler. Noch der beste Unterricht muss nicht jeden Schüler erreichen. Das ist eigentlich jedem bekannt, aber unter den nicht wenigen Tabus, die aufgrund des herrschenden utilitarischen Denkens öffentlich über den Lehrerberuf verhängt sind, scheint dies das fundamentale zu sein.

Der „gute" bzw. „lebendige" bzw. „professionelle" Lehrer bewegt sich im „Lehrviereck" zwischen

- seiner Beziehung zu Schülern
- seinem Bezug zu Inhalten
- seinem persönlichen Engagement
- seinem Schutz für seine Persönlichkeit.

Die hierzu nötige Begabung wird öffentlich, sofern sie überhaupt als komplexe wahrgenommen wird, ganz überwiegend als eine Art Additionsphänomen missverstanden, wobei man zunächst die verschiedenen Begabungsdimensionen trennt und jeweils für sich betrachtet.

Für eine solche Betrachtungsweise stellt sich dann vermeintlich als augenscheinlich heraus, dass eine Beziehung zu Kindern das Allergewöhnlichste sei, was man einem Erwachsenen unserer Gesellschaft nachsagen könne. Reicht doch fast schon die Zeugungsfähigkeit eines Menschen aus, ihn von einem gewissen Alter ab als „erziehungsberechtigt" erscheinen zu lassen. Was hingegen den Bezug zu Inhalten angeht, so ist selbst der inhaltlich am anspruchsvollsten ausgebildete Lehrer, der Studienrat, noch jedem diplomierten Universitätsabsolventen in seinem Fach bzw. in seinen Fächern normaler Weise unterlegen. Das gilt natürlich erst recht für den Grundschullehrer oder Förderschullehrer. Persönliches Engagement wiederum erwarten wir noch von jedem Werbefachmann, und vor Verausgabung schützen muss der sich auch.

---

[89] Wir haben oben beim Junglehrer-Beispiel gesehen, dass pädagogischer Übereifer bestimmte, vielleicht ganz „normale" Schüler situativ dazu verführen kann, den Lehrer leerlaufen zu lassen.

Was also soll am Lehrerberuf Besonderes sein?

6.3 Der öffentlich fehleingeschätzte Beruf

Tatsächlich – wo Fragen schon falsch oder überhaupt nicht gestellt sind, kann man sie nicht angemessen beantworten. Wir haben schon mehrmals andeutungsweise gesehen, dass der öffentlichste und bekannteste aller Berufe in unserer Gesellschaft einer derart schiefen Optik unterworfen wird, dass kaum etwas von dem, was ihm seine besondere Schwierigkeit verleiht, nachhaltig ins öffentliche Bewusstsein gelangt. Das muss äußerst bedenkliche Gründe haben und wiederum eben solche Konsequenzen zeitigen.

Zwei Rückschlüsse legen sich nahe. Der erste wurde schon mehrfach erwähnt. In einer im utilitaristischem Selbstverständnis sich bewegenden politischen Öffentlichkeit kann die Differenziertheit der neuzeitlichen Pädagogik nicht angemessen erfasst werden. Sofern die öffentliche Selbstverständigung über Massenmedien erfolgt, die dem Diktat der Einschaltquoten unterworfen sind, gilt dies erst recht. Der zweite Rückschluss legt biographisch negative Erfahrungen vieler Gesellschaftsmitglieder mit Lehrern nahe.

Es erscheint sinnvoll, mit dem Zutreffen beider Erklärungsvarianten zu rechnen. Gehen wir also vermutungsweise davon aus, dass tatsächlich nicht wenige Schüler alltägliche Erfahrungen mit Lehrern machen und machten, die ihren Beruf nur unzureichend gut repräsentieren bzw. repräsentierten; nehmen wir auch an, dass das Niveau der gesellschaftsöffentlichen Selbstverständigung Defizite aufweist.

Beginnen wir bei Letzterem. Nach Charles Taylor liegt den utilitaristischen Umgangsregeln unseres öffentlichen Lebens die Vorstellung des nutzenkalkulierenden Individuums zugrunde. Die neuzeitliche Pädagogik verdankt ihre innere Konstitution hingegen dem spannungsreichen Zusammenfließen utilitaristisch-aufklärerischer *und* romantisch-innerlicher Sichtweisen. Das mit Pädagogik neuzeitlich Angezielte *kann nicht*, so wenig es einfach technisch machbar und organisierbar ist, in einer utilitaristisch dominierten öffentlichen Selbstverständigung hinreichend differenziert erfasst werden.

Das damit angesprochene Problem wurzelt in letzter Instanz im neuzeitlichen Selbstverständnis selbst, sofern es sich auf eine gesellschaftliche Selbsthumanisierung verpflichtet, die es erst noch zu erreichen gilt. Könnte man diese Zukunftsverpflichtung in normalen Umgangsformen der Menschen untereinander wirklich beständig ernst nehmen, würde dies zu einer Dauerirritation führen.

Denn selbst in der etablierten Demokratie müsste man sich öffentlich beständig eingestehen, dass diese erst auf dem Weg zu sich selbst sein kann – so lange jedenfalls, wie noch nicht die Würde jedes Menschen tatsächlich unantastbar in der alltäglichen Realität gesichert ist. Scharf gesagt, müssten sich auch und gerade die eifrigsten Demokraten dann eingestehen, dass sie nicht wissen können, was eine wirkliche Demokratie wäre und wie sie uns alle verändern würde – solange eben immer noch undemokratische und menschenunwürdige Verhältnisse mit demokratischen koexistieren.

So wie niemand von uns sich auf Dauer mit dem Gedanken beschäftigen kann, er sei bei günstigerer pädagogischer Einwirkung eigentlich ein viel besserer Mensch geworden, ohne an sich selbst zu verzweifeln, umso weniger kann eine gesellschaftliche Öffentlichkeit ihre eigenen gegenwärtigen Verkehrsregeln beständig hinterfragen. Genau diese psychologische bzw. sozialpsychologische Dauerzumutung erlegt sich die neuzeitliche Gesellschaft aber mit letztlich philosophischer Begründung selbst auf – und bewegt sich damit ebenso notwendig wie unaufgebbar am Rande der Selbstüberforderung. Die Pädagogik, die als entscheidender Motor der Selbsthumanisierung der neuzeitlichen Gesellschaft im 17. und 18. Jahrhundert ins Leben gerufen worden ist, erscheint unter diesen Umständen als Medium der dauerhaften Selbstinfragestellung der neuzeitlichen Gesellschaft selbst. Und mittendrin steht der Lehrerberuf.

In dem Maß hingegen, in dem die moderne Gesellschaft sich als verwirklichte Demokratie präsentiert, muss sie dazu neigen, den Prozess der Selbsthumanisierung als hinreichend weit gediehen zu deklarieren und die offenkundig unwürdigen Lebensverhältnisse von Millionen Menschen bis in die Armutszonen der fortgeschrittensten Industrienationen hinein zu bagatellisieren oder zu ignorieren. Lehrer sind in ihrer Gesamtheit jedoch alltäglich mit den Auswirkungen der gesellschaftlichen Realität auf alle Heranwachsenden konfrontiert. An öffentlichen Beschönigungen der gesellschaftlichen Gesamtsituation können sie sich allenfalls dann beteiligen, wenn sie sich als ausschließlich für solche Schüler zuständig erklären, die ohnehin für zukünftige Gewinner-Positionen prädestiniert erscheinen.

Allerdings haben wir bereits vermutet, dass auch schlechte Erfahrungen eines Großteils der Bevölkerung mit Lehrern zur Verkennung der Berufsstruktur als solcher beitragen. Diese negativen Erfahrungen können auf ungeeignete Pädagogen verweisen, müssen es aber nicht. Gehen wir zuerst der letzteren Möglichkeit nach.

Die der Pädagogik vom philosophischen Selbstverständnis der Gesellschaft her zugesprochene Bedeutung kann ernsthaft nur umgesetzt werden, wenn sie nicht nur allgemeinverbindlich durch Schulpflicht und Bildungssystem etabliert ist, sondern wenn ihr damit auch eine für die Gesellschaftsmitglieder erfahrbare Wichtigkeit eingeräumt wird. Diese Wichtigkeit erlangt das Schulsystem und mit ihm der Lehrerberuf durch die ihm zugesprochene Selektionsfunktion. Ihr gehen eine im Prinzip alle Heranwachsenden umfassende Bildungsverpflichtung bzw. die Aufgabe der Leistungsbewertung voran. Schulpädagogik soll so nicht nur gesamtgesellschaftliches Medium einer humaneren Zukunft werden, sie stellt auch die biographische Durchgangsphase für das eigene Erwachsensein der Gesellschaftsmitglieder dar. Damit entscheidet die Schule über den zukünftigen sozialen Rang der Heranwachsenden zumindest mit.[90]

Halten wir noch einmal fest: Insofern die Pädagogik den philosophischen Auftrag von Seiten der gesellschaftlichen Öffentlichkeit, vermittelt über die demokratisch gewählten politischen Organe, erteilt bekommt, humanisierend auf die gesellschaftliche Zukunft einzuwirken, wird ihrem Bildungsauftrag die Selektionsverpflichtung beigesellt. Nur so kann Pädagogik für alle erfahrbar ihre Bedeutung sichern. Was ihr aber unzweifelhaft ihre Bedeutung in der Öffentlichkeit und im realen Wirtschaftssystem sichert, steht in einem äußersten Spannungsverhältnis zu ihrem philosophischen Auftrag: so dass nur unter günstigen Rahmenbedingungen verhindert werden kann, dass die Pädagogik von bestimmten Bevölkerungsteilen im krassen Widerspruch zu ihrem eigenen Anspruch erfahren wird. Günstige Rahmenbedingungen der Pädagogik aber wären – an diesem Punkt waren wir schon mehrmals angelangt – gesellschaftliche Verhältnisse, angefangen bei der ökonomischen Gesamtsituation, die von tendenziell allen Bevölkerungsmitgliedern als objektiv gerecht und subjektiv befriedigend erlebt werden können.

Wo hingegen gesellschaftliche Verhältnisse als ungerecht und inhuman erfahren werden, wird die Pädagogik durch ihre Selektionsaufgabe mitbeteiligt am Schicksal der zu kurz Gekommenen. In deren Augen dementiert sie dann das als „Bildung" Deklarierte und lässt zugleich ihren philosophischen Humanisierungsauftrag als ideologische Farce erscheinen, die in Wirklichkeit nur den „Gewinnern" dient. Der Lehrerberuf ist darum über die mediale Rolle der Pädagogik und ihre unter den bestehenden gesellschaftlichen Verhältnissen unaufgebbare Selektionsaufgabe in das Schicksal von Heranwachsenden und Erwachsenen negativ verstrickt, sobald und insofern dieses massenhaft als unbefriedigend erlebt wird.

---

[90] Dass traditionelle Eliten sich auch im demokratisch organisierten Schulsystem überproportional erfolgreich durchsetzen, hat niemand eindringlicher aufgezeigt als Pierre Bourdieu (1982). Dass gesellschaftlich-soziokulturell schlecht integrierte Bevölkerungsgruppen, etwa „Migranten", vom Schulsystem zusätzlich vernachlässigt werden, wird nach PISA kaum irgendwo deutlicher als im deutschen Bildungssystem.

Die Wahrscheinlichkeit, dass bei enttäuschend verlaufener Schulkarriere insbesondere negativ erlebtes Lehrerverhalten in Erinnerung bleibt, ist sehr groß. Und: Je mehr es um „Eliten" geht, umso mehr Menschen schaffen es nicht bis dahin und umso ausgeprägter ist das Bewusstsein, es nicht geschafft zu haben.

Hinzu kommt ein psychologischer Faktor. Wenn ich mangelnden Schulerfolg meinen Lehrern ankreiden muss oder darf, lagen die Defizite jedenfalls nicht bei mir selbst. Ich kann mich eher als Opfer unzureichender Pädagogik sehen. Wer weiß, was aus mir geworden wäre, wenn ich nur von besseren Pädagogen gefördert worden wäre! Entsprechende psychologische Reaktionen sind verständlich und insgesamt wohl nicht vermeidlich.

Engagierte Lehrer wissen darum. Unter krisenhaften gesellschaftlichen Bedingungen arbeiten sie in einem Beruf, der sie wegen seiner biographischen Bedeutung für die Heranwachsenden immer wieder dazu zwingen kann, Entscheidungen zu verantworten, die sie so nie hätten treffen wollen. Lehrer stehen deshalb berufsbiographisch immer wieder vor der Wahl: Flüchten oder Standhalten?[91] Tatsächlich hält der Lehrerberuf Fluchtmöglichkeiten bereit. Sie sind deshalb so subjektiv verführerisch, weil sie nicht nur unauffällig sein können, sondern in der Struktur der Lehreraufgabe angelegt und durch öffentlich verbreitete Fehlverständnisse erleichtert sind. Letzteres gilt zumindest für einen Fluchtweg, den des Wissens-Vertreters.

6.4 Fluchtwege für Lehrer

Die Erkenntnis, dass es Fluchtwege für Lehrer gibt, sich aus der Grundschwierigkeit der Beziehungsresonanz durch Schüler herauszuziehen, die durch die Selektionsaufgabe zusätzlich erschwert wird, begleitet unseren Argumentationsweg seit den historischen Rückgriffen auf die 50er und 70er Jahre. Zugleich sind damit zwei mögliche Richtungen für eine solche Flucht typologisch angekündigt.

Die von mir stilisiert dargestellten Realschullehrer haben es ohne Zweifel gut verstanden – jedenfalls wirkte es so –, sich um die Probleme, die sie uns Schülern in pädagogischer Absicht zumuteten, wenig zu kümmern. Einerseits beriefen sie sich auf gesellschaftlich akzeptierte, wenn nicht vorgegebene inhaltliche Leistungsanforderungen, andererseits auf ihre Selektionspflicht. Dadurch waren unsere Schülererfahrungen von ihrer rigiden Schulpädagogik nicht nur als

---

[91] Titel eines Buches von Horst-Eberhard Richter, dessen psychoanalytisch-sozialpsychologisch fundierte Arbeiten noch vor etwa 25 Jahren auch von vielen Pädagogen zur Kenntnis genommen wurden.

nebensächlich heruntergestuft, es wurde ihnen, durchaus gerade da, wo wir sie als schmerzlich erlebten, ein hoher „erzieherischer" Wert beigemessen. Wir können aus der heutigen Distanz uns die Schrecken und Leiden der Nachkriegszeit kaum vorstellen – leicht einsehbar ist aber, dass in solchen Notzeiten die Schulprobleme von Heranwachsenden wenig Aufmerksamkeit beanspruchen durften und dass diese Notzeiten auch noch lange in die 50er Jahre hineinwirkten.

Dass es Lehrer gibt, deren berufsmäßige Konzentration ganz den Wissensinhalten gilt, ist allgemein bekannt, und es wird von vielen Außenstehenden – je höher die Klassenstufe umso mehr – auch erwartet. Die beschriebenen Lehrer meiner Schulzeit haben das pädagogisch wünschenswerte Maß ihres Inhalte-Bezuges bei allem Respekt für die damaligen zeitbedingten Gepflogenheiten allerdings deutlich überschritten. Sieht man von den krasseren Indizien ab, beispielsweise der sadistisch gefärbten Freude an Demütigungen, etwa bei körperlichen Züchtigungen, oder der Arroganz, mit der sie sich selbst als bildungsüberlegen gegenüber uns Schülern und unseren Eltern stilisierten, bleibt vor allem ein Merkmal ihres Unterrichts als bedenkenswert zurück. Sie präsentierten die Wissensinhalte stets stärker von ihrem Leistungstest-Charakter als von ihrem Bildungswert her. Damit ist gemeint, dass dieses Wissen nicht als mögliche Bereicherung unserer jugendlichen Möglichkeiten, sondern stets als für uns bedrohliches Kriterium zur Leistungsprüfung präsentiert wurde.

Der Unterschied zwischen beidem muss nicht krass sein, und deshalb ist er auch nicht ohne weiteres leicht beobachtbar. Er lässt sich weit weniger an den vom Lehrer bevorzugten Methoden ablesen als an der Lernatmosphäre in der Lerngruppe und im Umgang des Lehrers mit den Schülern. „Atmosphäre" ist aber jedenfalls kein „hartes" Beobachtungskriterium für Unterricht, das sich ohne weiteres objektivieren ließe. Was die Unprofessionalität wissensfixierter Lehrer betrifft, so liegt sie psychologisch darin, dass durch sie der Wissens-Bezug dazu verwendet wird, sich von der Beziehungs-Resonanz der Schüler möglichst weit unabhängig zu machen. Ich schlage vor, einen solchen Lehrer „Wissens-Vertreter" zu nennen. Der Begriff mag ironisch klingen – ich weiß keinen besseren –, er ist jedenfalls kritisch gemeint.

Die eigentliche Berufsstörung des „Wissens-Vertreters" ist also psychologischer Natur und im Normalfall unbewusst. Der „Wissens-Vertreter" lässt die schulbiographischen Probleme, in die er mit seinen Schülern unweigerlich verwickelt ist, als bedeutungslos an sich abprallen. Auf einer nicht-psychologischen und berufsstrukturell zu nennenden Ebene weigert er sich, ein wichtiges Segment seiner eigenen Berufstätigkeit zur Kenntnis zu nehmen und dafür Verantwortung zu tragen.

Im schärfsten nur denkbaren Gegensatz zum „Wissens-Vertreter" wird sich ein Alternativpädagoge der 70er gesehen haben. Lassen wir die zeitbedingten Übertreibungen von damals weg und konzentrieren wir uns auf das weitgehend tabuierte Zentralproblem der neuzeitlichen Pädagogik, die Resonanzabhängigkeit des Lehrers vom Schüler bei gleichzeitiger Bewertungsabhängigkeit des Schülers vom Lehrer! Unter dieser Perspektive deutet sich an, dass die radikal antiautoritäre Pädagogik ebenfalls einen „Fluchtweg" darstellt. Beim Vergleich der Autoritärpädagogik mit der Antiautoritärpädagogik deuteten sich allerdings beachtliche Niveauunterschiede in der Komplexität der beiden pädagogischen Sichtweisen an.

Inwiefern verfolgten – um das Beispiel noch einmal für uns nutzbar zu machen – die damaligen Glocksee-Lehrer eine weitaus reflektiertere und anspruchsvollere, also komplexere Berufsvorstellung als ihre autoritären Kollegen? Erinnern wir uns: Sie hielten entschlossen an der philosophischen Idee fest, der gesellschaftliche Auftrag an die Pädagogik sei es, die Gesellschaft zu humanisieren – ganz unabhängig davon, ob Letztere dies als gesellschaftliche Öffentlichkeit schon hinreichend begriffen habe. Sodann stellten die Glocksee-Lehrer die Würde und Selbstständigkeit der Kinder so in den Mittelpunkt, dass sie sich umgekehrt selbst unkontrollierte pädagogische Einwirkungsmöglichkeiten versagten. Sie arbeiteten damit in konsequent selbstkritischer Weise an sich selbst – bis in ihre Emotionalität hinein.

Diese außerordentlich hohe Bereitschaft zu komplexer Wahrnehmung sollte vor allem den Kindern zugute kommen. Der Gegensatz zur arrogant autoritären Wissens-Vertretungs-Pädagogik der 50er konnte größer nicht sein. Inwiefern ist dann aber von einem Fluchtweg aus der Schüler-Lehrer-Beziehung zu sprechen? Eine erste Antwort lässt sich, wie wir oben gesehen haben, schon ganz pauschal geben. Die streng antiautoritäre Pädagogik hatte sowohl die Schüler- als auch die Lehrerrolle aufgegeben. Außerdem – ich habe am Beispiel der frühen Glocksee-Schule darauf hingewiesen – machte sich kaum jemand ernsthaft Gedanken um ein einigermaßen umfassendes Bildungsangebot, geschweige denn um irgend welche bewertungsähnlichen Vorgänge, also auch nicht um Schulabschlüsse.

Geht man dem Fluchtweg-Charakter der Antiautoritärpädagogik noch etwas genauer nach, dann zeigt sich etwas Überraschendes. Während die Autoritärpädagogik die Schülerbelange rigoros den Erwachsenen-Vorgaben unterordnet, versucht jede antiautoritär gestimmte Pädagogik durch Senkung der Erwachsenen-Ansprüche die Heranwachsenden gewaltlos zum pädagogisch gewünschten

Ziel zu bringen. Man hofft, dass die Schüler freiwillig in eine hinreichend verlässliche Lernhaltung finden, dass sie sozusagen auf nicht-schülerhafte Weise Schüler sind. Während die autoritäre Wissens-Vertreter-Pädagogik das Grundproblem der Resonanzabhängigkeit des Lehrers vom Schüler theoretisch ignoriert, stellt sich ihm die Antiautoritärpädagogik offensiv: in der radikaloptimistischen Annahme, es dadurch praktisch in Luft auflösen zu können.

Der autoritäre „Wissens-Vertreter" muss sich weder um das Beziehungsproblem, noch um potentielles Leiden seiner Schüler kümmern. Im schlimmen Fall genießt er seine Selektionsmacht und die Möglichkeit, negativ Schicksal zu spielen. Es ist bei Licht betrachtet derselbe Konflikt, den die Antiautoritärpädagogik freilich auf ganz entgegen gesetzte Weise aufzulösen versucht. Dabei weist auch sie unterkomplexe Einstellungen auf. Sie arrangiert Schule und Unterricht so sehr als gesellschaftsfreien Raum, dass sie zugleich deren gesellschaftliche Funktionen mit auflöst.

Die Einsicht, dass Lehrer immer auf die Resonanz der Schüler angewiesen sind, dieses Grundproblem der Pädagogik hat hier scheinbar ihr Tabu verloren. Die bedenkliche Konsequenz ist jedoch, dass die Resonanz der Schüler dadurch gesichert wird, dass der Lehrer nichts mehr von ihnen verlangt, was ernsthaft der Resonanz bedürfte. Ich schlage vor, den entsprechend eingestellten antiautoritären Lehrer „Kinderfreund" zu nennen. Auch der „Kinderfreund" stellt eine berufsstrukturell gegebene Fluchtmöglichkeit von Lehrern aus ihrem Beziehungsproblem mit Schülern dar.

Worin der psychologische Gewinn dieses Fluchtwegs besteht, ist unmittelbar einsichtig. Der Lehrer, der sich auf die Seite der Schüler schlägt, erscheint als ihr Freund oder Ähnliches und erspart ihnen mögliche Nöte des Schüler-Seins. Allerdings verliert die Schule, wird sie solchermaßen zum Schonraum für Kinder, ihren Gesellschaftsbezug. Halten wir noch einmal fest: Ein solcher Schonraum wird Schulen nur in Einzelfällen und nur in einem besonders optimistischen politischen Gesamtklima überhaupt zugebilligt.

„Wissens-Vertreter" und „Kinder-Freunde" machen nichts anderes, bezieht man ihre jeweilige Einstellung auf die Graphik des „Lehrvierecks", als eine der beiden oberen Ecken ausschließlich in den Fokus ihrer Tätigkeit zu rücken. Dabei werten sie die jeweils gegenüberliegende Seite ab und versuchen, ihr berufliches Selbstverständnis ganz von dieser Einseitigkeit her aufzubauen. Es gibt aber im Prinzip, also ganz schematisch oder typologisch betrachtet, noch zwei weitere Fluchtwege für Lehrer, den Problemen der Lehrer-Schüler-Beziehung auszuweichen. Schauen wir auf die beiden Lehrer-Ecken im „Lehrviereck" von unterrichtlichem Sich-Einbringen einerseits und Sich-Schützen vor emotionaler und motivationaler Verausgabung andererseits, dann sind diese schon in der jeweiligen Grobrichtung vorgegeben.

Die Notwendigkeit des Lehrers, sich nicht nur im Unterricht zu engagieren – für den Wissens-Bezug, für die Schüler-Beziehung – sondern sich auch dabei als Persönlichkeit zu offenbaren oder einzubringen, kann von einem Teil der Lehrer, die entsprechende Neigungen aus ihrer vorberuflichen Biographie mitbringen, überzogen umgesetzt bzw. ausgelebt werden. Die Aufmerksamkeit, die der Lehrer auf sich ziehen muss, um die notwendige Voraussetzung für den Unterricht zu erbringen, gestaltet er in solchen Fällen zur hinreichenden Voraussetzung aus, indem er die Schüler für gewisse Aspekte seiner Person einnimmt, die er – vielleicht durchaus gekonnt – als besonders interessant erscheinen lässt. Umgangssprachlich könnte man sagen, der entsprechende Lehrer, nennen wir ihn „Selbst-Darsteller", neige zur Eitelkeit oder Angeberei, er sei erhöht geltungsbedürftig.

Vergleicht man einen typischen „Selbst-Darsteller" mit einem „Wissens-Vertreter" im Bezug auf Wissen und Können, dann zeigen sich eine interessante Gemeinsamkeit und eine charakteristische Differenz. Beide verfügen über eine beachtliche Begabung. Der „Wissens-Vertreter" setzt dabei ganz auf sein Wissen, hinter das er zurücktritt und das er zumeist streng regelgeleitet anwendet. Er zieht seine Auftritts-Sicherheit aus seiner Fachkompetenz, während er sich dann anschließend, wo es im Umgang mit Schülerleistungen brisant wird, auf seine Selektionspflicht zurückzieht. So gesehen „verschanzt" er sich hinter seinem Fachwissen, seiner Regelbefolgung und seinem Bewertungsauftrag. Der „Selbst-Darsteller" setzt demgegenüber ganz auf sein Können, er läuft erst in der situativen „Performance" zu großer Form auf.

Den „Wissens-Vertreter" mögen wir uns etwa als einen sich zurücknehmenden wissenschaftlich-distanzierten Menschen, den „Selbst-Darsteller" als einen quasi-künstlerisch auftretenden vorstellen.

Unprofessionell ist der „Selbst-Darsteller" deshalb, weil es ihm längerfristig wenig auf die Wissens-Bezüge und nicht wirklich auf die Schüler-Beziehungen ankommt, er funktionalisiert vielmehr beide für den kurzfristigen guten Eindruck, den er auf die Schüler macht, sozusagen für ihren Applaus. Auf Unterrichtsprobleme reagiert er deshalb typologischer Weise ungeduldig und übermäßig, in der Tendenz wie ein Bühnenstar, der das nicht hinreichend begeisterte Publikum wegen seines Banausentums gekränkt abwertet.

Der „Selbst-Darsteller" ist also im deutlichen Unterschied zum „Wissens-Vertreter" sehr genau auf die Schülerresonanzen aufmerksam, die er seismographisch registriert. Die Aufnahme der entsprechenden Schüler-Beziehungen ist damit wichtig, sogar zu wichtig – bei Licht betrachtet geht es aber zu wenig um die Einrichtung einer Beziehung zu den Schülern und zu sehr um deren situative kurzfristige Bestätigung. Dass er als Lehrer von der Schülerresonanz abhängig sei, ist dem „Selbst-Darsteller" irgendwie bewusst, er unternimmt jedenfalls alles dafür, um sie zu erzielen. Er ist allerdings von der Resonanz zu sehr abhängig, um sie wirklich annehmen zu können. Er ist also gewissermaßen resonanzsüchtig. Um dies vor sich unkenntlich zu machen, benutzt er die unterrichtliche Konstellation zur Darstellung und zum Selbstbeweis seiner erhofftermaßen unwiderstehlichen Attraktivität und Unterhaltungskunst. Schüler, die nicht wie gewünscht auf ihn reagieren, muss er wie angedeutet abwerten. Dadurch, dass er sie abwertet, kann er auf ihre Resonanz verzichten: und das Problem ist für ihn scheinbar gelöst.

Blicken wir schließlich auf die andere Seite der Lehrer-Ecke, dann zeigt sich der letzte typologische Fluchtweg, der vereinseitigte Selbstschutz, und es bietet sich an, vom „Selbst-Schützer" zu sprechen. Er repräsentiert die konsequenteste Fluchtform in unprofessionelles Lehrerhandeln. Der „Selbst-Schützer" geht allen Komplikationen verantwortlichen Schüler-Beziehungen aus dem Weg, hält nur einen schwachen Inhalte-Bezug aufrecht und kommt in der Klasse und im Kollegium kaum aus der Deckung. Sein „Weg des geringsten Widerstandes" deutet auf tiefe Resignation.

Wo „Selbst-Schützer" bereits zu Zeiten ihrer Berufswahl eine entsprechende Fehlhaltung an den Tag legten bzw. zu verbergen suchten, um dann später offensiv die Berufsprivilegien für sich in Anspruch zu nehmen, ist gewiss Berechnung, wenn nicht eine Portion Zynismus im Spiel. Psychoanalytisch betrachtet wird man dennoch dem „Selbst-Schützer" wenn nicht berufsbiographisch, dann zumindest vorberuflich schwer frustrierende und sein Selbstwerterleben schädigende Einflüsse und Erlebnisse unterstellen müssen.

Oben hieß es, der gute, lebendige oder professionelle Lehrer bewege sich im „Lehrviereck" zwischen seiner Beziehung zu Schülern, seinem Bezug zu Inhalten, seinem persönlichen Engagement und seinem Schutz für seine Persönlichkeit. Wir sehen jetzt, dass genau diese Struktur des Lehrerhandelns die entsprechenden Fluchtwege eröffnet, sofern und sobald der Lehrer die vier Dimensionen nicht mehr ausgewogen miteinander vermitteln kann.

- Der „Kinder-Freund" übertreibt die Schüler-Beziehung,
- der „Wissens-Vertreter" den Inhalte-Bezug,
- der „Selbst-Darsteller" das engagierte Sich-Zeigen und
- der „Selbst-Schützer" den Schutz seiner Persönlichkeit.

Wenn wir die vier Fluchtwege fürs erste abschließend vergleichen, zeigt sich, dass der „Kinder-Freund" die komplizierteste Fluchtvariante gewählt hat, der „Wissens-Vertreter" jedoch die stabilste – nicht zuletzt, weil sie zugleich auf öffentliche Wertschätzung rechnen darf. „Wissens-Vertreter" und „Selbst-Darsteller" müssen über gewisse überdurchschnittliche Begabungen verfügen, Erstere im Bereich des Wissens und der Ordnungsbefolgung, Letztere auf dem Gebiet der Unterhaltung Anderer. Einen gewissen Sinn für Lebendigkeit und soziale Beziehung weisen „Kinder-Freund" und „Selbst-Darsteller" auf, „Wissens-Vertreter" neigen zu Unnahbarkeit und „Selbst-Schützer" dazu, sämtliche schulisch-pädagogischen Angelegenheiten im Vollzug der eigenen Biographie zu entwerten.

Abbildung 3: Fluchtwege in unprofessionelle Berufsverständnisse

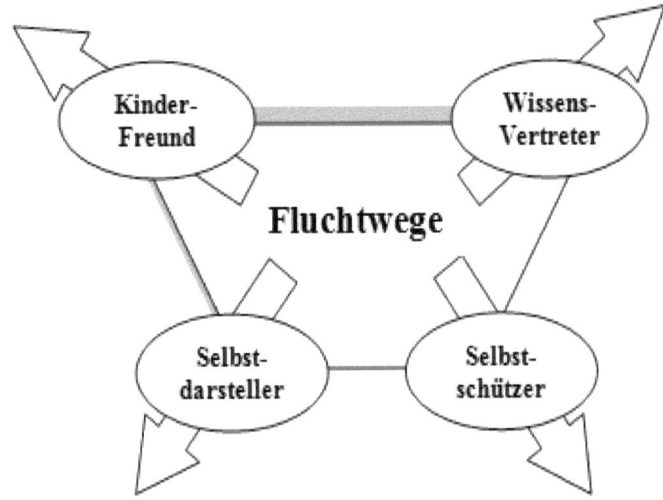

6.5 Vier Ebenen des Schülerlernens und des Lehrerhandelns

Wir müssen schon von den ersten Überlegungen an mit der Möglichkeit rechnen, dass ein zweidimensionales Bild von der Komplexität des Lehrerhandelns, wie es im Blick auf das Didaktische Dreieck bzw. das Lehrviereck nahe gelegt ist, nicht ausreichen kann. Denken wir nur daran, dass jedes unterrichtliche Geschehen in vielfacher Hinsicht über sich hinausweist. Schließlich geht es nicht nur um die Zukunft der Schüler, sondern auch um Leistungsansprüche und kulturelle Erwartungen der außerschulischen gesellschaftlichen Öffentlichkeit an den Unterricht und damit an Lehrer und Schüler.

Ich schlage deshalb für das Folgende vor, das Lehrviereck gewissermaßen um eine Tiefendimension zu ergänzen, so dass es – wie ein viereckig-rautenförmiges Gebäude mit verschiedenen Etagen – mehrere Ebenen aufweist. Diese unterschiedlichen Ebenen ergeben sich bereits dann, wenn wir uns nur auf die Frage möglicher Wissensinhalte konzentrieren. Ihre Differenzen haben uns schon während der bisherigen Überlegungen begleitet, wir müssen sie jetzt nur noch einzeln benennen. Ich schlage ein möglichst unverfängliches und aussagekräftiges, wenn auch wieder notwendig schematisiertes Beispiel vor.

Stellen wir uns vor, es geht um geschichtliche Entwicklungen, die zur Französischen Revolution geführt haben. Der gute Lehrer wird dafür Sorge tragen, dass jeder Schüler der Klasse die Chance erhält, sich mit dem Gemeinten anhand von Texten, Anschauungsmaterial u. Ä. zu beschäftigen, die besonders wichtigen Vorbedingungen zu verstehen und sich die entscheidenden Ereignisse zu merken. Dabei differenzieren sich die Ebenen der Aufmerksamkeit des Lehrers und, korrespondierend, der Lernanforderungen an die Schüler, (zumindest) dreifach aus.

- Der Lehrer bietet den konkreten Unterrichtsgegenstand an und bereitet ihn von seiner objektiv gegebenen Seite her auf.
- Der Lehrer legt Wert darauf, dass im Prinzip jeder Schüler ein angemessenes Arbeitsverhalten an den Tag legt.
- Der Lehrer organisiert die Auseinandersetzung mit dem Unterrichtsgegenstand als Gruppengeschehen.

Die Punkte 2 und 3 hängen selbstverständlich zusammen, aber 3 ergibt sich nicht einfach nur als Summierungseffekt. Die Schüler bilden noch nicht deshalb eine Gruppe, weil der Lehrer von jedem Einzelnen dasselbe verlangt, sondern weil er die Aneignung des Inhalts als gemeinsame über einen sozialen Prozess des wechselseitigen Sich-Verständigens stattfinden lässt. So stellt er z. B. Fragen, die zwar nur von bestimmten Schülern beantwortet werden mögen, er erwartet aber, dass diese Antworten auch von den anderen Schülern wahrgenommen, aufgegriffen, auf ihr Zutreffen geprüft, weitergedacht usw. werden.

Dem Lernen in der Gruppe wird demnach schulpädagogisch-neuzeitlich nicht nur deshalb der Vorzug vor dem Hauslehrer-Unterricht gegeben, weil das

Lehrerkosten spart bzw. der Unterricht dann auch für Kinder aus nichtvermögenden Elternhäusern als Bedingung für die allgemeine Schulpflicht gesichert wird, sondern auch weil damit etwas als wichtig Erachtetes stets mitgelernt werden kann. Schauen wir uns das, was mitgelernt wird, genauer an, dann ist es zunächst eine bestimmte Sozialdisziplin, die jeder Schüler sich auferlegen muss. Der Lehrer legt etwas dar, der Schüler hört zu; der Lehrer fragt etwas, der Schüler meldet sich; ein anderer Schüler „kommt dran", der Schüler hört zu und prüft, ob er das auch so gesehen hat usw. Das gilt nicht nur bei konventionellem Frontalunterricht, es gilt bei allen unterrichtlichen Sozialformen.

Die hier so genannte Sozialdisziplin ermöglicht erst das gemeinsame unterrichtliche Arbeiten als gemeinsames. Sie hat aber zunächst eine ganz individuelle Seite, sie ist auch Selbstdisziplin. Dass sie dies ist, zeigt sich spätestens dann, wenn der Schüler allein auf sich gestellt unterrichtliche Themen weiterverfolgt, etwa bei den Hausarbeiten. Ohne Selbstdisziplin wird er sich Unterrichtsinhalte nicht aneignen können, nehmen wir den Fall besonderer Hochbegabung einmal aus. Wir sind jetzt beim 2. Punkt. In jedem Unterricht lernt der Schüler individuelle Arbeitsdisziplin mit. Sie wird ihm später erlauben, sich aus eigenem Antrieb und mit eigenem methodischem Geschick in neue Inhalte einarbeiten zu können, die den gelernten Unterrichtsinhalten formal ähnlich sind.

Über diese Arbeitsdisziplin kann der Schüler im günstigen Fall bei sich erleben, dass er – wenn wir dem genannten Beispiel folgen – etwa ein Interesse für geschichtliche Zusammenhänge und Ereignisse oder die Fähigkeit mitbringt, die Vielfalt ihrer Entstehungsbedingungen gut zu erfassen. Bestimmte Begabungen kann der Schüler nur in der Begegnung mit Wissensinhalten entdecken. Die Arbeitsdisziplin hat hier die Seite der eigenverantwortlichen und eigenständigen Bereicherung des Selbsterlebens durch Aneignung von vordem unbekanntem Wissen.

Die andere Seite der Selbstdisziplin ist wie gesagt die Sozialdisziplin. Indem sich der Schüler diszipliniert „zurücknimmt", kann er achten auf das, was der Lehrer anbietet und auf das, was die Mitschüler beitragen. Letzteres ist für ihn insofern anders interessant als das vom Lehrer Vorgetragene, weil er sich fragen kann oder sogar muss, inwieweit er selbst Ähnliches oder Abweichendes wie die Mitschüler zu leisten vermag.

Ist die Selbstdisziplin gegenüber den Anderen nicht nur erzwungen, sondern freiwillig, dann meldet sich ansatzweise in der Bereitschaft, dem Lehrer zuzuhören der Respekt vor der Kultur der gegenwärtigen Gesellschaft an, in der Bereitschaft, dem Mitschüler zuzuhören, der Wille, in der eigenen Generation gesellschaftliche Zukunft mitzugestalten.

Die von jedem Schüler geforderte Sozialdisziplin gegenüber dem Lehrer oder Mitschüler enthält deshalb nie nur Aspekte des Sich-Einschränkens, sondern immer auch Momente der Beziehungsaufnahme mit Anderen, zumindest wenn diese eine gewisse Dauer haben soll. Schaut man auf die Erarbeitung von Unterrichtswissen, so wird dies im günstigen Fall dadurch sichtbar, dass möglichst viele Schüler etwas beitragen, was den betreffenden Inhalt von mehreren Seiten besser zugänglich macht. Es kann helfen, ihn so zu erschließen, dass jeder seinen Zugang zu ihm findet. Im Optimalfall erfahren Schüler, dass sie durch die Beiträge nicht nur des Lehrers, sondern auch anderer Schüler auf etwas aufmerksam gemacht werden, was sie aus eigener Kraft so nicht hätten sehen und sagen können – obwohl es ihnen doch irgend wie bereits vertraut war. Das würde bedeuten, dass Schüler an sich selbst erleben würden, dass sie in der Gruppe leistungsfähiger sind als allein, dass also die Gruppe mehr leisten kann als die Summe ihrer vereinzelten Mitglieder.

Es klang schon an mehreren Stellen an: Der Unterricht ist immer geöffnet auf außerunterrichtliche und außerschulische Perspektiven. Er macht im überschaubaren Bereich gesamtgesellschaftliches Geschehen erfahrbar, wenn auch selbstverständlich nur aspektweise. Die Besonderheit des Unterrichts ist, dass hier der gesellschaftliche Ausblick aus der Nähe zu vertrauten oder doch wenigstens gut bekannten Menschen heraus erfolgt. Der letzte Bezugsrahmen der neuzeitlichen Pädagogik ist, den Verfassungen der modernen Demokratien entsprechend, universalistisch. So wie die Würde des Menschen unantastbar ist, so hat sich die neuzeitliche Schulpädagogik seit ihrem Entstehen vor dreieinhalb Jahrhunderten einer Verständigung aller Menschen über Möglichkeiten eines menschenwürdigen Lebens für Alle verpflichtet.

Das Beispiel der Französischen Revolution ist insofern komplexer als es etwa naturwissenschaftliches oder mathematisches Wissen wäre, weil die Bedeutung der damaligen Ereignisse für uns Heutige den Schülern erfahrbar oder zumindest erahnbar werden muss. Umgekehrt zeigen sich gegenwärtige kulturelle Sachverhalte vor ihrer eigenen Tiefenstruktur in neuem Licht.

Machen wir uns das Erarbeitete auf einer Graphik schematisch sichtbar, dann haben wir insgesamt vier übereinander gestufte Lehrvierecke mit unterschiedlichem Unterrichtsinhalt vor uns.

Abbildung 4: Vier inhaltliche Ebenen des Lehrerhandelns

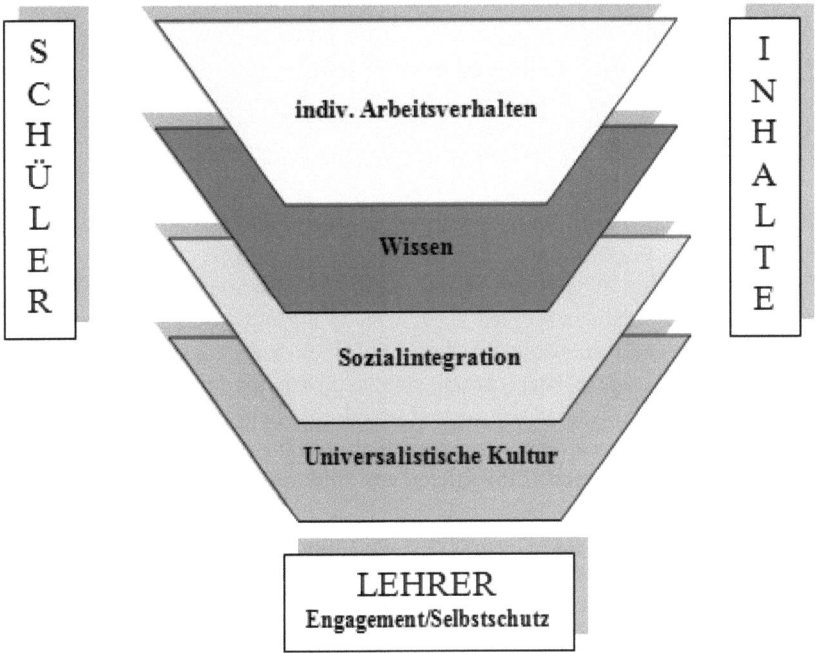

Das erste und in der öffentlichen Wahrnehmung allein wichtige Viereck davon ist dasjenige, das durch den „normalen" Unterrichtsinhalt – „Stoff", „Thema", „Wissen" – bestimmt ist. (Es steht in der Graphik an zweiter Stelle.) Es ist nach oben hin in Richtung Individualität des Schülers begleitet durch den Anspruch an ihn, ein angemessenes Arbeitsverhalten zu entwickeln: innerhalb und außerhalb des Unterrichts und gegenüber dem Inhalt.

Das angemessene Arbeitsverhalten des je einzelnen Schülers hat aber auch eine soziale Tiefenebene, die sich auf das Miteinander in der Klasse bzw. Lerngruppe bezieht. Der Lehrer erwartet in jedem normalen Unterricht, dass die Schüler – möglichst jeder einzelne – ein gruppenintegratives Verhalten an den

Tag legen. Umgekehrt macht Optimalunterricht den Schülern erfahrbar, dass sie in der Gruppe mehr leisten können als in der Einzelarbeit.

In jedem Unterricht sind gesamtgesellschaftliche Bezüge präsent. Unterricht hat die Aufgabe, Schüler nicht nur auf einen pfleglichen Umgang mit guten Bekannten in ihrem späteren Leben vorzubereiten, sondern ihnen Offenheit für die Belange potentiell aller Menschen zu vermitteln. Wir sind hiermit bei dem angekommen, was wir eingangs „kulturelle Grundhaltung" genannt haben. Sie ist unter neuzeitlichen Bedingungen universalistisch.

6.6 Schwierigkeiten mit den Ebenen, Extrembeispiele

Mit diesen letzten Feststellungen sind wir zugestandenermaßen in den Bereich des Utopischen vorgedrungen, der in unserer Öffentlichkeit als Domäne der Sonntagsredner gilt. Was in der gesellschaftlichen Öffentlichkeit als „utopisch" oder „pathetisch" abgetan werden kann, weil es nur allzu offenkundig unrealistisch ist, ist deshalb im pädagogischen Feld noch lange nicht belanglos. Man könnte geradezu sagen: Hier rächen sich die Diskrepanzen zwischen gesellschaftsöffentlicher Selbstdarstellung und gesellschaftlicher Realität. Dies gilt vor allem für die ungelösten oder sogar öffentlich voreilig abgeschriebenen Probleme, sofern sie die Aufwachsbedingungen von Heranwachsenden bestimmen oder zumindest mitbestimmen.

Dass die neuzeitliche Gesellschaft hinter ihrem eigenen Anspruch zurückbleibt, macht sie ursprünglich aus – abgesehen davon, dass dies auch in mancher Hinsicht christliches Erbe ist[92] – nur deshalb macht sie sich ja auf den Weg als „Projekt der Moderne".[93] Die Pädagogik ist nicht nur das Medium dieses Selbsthumanisierungsanspruchs, sie wird auch, in dem Maß wie er gesellschaftlich nur halbherzig realisiert oder gar aufgegeben wird, in bestimmten Schulen und Schulformen unweigerlich zur Abstellkammer für die gebrochenen Versprechungen und die zerbrochen Hoffnungen. Es sind die Lehrer, die dann versuchen müssen, stellvertretend in den Schulen für die Kinder aus den vom Fortschritt verlassenen Zonen noch Orte der Wohnlichkeit einzurichten. Wo gesellschaftsöffentlich das utopische Moment der Pädagogik missachtet wird, wandert es in deren „untere" Ränder als Praxis ein.

---

[92] Das irdische Leben gilt als Vorbereitung unter unvollkommenen Bedingungen auf das jenseitige. Man denke an „Jammertal" bzw. „Himmel".
[93] Vgl. Habermas (1985, 1988, 1998)

Wir haben oben gesehen, dass Unterricht niemals nur auf einer inhaltlichen Ebene stattfindet, sondern, zweidimensional im Lehrviereck betrachtet, ein kompliziertes Begegnungsgeschehen von Schülern mit Inhalten voraussetzt, die ihnen durch Lehrer vermittelt werden. Im letzten Abschnitt wurde deutlich, dass eine zweidimensionale Betrachtung noch durch eine Tiefendimension ergänzt werden muss. Formulieren wir es als Lernaufgabe der Schüler, dann sollen sie

- sich konkretes Wissen aneignen,
- dabei ein angemessenes individuelles Arbeitsverhalten ausbilden,
- eine sozialintegrative Haltung zur Lerngruppe entwickeln und
- sich universalistisch für die Belange fremder Menschen öffnen.

Machen wir uns die Kompliziertheit dieser Aufgabe aus Sicht der Lehrer klar, denn er muss diesen vierfachen Lernanspruch auf je angemessene Weise vermitteln. Das erwähnte Begegnungsgeschehen findet dann nicht nur auf der Ebene der Wissensvermittlung statt, sondern auch auf den drei anderen Ebenen. Gehen wir dies zunächst am Optimalbeispiel gelingenden Unterrichts durch, dann lernen alle Schüler im obigen Beispiel die wichtigsten Ereignisse und Zusammenhänge der Französischen Revolution kennen und prägen sie sich ein; sie entwickeln dabei ihre Fähigkeit weiter, sich fremde Inhalte anzueignen; ordnen sich mit Synergie-Effekten in ihre Lerngruppe ein, wobei sie den Vorschlägen des Lehrers folgen und machen sich mit Realitäten und Grundgedanken vertraut, die unsere Gesellschaft kulturell tief beeinflusst haben. Das klingt so, wie man sich eine brillante Vorführstunde im Referendariat vorstellt. Was aber passiert, wenn der gute Lehrer auf Lernstörungen von Seiten der Schüler trifft? Stellen wir uns zur Diskussion dieser Frage der Einfachheit halber einen möglichst störungsintensiven Unterricht vor!

Da mag der Lehrer zunächst bezüglich der Wissensaneignung auf äußerst unterschiedlich aufnahmefähige Schüler treffen. Einige wissen schon viel über die revolutionären Ereignisse, andere verstehen nur mühsam Deutsch, wieder andere können sich kaum etwas merken. Der Lehrer bekommt also Probleme auf der ersten Lehrebene. Diese wirken sich unmittelbar auf die dritte aus, weil nun die Frage ist, wie er die unterschiedlichen Lern- und Kompetenzgrade der Schüler in ein irgendwie einheitliches Gruppengeschehen integrieren soll.

Führen wir nun schrittweise weitere Komplikationen in das Beispiel ein! Von den Schülern, die Schwierigkeiten bei der Wissensaneignung aufweisen, sind einige sehr bemüht, andere sind unaufmerksam, dabei aber in sich gekehrtpassiv, dritte stören den Unterricht aktiv, indem sie beispielsweise Mitschüler ablenken und wieder andere boykottieren den Unterricht grundsätzlich.

Für die ersteren müsste der Lehrer sich möglicherweise noch etwas mehr Zeit nehmen und mehr methodisches Raffinement anwenden als er es im normalen Rahmen tun kann. Was die zweite Gruppe betrifft, so fehlt es diesen Schülern an Arbeitsdisziplin, wobei der Lehrer entscheiden muss, wie er die Unaufmerksamkeit deuten will und ob er sie als vorübergehend-zufällig oder eher chronisch-langandauernd einordnen will, ob er sie auf außerschulische Belastungen des Schülers zurückführt usw. Je nachdem wird er seine Interventionen gestalten. Bei der dritten Gruppe muss er sich etwas einfallen lassen, wie er die Störung unterbindet, ob er es direkt oder indirekt versucht, wie er den Schülern klarmachen kann, dass das nicht zulässig ist, ohne sie freilich zu sehr bloßzustellen usw. In der vierten Gruppe können höchst unterschiedliche Motive von Schülern zum Ausdruck kommen. Einige Schüler rebellieren vielleicht gegen jede Autorität, also auch die schulische des Lehrers, andere haben die Lust am Schulbesuch überhaupt verloren und sitzen nur noch gelangweilt ihre Zeit ab, wieder andere – ich darf ein Extrem konstruieren – protestieren gegen den Gesellschaftskontext als Ganzen. Stellen wir uns einen aktiven Neonazi oder einen religiösen Fundamentalisten als Schüler vor. Der eine lehnt die Beschäftigung mit der Französischen Revolution aus politisch-nationalistischen Motiven ab, der andere verwirft die Beschäftigung mit ihr aus Abscheu gegen die westlich-verweltlichten und ungläubigen Lebensformen.

Ich gebe zu, für einen Lehramtskandidaten stellen diese konstruierten Beispiele eine Zumutung dar. Gewiss – so war ja die Ankündigung aus methodischen Gründen – sind die angedeuteten Komplikationen drastisch dargestellt. Allerdings, davon bin ich überzeugt, kommen sie dem realen Schulalltag näher als es manche Erzeugnisse in der Flut der pädagogischen Beraterliteratur ahnen lassen. Das Konstrukt, das von Schülern ausging, die den optimal dargebotenen Unterrichtsstoff nicht gut aufnehmen wollen oder können, zeigt schon auf den ersten Blick, wie unterschiedlich die Motivlagen sind und umgekehrt, wie differenziert die Lehrerreaktionen zu sein haben. Machen wir uns die Komplexität schrittweise klar.

- Der Lehrer präsentiert das Unterrichtsthema und bewegt sich dabei angemessen auf der Wissensebene des „Lehrvierecks", indem er seinen Fachinhalte-Bezug auf die von ihm unterstellten Schüler-Möglichkeiten abstimmt; dabei zeigt er sich und dosiert sein Engagement, indem er seine Schüler-Beziehungen mobilisiert.

- Im Anschluss an die Präsentation des Unterrichtsthemas stellt er fest, dass die von ihm anvisierten Lernziele von einigen Schülern ohne weiteres erreicht werden, von anderen aber nicht.
- Bezüglich der Schüler, die die Lernziele nicht ohne weiteres erreichen, muss er sich fragen, warum sie es vermutlich nicht tun.
- Diese Frage ist ihm wahrscheinlich schon vorher aufgenötigt worden, weil er das Desinteresse bzw. aktive Stören einzelner Schüler schon früher bemerkt haben wird.
- Durch seine Beobachtung der Schüler-Reaktionen differenzieren sich bei ihm die Unterrichtsebenen aus.

Für einzelne Schüler wird Ebene 2 wichtig, die des individuellen Arbeitsverhaltens, für andere eher Ebene 3, die der Sozialdisziplin in der Klasse. Bei einigen Schülern – den politisch Extremen – gerät die Ebene 4 in die Aufmerksamkeit. Erinnern wir uns an das, was wir oben bei Kernberg erfahren haben! Der Lehrer muss nun entscheiden, bisweilen in Sekundenbruchteilen, welche der offen oder verdeckt beteiligten Ebenen er wie ansprechen will. Bedenken wir auch, dass der Lehrer auf jeder Ebene den Anforderungen Schüler-Beziehung, Inhalte-Bezug, Sich-Einbringen und Sich-Schützen genügen muss.

Nehmen wir an, der Lehrer entschließe sich, einfach nur mit dem Unterrichtsthema fortzufahren, dann schleppt er sämtliche Störungen mit und ist praktisch gezwungen, den Unterricht nur noch auf diejenigen Schüler zu konzentrieren, die ihm offenkundig folgen können oder wollen. Entschließt er sich, die Störungen offensiv anzugehen, wechselt er die Unterrichtsebene und damit das aktuelle Unterrichtsthema. Es lautet dann etwa, welche Vorteile ein angemessenes Arbeits- oder Sozialverhalten biete und welchen Sinn es habe. Oder gar: wodurch sich eine neuzeitliche Demokratie auszeichne und welche Bedeutung dabei der Parole „Freiheit, Gleichheit, Brüderlichkeit" zukomme usw.

Dabei zeigt sich auf den ersten Blick, dass der Lehrer bei allen Problemen, die sich ausschließlich auf den drei oberen Lernebenen abspielen, seine pädagogischen Einflussmöglichkeiten leicht ins Spiel bringen kann – in letzter Instanz über die Notenvergabe. Das obige Beispiel habe ich zwar bewusst als unerfreuliches konstruiert – es ist aber an einer Stelle relativ günstig angelegt. Der Lehrer kann nämlich das mangelnde Arbeits- oder Sozialverhalten von Schülern über die Note abstrafen und damit für ihn günstigere Verhaltensweisen zu erzwingen versuchen. Entschließt er sich aber zu argumentativen Begründungen, was er als guter Lehrer selbstverständlich tut, so könnte er ohne weiteres darauf verweisen, dass bestimmte Kompetenzen, verbunden mit möglichst hohem Schulabschluss, die durch individuelle Arbeitsdisziplin gesichert sind und jederzeit erweitert werden können sowie durch ein sozialintegratives Verhalten in Arbeitsgruppen flankiert sind, günstige Voraussetzungen für einen späteren Berufserfolg darstellen.

Schauen wir uns solche Begründungen an, dann mag auffallen, dass sie äußerst plausibel, weil empirisch eindrucksvoll beglaubigt sind und dass sie sehr gut in das hineinpassen, was wir im Anschluss an Charles Taylor als neuzeitlichen Utilitarismus kennen gelernt haben. Diese Begründungen sind allerdings keine eigentlich pädagogischen, und das wird spätestens beim Blick auf die vierte Inhaltsebene deutlich.

Stellen wir uns einen Lehrer vor, der mit einem jugendlichen Gegner unserer demokratischen Verfassung konfrontiert ist. Er steckt in einem nervenzehrenden Dilemma. Im Prinzip bleiben ihm nur zwei Möglichkeiten. Entweder er versucht, den fundamentalaggressiven Schüler über die Notengebung oder andere disziplinarische Maßnahmen loszuwerden – damit hat er dann dessen Vorbehalte gegen die Stimmigkeit unserer gesellschaftlichen Verfassung exemplarisch bestätigt. Oder aber er versucht, den Schüler „umzustimmen". Wie wir sofort spontan einsehen, kann das Letztere nicht einfach sein, wiewohl es die einzig professionelle Reaktionsweise des Lehrers wäre. Worin liegt die Schwierigkeit?

Wir haben oben mehrfach den argumentativen Punkt erreicht, an dem sich die Resonanzabhängigkeit des Lehrers vom Schüler, damit überhaupt Unterricht stattfinden kann, als Zentralproblem des Lehrerseins zeigte; durch die Notenabhängigkeit des Schülers vom Lehrer wird es in einer nutzenkalkulierenden Sichtweise erleichtert oder sogar scheinhaft gelöst, in einer ernsthaft pädagogischen Sichtweise wird es im Gegenteil dadurch verkompliziert. In unserem Radikalbeispiel des neonazistischen bzw. fundamentalistisch-religiösen Jungextremisten ist das besagte Zentralproblem des Lehrerberufs noch um eine ganze Dimension übertroffen. Der entsprechende Schüler lässt nicht nur den Unterricht für sich nicht zu und damit den Lehrer scheitern, er verwirft sogar das Lehrer-Sein des Lehrers als solches. Indem er die demokratische Rechtsordnung delegitimiert, entzieht er auch dem Lehrerberuf jegliche Berechtigung.

Was für den betroffenen Einzellehrer auf Anhieb tröstlich erscheinen könnte – die Totalverweigerung gilt ihm nicht persönlich – erweist sich durchaus nicht als strategischer Vorteil. Denn wenn er den Schüler, wie oben formuliert „umstimmen" will, muss er mit ihm in eine argumentative Auseinandersetzung eintreten. Will er sich diese erzwingen, so hat er sie schon verloren, wie wir eben gesehen haben. Wie aber bringt er den Schüler, der ihn gar nicht ernst nehmen will, dazu, *freiwillig* mit ihm in einen Meinungsaustausch zu treten, von dem der

Schüler schon vorher ganz genau weiß, dass er, der Lehrer, ihn eben „umstimmen" will?

Ich habe oben bereits das Beispiel von Sektenmitgliedern angesprochen, die uns am Sonntagvormittag an der Haustür in ein Gespräch „über Gott und die Welt" verwickeln wollen. In dessen Verlauf sollen wir stets zu der Einsicht geführt werden, dass wir nun doch lieber zu den wenigen auserwählten Erlösten statt zu den vielen Verdammten zählen wollen! Dass das mit uns geschehen soll, wissen wir schon von Anfang des Gesprächs an. Unser Lehrerbeispiel mit dem kulturablehnenden Schüler weist unglücklicher Weise beachtliche Parallelen zu unerwünschten Bekehrungsversuchen auf. Gewiss mögen die argumentativen Möglichkeiten des Lehrers etwas günstiger sein, weil er dem Schüler über einen längeren Zeitraum vertraut ist; allerdings nehme ich an, dass zivilisierte Bürger bei der Demonstration ihres Unwillens gegen das Ansinnen einer morgendlichen Konversion eher die Form wahren werden als manche aggressiven Schüler das tun, zumal wenn sie sich dabei gegenüber Mitschülern profilieren wollen.

Wo der Lehrer in jedem Unterricht eine kommunikative Vorleistung erbringen muss, ringt er in diesem Extrembeispiel geradezu darum, diese Chance erst noch gewährt zu bekommen. Der Extremschüler verfügt über strukturbedingte Möglichkeiten der Demütigung des Lehrers. Mit diesem Tatbestand ist schwer umzugehen.

Leider ist das Spektrum des pädagogisch Problematischen mit diesen Hinweisen noch nicht ganz ausgeschöpft. Wir hatten konstruiert, dass es zunächst zu Störungen von Schülern bei der Aufnahme der Wissensinhalte komme. Stellen wir uns abschließend noch ein ganz anders geartetes Beispiel vor. Gehen wir von Schülern aus, die auf vorzügliche Weise in der Lage sind, sich Unterrichtswissen anzueignen. Das klingt auf jeden Fall erfreulich. Aber: Unter diesen seien zwei – so unser Konstrukt –, die sich am Klassengeschehen nach Möglichkeit nicht zu beteiligen pflegen; einer der beiden ist sozial gehemmt; der andere lässt seine Mitschüler dann und wann „von oben herab" spüren, wie sehr sie hinter seinem intellektuellen Niveau zurückbleiben. Unter den anderen erfolgreichen Schülern seien wieder einer bekennender Neonazi und ein religiöser Fundamentalist – beide lehnen die demokratische Verfassung ab; ein fünfter schließlich bereitet sich konsequent auf eine erfolgreiche zukünftige Karriere vor – ohne erkennbare potentielle Skrupel oder soziale Verantwortung, über die er sich zynisch lustig macht.

In diesem Beispiel haben wir uns auf der Skala möglicher Schulformen offenbar deutlich nach „oben" bewegt. Was macht ein Gymnasiallehrer, wenn narzisstisch gestörte, sozial rücksichtslose oder potentiell gewalttätige Schüler gute Schulleistungen erbringen?

In den 70er Jahren waren Antiautoritäre – die sich bis in die Universitäten ostentativ mit ihren Lehrern anlegten – die Vorkämpfer liberaler schulischer Umgangsformen. Nicht nur die Kopfnoten wurden abgeschafft, es wurde sich auch nachdrücklich gegen politische Gesinnungsschnüffelei verwahrt. Offenbar hat seinerzeit mancher mit tiefgreifenden politischen Umwälzungen gerechnet, allerdings nicht mit denen, die sich dann später wirklich ereignet haben. Die Schulpädagogik ist von den jeweiligen gesellschaftlichen Rahmenbedingungen abhängig. Das kann, wie der Rückblick andeuten mag, dazu führen, dass sie für pädagogisch sinnvolle Reformen bestraft wird, wenn die gesamtgesellschaftliche Realentwicklung allzu deutlich anders verläuft als es bei den pädagogischen Reformen ursprünglich erhofft wurde.

Blickt man abschließend auf die vier Ebenen des Lehrerhandelns und gleichzeitig auf die Fluchtmöglichkeiten für Lehrer aus ihrem Beruf, dann erscheint noch eine weitere Differenzierung sinnvoll. Im flächigen „Lehrviereck" steigen die vier typologischen Fluchttypen je an einer Ecke aus der professionell geforderten Komplexität ihres Berufshandelns aus. Blickt man simultan auf die vier Ebenen, dann konzentriert sich der „Kinder-Freund" auf die 3. Ebene, die des sozialen Miteinanders, ohne der Ebene des unterrichtlichen Wissens die zureichende Bedeutung beizumessen; Ähnliches gilt für die Ebene des individuellen Arbeitsverhaltens. Sehr wohl im Auge wird er die unterste Ebene im Sinne einer universalistischen Menschenfreundlichkeit haben. Der „Wissens-Vertreter" richtet sein Augenmerk zunächst ausschließlich auf die Lernebene des Wissens, er sorgt deshalb auch für Arbeits- und Sozialdisziplin. Auf der Ebene der sozialen Vermittlung ist er aber nicht an einem Miteinander der Schüler bei der Wissenserarbeitung interessiert, sondern an der Selbstdisziplin aller Schüler, damit jeder Einzelne sich die Wissensinhalte aneignen kann. Der „Selbst-Darsteller" fokussiert wie der „Kinder-Freund" auf die 3. Lernebene, allerdings nicht, um auf komplizierte Weise „vom Kinde aus" zu denken und zu handeln, sondern um sich vor der Lerngruppe gut darzustellen und um sich von dieser idealisieren zu lassen. Der „Selbst-Schützer" ist insgesamt defensiv eingestellt, dabei am ehesten noch an der Ebene des Wissens orientiert, die er mit minimalem Aufwand bearbeitet. Ansonsten wird er versuchen, die nötige Arbeitsdisziplin der Schüler aufrecht zu erhalten, wobei er in der Wahl seiner Mittel nicht kleinlich sein wird.

Halten wir schließlich noch einmal fest: „Kinder-Freund", „Wissens-Vertreter", „Selbst-Darsteller" und „Selbst-Schützer" sind in ihrer Reinform

Konstrukte auf dem Papier – also typologische Ableitungen aus dem „Lehrviereck", das die Struktur des Lehrerhandelns wiedergeben soll. Es ist die besondere Komplexität der Struktur des Lehrer-Handelns einerseits in Kombination mit psychologischen Annahmen andererseits, aus der sich mit einer gewissen Plausibilität die angedeuteten Fluchtmöglichkeiten theoretisch herleiten lassen. Was die psychologischen Annahmen betrifft, so leiten sie sich aus der strukturell bedingten Kränkungsanfälligkeit des Lehrerberufs ab. Die Anwendbarkeit des Konstrukts auf die schulische Praxis sollte man nicht überschätzen.

Mancher Lehrer, der uns begegnet und uns dabei eine nur eingeschränkte Berufsauffassung zu erkennen gibt, wird einem der Modelle sehr nahe kommen, andere Lehrer werden vielleicht komplizierte Mischformen aufweisen. Beispielsweise ist es ohne weiteres denkbar, dass ein ansonsten gestrenger „Wissens-Vertreter" doch in jeder Lerngruppe seine „Lieblinge" hat: sei es, weil sie in seinem Fach gut sind, sei es, weil sie seine politischen Ansichten teilen, sei es, weil sie gut aussehen usw. Eine der für mich persönlich besonders nachdenklich machenden Erfahrungen ist, dass ich eine Reihe von betont „schülerorientierten" Lehrern kennengelernt habe, die jeweils mit den neuesten Unterrichtsmethoden zur „Schüleraktivierung" u. Ä. ihre menschliche Unnahbarkeit und den Mangel an lebendiger Schülerbeziehung vor sich und Anderen zu tarnen schienen.

Nur wenn man also vorsichtig genug damit umgeht, erweist das Konstrukt eine gewisse empirische Tauglichkeit. Halten wir fest, dass es der Lehrerberuf selbst ist, der durch seine komplizierten Strukturen zu vereinseitigter Wahrnehmung führen kann – von Seiten der Lehrer selbst und von einer utilitaristisch argumentierenden Öffentlichkeit ohnehin.

7 Bedeutung der eigenen Biographie für das Berufsverständnis

7.1 Zwischenstand

Wir haben von der ersten Seite unseres bisherigen Argumentationsganges an vorausgesetzt, dass dem Berufswunsch Lehrer ein zumindest implizites Wissen um wichtige bildungsphilosophische Grundlagen unserer neuzeitlichen Kultur motivierend zugrunde liegt, wohingegen im öffentlichen Bewusstsein der Lehrerberuf zwar bestens bekannt ist, dennoch aber von ganz überwiegenden Bevölkerungsteilen deutlich unterschätzt wird. Wir haben seine Komplexität etwas näher kennen gelernt, indem wir schematisch vom Didaktischen Dreieck ausgingen, das sich dann aus dem Lehrererleben heraus als Lehrviereck entpuppte. Der Lehrer muss sich demnach auf Dauer flexibel zwischen vier verschiedenen Ansprüchen bewegen: Inhalte-Bezug, Schüler-Beziehung, Sich-Einbringen, Sich-Zurücknehmen. Da diese Ansprüche nicht ernsthaft vergleichbar sind, kann man sich auf theoretische Weise nur mit ihnen vertraut machen. Wie man praktisch diese vier Ansprüche ausbalancieren lernen kann, ist durch keine Theorie simulierbar. Gewiss sind sorgfältige Unterrichtsvorbereitung und hinreichende Methodenkompetenz nötig. Die wichtigste „Methode" des Lehrers sind jedoch seine Persönlichkeit und seine situative Präsenz.

Letztere braucht er auch, um sich auf den vier verschiedenen Ebenen des Lernens bzw. der Inhaltevermittlung spontan bewegen zu können. Der jeweilige Unterrichtsstoff soll vom Schüler individuell diszipliniert und gleichzeitig in sozialer Kooperation der Lerngruppe erarbeitet werden. Gerade Letzteres ist immer schon geöffnet auf eine universalistische Perspektive hin, wie sie neuzeitlich-demokratisch im Grundgesetz verankert ist. Dass es tatsächlich vier Lernebenen gibt, kann so lange unbemerkt bleiben, wie in der Schule keine oder kaum Schüler auftauchen, die nennenswert unterrichtlich undiszipliniert und im alltäglichen Umgang asozial oder gesellschaftsablehnend auftreten. Sobald solche Schüler aber nicht mehr nur als einzelne Ausnahmen erscheinen, gerät der Lehrer in Konflikte, bei denen ihm, je mehr sie zunehmen, umso weniger wirkliche Machtmittel zur Verfügung stehen. Denn das Machtmittel par excellence der Schulpädagogik – die Notenvergabe – setzt, damit es bei den Schülern überhaupt wirksam werden kann, bei diesen auch eine hinreichend große Bereitschaft voraus, nach den Grundregeln unserer Gesellschaft in ihr tätig werden zu wollen.

So wie die Schulpädagogik, organisiert im Bildungssystem, eine mediale Vermittlerrolle zwischen der Kindheit der Schüler und ihrem späteren Erwachsensein einnehmen soll, so tritt der Lehrer von Berufs wegen in das Leben seiner Schüler ein und übernimmt dort, ob er es will oder nicht, eine biographisch womöglich bedeutsame Rolle. Wo ihm diese aber im Vorhinein durch die Schüler nicht zuerkannt oder sogar offen abgesprochen wird, wird seine Berufstätigkeit für ihn selbst belastend, je ernster er sie nimmt umso mehr. Denn: Der Schüler ist vom Lehrer – zumindest durch die Notengebung – zwar abhängig, der Lehrer aber auch vom Schüler in dessen Resonanz, durch die sein Berufserfolg als hinreichend gelingender Unterricht erst zustande kommen kann. Dass die Abhängigkeit des Lehrers vom Schüler übersehen werden kann, verdankt sich der gesellschaftlichen Situation früherer Zeiten. Heute deutet es auf ein Verharren in einer Sichtweise hin, die in der Folge der gesellschaftlichen Veränderungsprozesse insbesondere im Hinblick auf problematische Schülerklientelen veraltet ist.

In der Logik dieser Erwägungen ist es klar, dass der Berufseingangsphase des Lehrerseins eine besondere Rolle zukommt.[94] Deshalb nimmt auch die Schulkultur, die der Berufsneuling an seiner ersten Dienststelle vorfindet und in die er hineinfinden soll, eine äußerst wichtige Funktion ein. Wir hatten allerdings beim Durchspielen der fiktiven Schulkultur extremer Schulen bzw. Schulformen erkennen müssen, dass Schulkulturen hochgradig von der jeweils anvisierten bzw. zugeteilten Schülerklientel her selbst bestimmt werden. Kommen im Elitegymnasium die Schüler tendenziell nur unter Schulleistungs-Gesichtspunkten in den Blick, so kann sich die im Regelfall weit offenere pädagogische Perspektive auf die Schüler, wie sie an einer Sonder- bzw. Förderschule kaum vermeidbar ist, deprimierend auf die Gemüter der Lehrer legen und ihre gemeinsam-kollegiale Selbstverständigung untergraben. Dass diese Bemerkungen Tendenzangaben sind, die viele Ausnahmen zulassen, möchte ich an dieser Stelle noch einmal betonen.

Dass die öffentliche Wahrnehmung des Lehrerberufs einem charakteristisch verengten utilitarischen Selbstverständnis entspringt, mit dem sich die moderne Gesellschaft über sich selbst verständigt, hatten wir zwischenzeitig gesehen. Was Pädagogik eigentlich ausmacht, lässt sich utilitaristisch nicht erfassen. Genauer

---

[94] Die Überzeugung, dass das Referendariat hier die entscheidende Funktion wahrnehmen könne und solle, wird nach meinen persönlichen Beobachtungen nahezu ausschließlich von Vertretern der Schulaufsicht und den Referendarsausbildern selbst vertreten. Die kritische Bewertung, die viele Lehrer ihrer hochschulischen/universitären Ausbildung zukommen lassen, erscheint in nicht wenigen Einzelfällen beim Rückblick auf das eigene Referendariat noch schärfer.

wäre es zu sagen: Wer Pädagogik utilitaristisch erfassen möchte, verflacht sie und verfälscht sie damit. Wenn nun aber Pädagogik in der Öffentlichkeit überwiegend verengt diskutiert wird, ist es mehr als wahrscheinlich, dass auch viele Lehramtskandidaten und sogar Lehrer selbst nur ein eingeschränktes Bild von ihr haben. Der nochmalige Blick auf das Lehrviereck machte dann theoretisch plausibel, wie Lehrer unter dem Druck der vielschichtigen Ansprüche ihres Berufs bei gleichzeitiger fehlender Unterstützung durch ein hinreichendes öffentliches Verständnis sich Fluchtwege zuzeigen machen können: die durch die Berufsstruktur selbst vorgegeben und durch die öffentlichen Missverständnisse bisweilen geradezu nahe gelegt sind. Vergessen wir nicht, dass die theoretischen Missverständnisse der Öffentlichkeit von Anfang an nie nur theoretische waren, jedenfalls seit es ein allgemein verbindliches Schulsystem gibt. Denn dieses ist bis in seine mehrgliedrigen Schulformen hinein niemals nur Ausdruck pädagogischer Überzeugungen, sondern immer auch Manifestation und Resultat politischer Durchsetzbarkeiten gewesen.

7.2 Biographische Bedingungen des Berufsverständnisses

Wir haben also schon an dieser Stelle der Argumentation etwas sehr Folgenreiches gesehen: Die theoretische Beschäftigung mit dem Lehrerberuf kann – und muss – eine ganze Reihe von Komplikationen aufdecken, sie muss aber gleichzeitig die Erkenntnis mit hervor treiben, dass sie als theoretische Beschäftigung nur berufsvorbereitend wirken kann. Noch schärfer gesagt ist es denkbar, dass jemand hervorragend die Komplexität des Lehrerberufs reflektieren kann, ohne im Geringsten deshalb schon ein guter oder lebendiger Lehrer sein zu müssen. Ist auch der umgekehrte Fall denkbar, dass also jemand zwar kaum über den Lehrerberuf nachgedacht hat, aber doch ein guter Lehrer sein kann?

Die Antwort ist zunächst eindeutig „Ja", aber sie verliert, je genauer wir sie bedenken, immer mehr ihre Eindeutigkeit. Spielen wir also die Bedingungen durch, unter denen sie zuträfe. Derjenige, der ein guter Lehrer würde, ohne je nennenswert über den Beruf nachgedacht zu haben, bedürfte gewisser Voraussetzungen, die sich leicht erschließen lassen. Als erstes müsste er seine eigene Schulzeit als unproblematisch erinnern. Diese Grundvoraussetzung differenziert sich dann in drei abgeleitete Gesichtspunkte aus. Erstens muss er selbst ein Schüler gewesen sein, der ohne allzu große Probleme seine Schulkarriere absolviert hat, zweitens muss er ganz überwiegend Mitschüler gehabt haben, auf die im Prinzip Ähnliches zutraf und drittens muss er ganz überwiegend Lehrer gehabt haben, die ihren Beruf erfahrbar gern und bei den Schülern erfolgreich ausübten. Trifft auch nur eine der drei abgeleiteten Voraussetzungen nicht zu, *kann* sein Verhältnis zum Lehrerberuf *nicht* ganz unproblematisch sein, es sei denn, wir müssten dem fiktiven Betreffenden Dickfelligkeit oder Tendenzen zu einem inkonsistenten[95] Bewusstsein nachsagen: was ihn sogleich aus dem Kandidatenkreis der guten Lehrer ausschlösse.

Wer als Schüler seinen Lehrern Probleme bereitet hat, und wenn sie auch nur solche der Wissensaufnahme gewesen wären, weiß aus Erfahrung, wie viel Geduld und Einfühlung er ihnen dadurch abverlangen musste. Dasselbe gilt umso stärker im Falle von Disziplinschwierigkeiten. Der entsprechende ehemalige Schüler braucht sich also nur an seine Schulbiographie zu erinnern, um zu wissen, dass der Lehrerberuf hohe ethische Anforderungen stellt. Für eine entsprechende Einsicht reichte sogar die Erinnerung an schwierige Schulkameraden aus, selbst wenn man selbst ein ganz unproblematischer Schüler gewesen wäre.

Besonders interessant erscheint die dritte Bedingung. Um trotz Unreflektiertheit ein guter Lehrer werden zu können, muss es der betreffende frühere Schüler nahezu ausschließlich mit berufszufriedenen und bei den Schülern beliebten Lehrern zu tun gehabt haben. Denn die Erfahrung unsympathischer oder unzufriedener Lehrer muss die Frage hervor treiben, ob man nicht selbst auch in eine entsprechende Negativrolle berufsbiographisch hineinrutschen könnte. Unser fiktiver Kandidat kann sich die Reflexion auf seinen zukünftigen Beruf nur unter der Bedingung ersparen, dass er unglücklich agierende Lehrer nur in seltenen Ausnahmefällen (falls überhaupt) angetroffen hat und dass er bei diesen jeweils auf besondere individuelle Eigenheiten stieß, von denen er ohne großes Nachdenken sicher zu sein glaubte, sie würden so auf ihn selbst nicht zutreffen, auch nicht in der Zukunft.

Was hat uns das Gedankenspiel gebracht? Zunächst hat es unsere bereits anfängliche Einsicht bestätigt, dass der unreflektierte gute Lehrer einen theoretischen Grenzfall darstellt, der unter heutigen Schulbedingungen als unwahrscheinlich gelten muss. Wer ein guter Lehrer sein oder werden will, muss sich zumindest mit den Grundbedingungen und den potentiellen schülerbiographischen Folgewirkungen seiner Berufstätigkeit auseinandergesetzt haben. Es ist zu vermuten, dass dieser Prozess berufsbiographisch immer wieder erneuert werden muss.

Dies gilt insbesondere auch für das Thema Leistungsbewertung. Nicht nur hat jeder im Zuge seiner Schülerbiographie zahlreiche Bildungseinflüsse erfahren, jeder ist auch in dieser oder jener Form bewertet und in Gesichtspunkten, die

---

[95] Soviel wie: nicht hinreichend Zusammenhänge herstellend

ihm oder anderen wichtig waren, klassifiziert worden. Dass sich diese Erfahrung auf das Selbstwerterleben Heranwachsender stark auswirken kann, mag in der Öffentlichkeit unbeachtet bleiben, es ist aber strukturell nicht zu verhindern und obendrein durchaus pädagogisch beabsichtigt. Das eigentliche Problem der Notenvergabe – deren Notwendigkeit unter den gegebenen gesellschaftlichen Bedingungen wir oben sehen konnten – besteht nämlich in ihrer Kopplung an das Selbstwerterleben Heranwachsender. Bestünde diese enge Bindung nicht, könnte keine noch so gute oder schlechte Note motivierend auf das Lernverhalten des Schülers einwirken. Die unvermeidliche Kehrseite ist die potentielle Minderung des Selbstwertgefühls bei schlechten Noten. Umgekehrt fehlt dem Lehrer, wo diese Kopplung aufgehoben ist, jede Sanktionsmöglichkeit unerwünschten Schülerverhaltens und das entsprechende Fach erschiene aus Schülersicht unbedeutend.

Nehmen wir nun schematisch an, ein Lehramtsanwärter habe als Schüler ihn enttäuschende Lehrerreaktionen auf eigene schwache Schulleistungen erfahren. In Übereinstimmung mit psychoanalytischen Einsichten gehen wir alltagsweltlich davon aus, dass solche Vorgänge nicht immer bewusst erfolgen und vor allem, dass sie nicht folgenlos bleiben.

Die schlimmste denkbare Reaktion wäre, dass der Betreffende die Kränkung als letzten Endes „pädagogisch erfolgreich" verbucht hat und nun eine Leistungs-Pädagogik verficht, die zugleich auf Tradition setzt, indem sie die eigene Kränkungserfahrung an zukünftige Schüler weitergibt. Ich nehme an, dass meine Realschullehrer entsprechende vorberufliche Erfahrungen gemacht hatten. Nicht viel weniger schlimm als eine solche pädagogisch offensive Variante wäre eine verdeckte, bei der der Lehrer die eigenen Kränkungen eher unauffällig dosiert an seine Schüler weitergibt. Stellen wir uns etwa vor, falls ihm dabei eine entsprechende charakterliche Ausstattung entgegen kommt, dass er eine freudlose und verbissene Unterrichtsatmosphäre verbreitet, durch die impulsive und lebendige Schüler sich automatisch als Störenfriede erleben müssen.

Beide angedeuteten Varianten liegen in der Tendenz dessen, was wir oben im Anschluss an Anna Freud als „Identifikation mit dem Aggressor" kennen gelernt haben. Der zukünftige Lehrer wiederholt dann das Leiden, das seine eigenen Lehrer bei ihm selbst verursacht haben, indem er es etwa als „normal" pädagogisch rechtfertigt.

Wir haben oben gesehen, dass das Maß dessen, was in der Schulpädagogik als „pädagogisch normal" gilt, beachtlichen historischen Schwankungen unterworfen ist, die sich aus den jeweilig vorherrschenden gesellschaftlichen Praktiken und Denkgewohnheiten ergeben. Diese schlagen sich in jeder Organisation nieder – selbstverständlich vor allem in der Staatlichen Schule – die wiederum ihre Mitglieder ihrer Organisationslogik unterwirft und so diszipliniert. Die Frage, wann die Grenze zur Unterwerfung oder gar Selbstverleugnung der Mitglieder überschritten wird, ist dabei keineswegs so eindeutig zu beantworten, wie wir dies gern, schon im Sinne pädagogischer, politischer oder juristischer Klarheit, sehen würden. Zugleich gilt unter modernen Bedingungen, dass die Schule heute unter den Organisationen, die Heranwachsende disziplinieren, mehr denn je die entscheidende Rolle spielt, während die Bedeutung etwa der Kirchenmitgliedschaft oder von Jugendverbünden abnimmt.

Rechnen wir beide Faktoren zusammen, dann ergibt sich schon aus dem Organisationscharakter der Schule, die zudem noch biographisch wichtiges Wissen vermittelt und folgenreiche Selektionen vornimmt, ihr disziplinierender Charakter für alle ihre Mitglieder. Lehrer, die als Schüler so diszipliniert wurden, dass dies Kränkungen in ihnen hinterließ, werden die daraus folgenden problematischen Motive unter dem Schutz derselben Organisation ausleben können, die ihre eigenen traumatischen Erfahrungen mit zu verantworten hat. In früheren Zeiten hätte man vielleicht von einem „autoritären Charakter" oder von „Untertanenmentalität" gesprochen. Nach den Liberalisierungsschüben der 60er und 70er Jahre haben sich die Erscheinungsformen verändert und sind insgesamt unauffälliger geworden. In Einzelfällen im Sinne der oben skizzierten vier Fluchtmöglichkeiten von Lehrern vor der Komplexität ihrer Berufsaufgabe lassen sich aber stets auch Formen des Weiterlebens eigener traumatischer Schulerfahrungen vermuten.

7.3 Folgen schwerer Kränkung

Im ersten Teil unserer Argumentation sind wir immer wieder auf die Abhängigkeit des Lehrers von seinen Schülern gestoßen. Sie tragen ihre außerschulischen Erfahrungen, insbesondere die mit ihren Eltern und Erziehern, in die Schule hinein, und der Lehrer sieht sich mit vielfältigen Haltungen, Einstellungen und Erwartungen konfrontiert, die seinen Spielraum in ungünstigen Fällen – auch wenn er durchaus ein guter Lehrer sein mag – beträchtlich einengen. Nahezu jeder wache Schüler hat miterlebt, dass Lehrer von schwierigen Mitschülern in unangenehme Situationen verwickelt wurden. Deshalb muss jeder, der Lehrer werden will, sich fragen, wie er selbst mit solchen schwierigen Situationen umgehen würde.

Für die Lehrerausbildung – wo auch immer – ergibt sich daraus eine unmittelbar einleuchtende Forderung. Mit der Ausbildung mitlaufend muss sich der Lehramtskandidat mit der Nacharbeitung seiner eigenen schulbiographischen Erfahrungen befassen. Dass genau dies unter den gegenwärtigen Organisationsbedingungen von Hochschule/Universität und Referendariat nur in Ausnahmefällen, sozusagen in Ausbildungsnischen, geschieht, begleitet unser kritisches Nachdenken über den Lehrerberuf von den ersten Seiten an.

Zunächst möchte ich im Folgenden der Frage nachgehen, wie wir uns den Abwehrmechanismus einer „Identifikation mit dem Aggressor" besser erklären können. Er besteht, wie wir gesehen haben, zunächst in einer Übernahme von eigenen Verhaltensweisen im Gefolge von Verhaltensweisen eines anderen Menschen, unter denen man selbst gelitten hat. Das klassische Beispiel aus der Kinder-Psychoanalyse ist: Vater prügelt Sohn; der wird als Vater seinen Sohn wieder prügeln usw.[96] Wie können wir das verstehen, warum unterbindet der Sohn nicht die Leidenskette, wo er den Schmerz doch „am eigenen Leibe" erfahren hat?

Eine ältere psychoanalytische Erklärung würde etwa die folgenden Argumentationsschritte aufweisen. Der Sohn liebt den Vater, er kann sich nur selbst akzeptieren, wenn er der Vorstellung folgen darf, dass sein Vater ihn liebt. Dass er vom Vater geliebt wird, ist dann konstitutiver Bestandteil des Selbstbildes des Sohnes. Wenn ihn sein Vater prügelt, dann muss das für ihn der Ausdruck von dessen Liebe sein, sonst könnte der Sohn sich nicht mehr selbst akzeptieren. Also muss der Sohn davon ausgehen, dass er zu Recht gezüchtigt wurde, also muss er schuld sein, dass der Vater ihn schlagen musste. An dieser Stelle ist die „Identifikation" demnach eine Entschuldigung des Aggressors. Da der Sohn –

---

[96] In pädagogischen Kreisen ist nach meinen persönlichen Erfahrungen an einer Argumentationsstelle wie dieser der Determinismus-Vorwurf Standard.
Deshalb erläutere ich meine Argumentation.
Ich erkläre im Folgenden den *Mechanismus* „Identifikation mit dem Aggressor", ich behaupte *nicht*, jedes geprügelte Kind müsste später wieder prügeln. Ich weiß sogar aus eigener Erfahrung, dass dies nicht der Fall ist. Aber ich stelle „rückwärts gewendet" fest, dass es eine deutlich erhöhte Wahrscheinlichkeit gibt, dass prügelnde Erwachsene selbst als Kinder geprügelt worden sind.
Außerdem behaupte ich eine Wahrscheinlichkeit, dass traumatische Erfahrungen selbst dann nicht ohne weiteres unwirksam gemacht werden können, wenn man sie bewusst nicht weitergeben will.
Die weit gehende Missachtung alltagsweltlich anerkannter Wahrscheinlichkeiten von Beziehungsprozessen in der erziehungswissenschaftlichen Schulpädagogik wird methodisch (sofern überhaupt) einerseits mit dem Verweis auf psychologische Freiheiten der Individuen und andererseits pädagogische Bewirkbarkeiten begründet. Letzteres verdankt sich einem utilitaristisch-technizistischen Pädagogik-Verständnis, bei Ersterem wird eine philosophisch-idealistische Position eingenommen, die um die eigentliche Bildungs-Pointe verkürzt ist.

selbstverständlich – im Augenblick der körperlichen Züchtigung Schmerz und Wut empfindet, kann er diese hinterher als Begründung seiner vermeintlichen Schuld verwenden. Dieses Erklärungsmodell kommt Beobachtungen entgegen, wonach autoritär-aggressive Menschen mit sadistischer Neigung nicht selten andere Menschen zur Wut provozieren: um sie dann dafür gnadenlos zu bestrafen – während sie umgekehrt Menschen verachten, wenn sie die bei ihnen provozierte Wut aus Angst unterdrücken: um sie dann für ihre „Feigheit" ebenso gnadenlos zu bestrafen. Menschen, die solche Gemeinheiten spürbar auskosten und sich an der Verzweiflung ihrer Opfer weiden, müssen nach psychoanalytischer Überzeugung schwer traumatische Demütigungen in ihrer Kindheit erlebt haben. Indem sie die erlittene Brutalität weitergeben, stellen sie sich auf die Seite der Täter, die sie gleichzeitig für ihre „männliche Härte" o. Ä. bewundern.

Eine jüngere psychoanalytische Deutung würde eher beim letzten Gesichtspunkt beginnen. Das frühere Opfer unverhältnismäßiger und schwer kränkender Demütigung wird heute zum Täter. Indem der Täter eine sadistische Freude am Quälen des Opfers zeigt, kann er sich selbst „beweisen", dass er niemals Opfer war bzw. dass sein Opfer-Gewesen-Sein ein für allemal beendet ist, da er sich ja jetzt unzweifelhaft als Täter sehen darf. Die perverse Freude an der eigenen Aggressivität würde sich dann auch der emotionalen Genugtuung bei der Leugnung verdanken, selbst Opfer gewesen zu sein.

Die jüngere Psychoanalyse würde also eine Verschiebung im Erklärungsmodell von fehlgeleiteter Liebe und Schuld hin zum tief verletzten Selbstwerterleben vornehmen. Dadurch kann ein zentraler Sachverhalt, der das psychoanalytische Denken schon immer begleitet hat, stärker deutlich werden: Demzufolge erleben wir „uns selbst" seit unserer Kindheit nie nur als isolierte Individuen sondern immer in Beziehung zu wichtigen Anderen.[97] Dies hat nicht nur eine kognitive Seite – betrifft also nicht nur unser Selbstbewusstsein –, sondern auch unser emotionales Selbstwerterleben. Prügelnde, unbeherrschte, rücksichtslose Eltern schädigen das Selbstwerterleben ihrer Kinder dauerhaft und selbstverständlich auch ihr Selbstbewusstsein. Die Folge ist dann womöglich, dass die Eltern-Kind-Relation noch enger wird als wünschenswert: denn die „Identifikation mit dem Aggressor" ist nicht das, was wir unter einer reifen Identität und der entsprechenden Unabhängigkeit eines normalen Erwachsenen von seinen Autoritäten verstehen wollen. Der Prügler bleibt vielmehr seiner traumatischen Ver-

---

[97] Helmut Reiser hat darauf hingewiesen, dass erst die neuere Psychoanalyse für die Pädagogik anschlussfähig geworden ist. Bei Sigmund Freud ist der Mensch noch eher von seiner Triebentwicklung her als im Kontext seiner „Objektbeziehungen" gesehen. (Mit Letzteren sind die Beziehungen zu den ersten sozialen Gegenübern gemeint.) Vgl. Reiser (2005), 6ff

gangenheit und den Störungen seiner Herkunft verhaftet. Aber seine Störung ist auch eminent gegenwarts-wirksam und damit zukunftsgestaltend, indem er sinnloses Leiden an möglicherweise beliebige Opfer oder wahnhaft identifizierte Feinde und auf andere Weise an die ihm Anvertrauten weitergibt.

Von diesem Beispiel und seiner Deutung führt wieder ein leicht gangbarer Weg zu dem, was wir oben als Übertragung bezeichnet haben. Zunächst führt die Demütigung des Kindes durch seine Erzieher zu einer heftigen Gegenübertragung – Aggressivität erzeugt Gegenaggressivität. Vielleicht ist überhaupt ein Großteil dessen, was wir unter Menschen als scheinbar natürliche Aggressivität kennen, ursprünglich Gegenaggressivität[98] gewesen, also eine Folge nicht hinreichender Kultiviertheit der zwischenmenschlichen Beziehungen. Wer will genau wissen, wer wir alle unter günstigsten Entwicklungsvoraussetzungen geworden wären?

Mit einem Übermaß an erlittener Aggressivität sind die kindlichen psychischen Integrationsleistungen jedenfalls überfordert, die aggressiven Impulse bilden dann eine Art motivationaler Fremdkörper im psychischen Organismus des Selbst, das sich dadurch nicht hinreichend als seiner selbst mächtig erfährt.[99] Die „Kränkung" bzw. die traumatische Verletzung des Kindes besteht zur Hauptsache keineswegs darin, dass es dem Erwachsenen unterlegen ist; die Unterlegenheit ist vielmehr Voraussetzung der Geborgenheit, die es „normaler Weise" bei der Pflegeperson sucht und findet. Die Kränkung ist nicht wesentlich ein physisches Geschehen, sondern sie entsteht aus den innerpsychischen Begleitfolgen, deren erste Wut ist.

Die psychische Schädigung des Kindes durch ein Übermaß an Wut ist beträchtlich. Die unmittelbare Erfahrung, in bestimmten Situationen – die das Kind keineswegs selbst bestimmen kann – seiner „eigenen" Wut ausgeliefert zu sein wie etwas Fremdem, ähnelt etwa der Situation eines Hausherrn, dessen Bewegungsraum durch seinen unberechenbaren und unbezähmbaren Kampfhund massiv eingeschränkt ist. Der Ungezogenheit und Gefährlichkeit des Hundes korrespondiert die Schwäche des Hausherrn. Nehmen wir an – damit das Beispiel einigermaßen stimmig ist – der Hausherr könne sich des Hundes nicht entledigen, dann wird er sich auf Dauer mit diesem arrangieren müssen, also so tun, als sei er mit dem Verhalten des Hundes einverstanden oder – noch rigoroser – als handele der Hund in seinem Auftrag. In einem solchen Fall läge tatsächlich eine „Identifikation mit dem Aggressor" vor: Ihr eigentlicher Sinn läge darin, dass

---

[98] Also durch erlittene Aggressivität erzeugte Gegenübertragungs-Aggressivität
[99] Entsprechende Zusammenhänge sind eindringlich-autobiographisch bereits im 18. Jahrhundert beschrieben worden von Karl-Philipp Moritz (1979).

sich der durch den ungezogenen Hund in seiner Führungsschwäche bloßgestellte Hausherr dann noch nachträglich als ein solcher aufspielen könnte.

Ist das Kind also mit einem Übermaß an innerer Wut in seinem Selbstwerterleben geschädigt, dann wird es, wie wir vielleicht aus alltäglicher Erfahrung wissen, mit einiger Wahrscheinlichkeit bei scheinbar geringfügigen äußeren Anlässen zu Wutausbrüchen neigen. Es gibt also die passiv erlittene Aggressivität aktiv an Dritte weiter, die zumeist gerade nicht mit den Personen identisch sind, denen es „seine" Aggressivität „verdankt". Der Kreis der Opfer wird demnach bei aggressiv erzeugter Wut im Prinzip größer.

Das aggressiv wütend gemachte Kind ist also deshalb „verletzt", weil in ihm Wut erzeugt wurde, die ein ruhiges Bei-sich-Sein vereitelt. Wenn es auf Rache sinnt, dann hat diese psychologisch nur den einzigen Sinn: sein Selbstwerterleben wieder zur Ruhe zu bringen, und das heißt, mit einer anderen Metapher, es zur Ganzheit zu runden. Indem es sich beispielsweise Feinde und deren Bestrafung ausmalt, wendet es, psychoanalytisch gesprochen, die in ihm provozierte Gegenübertragung in eine Übertragung um. Sie hat, um einen anderen psychoanalytischen Begriff zu gebrauchen, „projektiven" Charakter. Man könnte sagen: Der Andere wird als so hassenswert wahrgenommen, wie man es mit Rücksicht auf das eigene Hass-Bedürfnis benötigt, das seinerseits der Wut entspringt. Nicht nur das: Der wuterfüllte Mensch braucht stets auch solche Mitmenschen, die er hassen „darf", denn nur die Aussicht auf deren Unterwerfung oder gar Auslöschung hält den Traum des Wiedergewinnens seiner verletzten psychischen Integrität am Leben.

Wir stoßen an dieser Stelle auf den wörtlich „perversen" Sachverhalt, dass der durch übermäßige Wutaufladung aspektweise asozial gewordene Mensch des Hassobjektes bedarf, um sein verletztes Selbstbild für potentiell heilbar zu halten. Er bleibt also nicht nur, wie wir oben gesehen haben, womöglich solchen Personen, die ihn im Sinne traditionalistisch harter Erziehung gedemütigt haben, zu eng verbunden, er tritt auch in eine seltsam irreale Beziehung zu anderen, vielleicht fremden Menschen, denen er seinen Hass zumuten kann. Verwenden wir das Wort „sozial" rein funktional, also ohne die Aufladung durch ethische Werte, dann ist der ethisch asozial gewordene bzw. gemachte Mensch auf gefährliche und unberechenbare Weise „sozial".

Schauen wir uns solche Formen asozialer Sozialbeziehungen bzw. das mit Übertragung Angedeutete noch etwas genauer an, mag uns auffallen, dass der hassaggressive Täter sich seine Opfer im Regelfall nicht völlig wahllos aussucht. In den meisten Fällen hasserfüllter Aggressivität ist der Täter nicht allein, er agiert in der Gruppe, in die er sich dadurch einfügt, dass er Mittäter wird und der er dadurch zu imponieren versucht, dass er sich durch Aggressivität gegen Außenstehende hervortut. Auch hier halten wir, abgesehen von der Rückerinnerung an das von Kernberg schon Dargelegte, den verirrten Sozialbezug asozialer Aggressivität fest.

Ich hatte oben schon skizziert, dass Aggressive ihre Opfer gern in ausweglose Situationen treiben, ihnen also Konstellationen zumuten, die situativen „double-bind"-Beziehungen[100] entsprechen. Wie immer man reagiert, man reagiert falsch. Aggressive Täter dulden keinerlei normales Selbstbewusstsein bei ihrem Opfer, keine Konkurrenz und schon gar keinen Widerspruch oder Widerstand: den interpretieren sie augenblicklich als Aggressivität, die sie unverzüglich ahnden müssen. Es kann völlig reichen, einen Aggressiven einen Augenblick zu lange anzuschauen, wobei er bestimmt, was „zu lange" bedeutet. Unterwerfung jedoch ruft in Hassaggressiven Verachtung hervor, die Demütigungen werden dann im Regelfall nicht nur fortgesetzt, sondern gesteigert. Wir fragen uns an dieser Stelle noch einmal: Wie, wenn wir nicht auf eine angeborene Bösartigkeit des Menschen oder einiger Menschen schließen wollen, lassen sich solche Sachverhalte verstehen?

Der Täter, so hatten wir gesehen, versucht sich das Gefühl der eigenen psychischen Integrität zu verschaffen durch Demütigung und Unterwerfung des Opfers. Er spielt damit Szenen nach, die er strukturähnlich selbst erlebt – erlitten – hat. Aber diesmal ist er unzweifelhaft der Täter, das Leiden des Opfers „beweist" ihm das sichtlich. In einer Welt, in der es letzten Endes immer nur Sieger und Besiegte, eben Täter und Opfer gibt, wie ihm in seinen Demütigungen erfahrbar gemacht wurde, gehört er dann zu den Siegern, die identisch sind mit den Tätern. Indem er die aggressive Szene inszeniert, „erinnert" er sich an eigene Erfahrungen, die er zugleich unkenntlich macht, indem er die Seite wechselt. War er seinerzeit das Opfer, so ist er jetzt Täter. Im obigen Beispiel nimmt der damalige Sohn heute die Rolle seines damaligen Vaters ein. Und sein Opfer? – Es hat die Aufgabe, die eigene damalige Rolle heute zu übernehmen. Hassaggressive Täter suchen in der Demütigung ihrer Opfer die Erinnerung an ihr eigenes Opfersein auszulöschen. Ihre Opfer bedeuten in ihrer unbewussten Wahrnehmung sie selbst in ihrer kindlich erlittenen Aussichtslosigkeit.

Die für viele von uns nicht vorstellbare Einfühlungsarmut hassaggressiver Täter in ihre Opfer ist somit die Folge eines teil- oder aspektweise erlittenen Identitätsverlusts. Der durch übermäßige Wut psychisch überforderte Mensch

---

[100] In der Schizophrenie-Forschung geht man davon aus, dass in sich widersprüchliche Verhaltensaufforderungen, bei denen das Kind getadelt wird, ganz gleich wie es reagiert, psychisch krankmachend wirken.

kann so sehr die Beziehung zu sich selbst verlieren, dass er sich im leidenden Anderen bewusst nicht mehr wieder erkennt, während er unbewusst versucht, sein Leiden mit vertauschten Rollen zu wiederholen: um es in seiner Rach-Sucht vermeintlich loszuwerden.

Halten wir die Ergebnisse dieses Nachdenkens über die kulturwirksamen Folgen von unzumutbaren kindlichen Aggressivitäts-Erfahrungen fest. Es zeigt sich, dass ein asoziales Empfinden und Verhalten die Folge einer kindlichen Gegenaggressivität sein kann, das die normale Reaktion auf unverarbeitbare aggressive Erfahrungen mit Tätern ist. Das Kind wird dann frühzeitig in dem Vertrauen geschädigt, dass es – mit sich identisch – seine Handlungen selbst lenken kann; vielmehr erlebt es sich in bestimmten Situationen fremdgesteuert durch Impulse, die es als nicht kontrollierbar erlebt.

Zugleich ist seine Identitätsstörung so weit getrieben, dass es die normale Einfühlung gegenüber anderen Menschen, insbesondere wo sie in Not sind, nicht mehr aufbringt. Somit kann dann der Andere im für ihn unglücklichen Fall zum Projektionsgegenüber für aggressive Impulse werden, durch die sich die ursprüngliche wütende Gegenübertragung des psychisch Geschädigten in hasserfüllte Übertragung wandelt. Das frühere passive Opfer wird nun zum gegenwärtigen aktiven Täter. Gerade die für das neuerliche, möglicher Weise völlig unschuldige Opfer sinnlosesten und leidbringendsten Verhaltensweisen verraten dann eine – perverse – Identifikation des Täters mit seinem Opfer, die er vor sich selbst unkenntlich macht, indem er diesem symbolisch antut, was ihm selbst angetan wurde.

Der asozial erscheinende Mensch ist demnach immer noch sozial bedürftig, aber er ist situativ nicht mehr sozial fähig, weil mit seiner Bedürftigkeit in zerstörerischer Weise umgegangen wurde. Nimmt man die Arbeiten der neueren Psychoanalyse ernst, dann lassen sich noch drei Hinweise anfügen.

Der erste besagt, dass es keineswegs nur physisch rohe Verletzungen sein müssen wie sexuelle Übergriffe oder körperliche Züchtigung, die Kinder schwer schädigen und sich über den besagten Mechanismus einer Identifikation mit dem Täter sozial fortpflanzen können. Analytiker berichten schon seit Jahrzehnten von Patienten mit psychischer Unsicherheit, Leeregefühlen, schwer greifbaren depressiven Verstimmungen oder diffusen Befindlichkeitsstörungen. Diese Symptome werden als Langzeitwirkungen von mangelnder emotional-verlässlicher Resonanz durch die frühkindlichen Pflegepersonen behandelt, was selbstverständlich nicht ausschließt, dass aktuelle Erfahrungen als Erwachsene die Symptome mit auslösend wirksam werden.[101]

Der zweite Hinweis hängt mit dem ersten zusammen und betrifft die möglichen psychischen Folgen permissiven[102] Umgangs mit Kindern, der sich nicht selten als „partnerlich" im Bewusstsein der jeweiligen Erziehungsberechtigten darstellt. Hier gilt Ähnliches wie bei dem oben unter dem Stichwort „Kinder-Freund" Gesagten. Der Übergang von der Großzügigkeit zur Gleichgültigkeit ist bei manchen Erziehungsberechtigten fließend. Zumeist nehmen die betreffenden Erwachsenen ihre Aufgabe, dem Kind verlässliche Orientierung zu bieten, nur ungenügend wahr, indem sie ihm zu viele Entscheidungen zu früh anheim stellen. Manches Kind, das die entsprechenden Erwachsenen erlebt hat, tut sich dann schwer, selbst erwachsen zu werden, was frühzeitig erworbene Tendenzen zur Rechthaberei und rascher Kränkbarkeit nicht ausschließt. Zu permissiver Umgang schadet den Kindern, das sollten wir aus den antiautoritären Experimenten gelernt haben.

Der dritte Hinweis betrifft die Möglichkeit von „parallelgesellschaftlichen" Entwicklungen. Wo sich gesellschaftliche Minderheiten langfristigen sozialkulturellen Ausgrenzungen ausgesetzt sehen, ist es leicht vorstellbar, dass sie kulturelle Eigenheiten verstärken, die kollektiv kränkungsverarbeitende Funktion haben. Nehmen wir an, sie würden aus Herkunftskulturen traditionalistischer Art stammen, dann werden sie diejenigen Faktoren betonen, die aggressive oder sonstwie kränkungskompensative Bedeutung annehmen können. So wird im religiösen Fundamentalismus das eigene Selbstwerterleben in hierarchieförmiger Ableitung von traditional beglaubigten gesellschaftsübersteigenden Mächten hergeleitet. Während die umgebende Kultur als „unerwählt" weil „ungläubig" und damit aus göttlicher Sicht minderwertig betrachtet wird, wächst der eigenen Existenz eine Art Rächer-Funktion zu, die entsprechend göttlich verbürgt ist und sich an keinerlei innerweltlichen moralischen Standards mehr zu orientieren braucht. Die „Ehre" Gottes wandert dann auf deren menschliche Vertreter herunter und soll dann gesellschaftlich-kulturelle Ausgrenzung kompensieren können.[103] Denkbar sind auch „parallelgesellschaftliche" Entwicklungen, wenn etwa ethnische Minderheiten ohne ausgeprägt traditionalistischen Kulturbezug auf gesellschaftliche Ablehnung und Minderwertung stoßen. Es ist dann denkbar, dass sie parasitär gesellschaftlich vorgegebene ökonomische Möglichkeiten in

---

[101] Richard Sennett spricht im ökonomisch-gesellschaftstheoretischen Kontext der „Kultur des neuen Kapitalismus" vom „Gespenst der Nutzlosigkeit" (a.a.O., S. 67ff).
[102] Wörtlich „gewährend", bezieht sich auf betont partnerlichen und nicht-erzieherischen Umgang mit Kindern
[103] Vgl. Sloterdijk (2007)

juristischen Nischen sozio-organisatorisch verankern und für ihre Zwecke ausnutzen. Überschneidungen mit traditionalistischen Hintergrund-Motiven sind selbstverständlich möglich, Stichwort „Mafia". Man wird demnach also auch bei mangelnder gesamtgesellschaftlicher Integration mit sonderkulturell geförderten hassaggressiven Reaktionen bei Heranwachsenden zu rechnen haben.

Dass am anderen Ende der gesellschaftlichen Einkommens- und Machtverhältnisse sich parallelgesellschaftliche Tendenzen – etwa in Kreisen des höheren Managements – einbürgern und bei ihrem Nachwuchs abgeschottete Einstellungen gegenüber der Restbevölkerung züchten können, wurde unter dem Stichwort „Elite"-Schulen bereits angedeutet.[104]

7.4 Kränkungsempfindlichkeit

Im ungünstigen Fall ist ein Lehrer – stellen wir uns noch einmal einen Berufseinsteiger vor – mit drei Kränkungen konfrontiert. Zwei davon stammen von außen, eine von innen. Zunächst begegnet er der projektiven Aggression von Schülern, die, womöglich als Gruppe, ihm mit kränkenden Verhaltens- oder Handlungsweisen entgegen treten. Eine kränkende Verhaltensweise wäre etwa, dass sie ihm ihre Missachtung indirekt zu verstehen geben, indem sie von vornherein desinteressiert in den Unterricht gehen; eine kränkende Handlungsweise bestünde vielleicht in abfälligen oder offen unverschämten Äußerungen ihm gegenüber.

Nach unseren bisherigen Erörterungen sind solche kränkenden Verhaltens- und Handlungsweisen von Schülern, zumal wenn sie in der Gruppe auftreten, stets auch Aktivierungen eigener schlechter Erfahrungen, die man nun am Lehrer auslässt, kurz: Sie sind aspektweise Übertragungen. Durch die Übertragung erfährt der Lehrer indirekt etwas über Kränkungen, die seine Schüler alltagsweltlich-außerschulisch erlebt haben müssen. Hinter der ihm aktuell zugefügten Kränkung (A) stecken also außerschulisch-biographisch erlittene Kränkungen der Schüler, nennen wir sie ursächliche Kränkungen (U). Der Lehrer bekommt – durch den Umgang, der ihm zugemutet wird, indirekt Einblicksmöglichkeiten in kränkende Aspekte aus der Alltagswelt seiner Schüler. Insofern ist der Lehrer zweifach mit Kränkung, die von außen kommt, konfrontiert.

Bevor er sich dies allerdings kognitiv klarmachen kann, hat die aktuell ihm zugefügte Kränkung (A) bei ihm eine Gegenübertragung ausgelöst. Das heißt, die Kränkung kommt dadurch bei ihm als solche an, dass sie eine psychische Resonanz bewirkt, indem sie sich in seinem Innern *auflädt*. Erinnern wir uns:

---

[104] Ilien (2008), S. 92-105

Kränkungen sind kein äußerliches Ereignis, sondern immer nur ein innerpsychisches. Würde der Lehrer spontan das aggressive Verhalten seiner Schüler ausschließlich als deren Problem erleben, wäre es für ihn nicht wirklich kränkend. Es wäre wahrscheinlich unterrichtlich störend, und er müsste es irgendwie zu beenden versuchen, es wäre aber eben für ihn nicht kränkend.

Die eigentliche Kränkung entsteht also durch die innerpsychische Verstärkung, die die Wahrnehmung der Kränkung (A) erhält: nennen wir sie (V). Die Kränkungsverstärkung bzw. Gegenübertragung macht die Kränkung (A) erst zur Kränkung (V). Umgangssprachlich ausgedrückt, erfahre ich mir zugefügte Kränkungen im Normalfall dadurch, dass sie von mir selbst, aber unbewusst, aufgeladen sind. Dies ist alltagsweltlich unumgänglich. Wenn ich lerne, den Eigenanteil der Kränkung, der aus meiner eigenen Biographie stammt, abzurechnen, kann ich lernen, den Sinn der Kränkung besser zu verstehen. Mit unseren Buchstaben: Ich verwechsle nicht länger (V) mit (A), sondern ich lerne, von (A) auf (U) rückzuschließen. Dass es sich hier nicht um präzise Rückschlüsse im Sinne kausalanalytischen Denkens handeln kann, möchte ich noch einmal betonen. Vielmehr werden Vermutungen methodisch über das eröffnet, was an biographischschwieriger Erfahrung hinter dem unangemessenen Schülerverhalten stehen könnte.

Nimmt man die psychoanalytischen Erfahrungen mit solchem methodischen Rückschließen ernst – es ist für jede praktische Psychoanalyse konstitutiv –, dann müssen wir uns zunächst auf eine ernsthafte Schwierigkeit einstellen. Wir tendieren im alltäglichen Umgang dazu, die Kränkung, wie wir sie erfahren (V) für diejenige Kränkung zu halten, die uns der Andere auch als solche, also absichtlich zugefügt hat (A). Kränkungsempfindliche Menschen erleben deshalb nicht nur mannigfache Kränkungen, sie sind auch im Regelfall tief verwundert, ja vielleicht empört, dass ihre Gegenüber die jeweilige Kränkungsintensität zumeist nicht angemessen zu empfinden scheinen und sogar die Kränkungsabsicht häufig bestreiten. Kränkungsempfindliche Menschen müssten demnach lernen, sich ihre Kränkungsempfindlichkeit einzugestehen: Das aber würde sie spontan – es mag sich anhören wie ein Wortspiel, ist aber keines – zu sehr kränken.

Die deutsche Sprache unterscheidet zwischen „Empfindlichkeit" und „Empfindsamkeit". Letztere meint soviel wie „Feingefühl", Erstere geht in Richtung „Überempfindlichkeit" – also zu rasche Kränkbarkeit bei zu geringem Anlass. Trifft man alltagsweltlich auf empfindliche Menschen, so halten sie sich im Normalfall für besonders empfindsam oder auch sensibel, während ihre Umgebung nicht selten übervorsichtig mit ihnen umgeht. Werden sie, was wie gesagt schnell passieren kann, gekränkt, erzeugen sie bei ihren Gegenübern Schuldgefühle. Überempfindliche Menschen sind im Regelfall das, was wir im Deutschen als „nachtragend" bezeichnen. Wo Hassaggressive die Täter-Rolle suchen, lassen sich Überempfindliche eher in die Opfer-Rolle fallen und der Andere trägt dann die Schuld. In einer Psychotherapie benötigen kränkungsempfindliche Menschen viel Zeit, damit sie die innere Kraft aufbauen können, die sie zum ruhigen Sich-Eingestehen ihrer Verletzbarkeit brauchen. Denn sie müssen sich zugleich eingestehen, dass sie das, wovor sie bewusst Angst haben – vor Kränkungen – unbewusst selbst suchen, ja, dass sie Kränkende in ihnen selbst allzu leicht abrufbereit ist.

Wie wir aus alltäglicher Erfahrung vielleicht wissen, ist eine erhöhte Kränkungsempfindlichkeit zwar für die Nahumwelt des Betreffenden deutlich spürbar, für den Betreffenden selbst aber nicht direkt – es sei denn, er werde darauf hingewiesen. Aber genau das ist das Problem, denn sie ist kein kognitives Phänomen – Kränkungsempfindliche können zu hohen intellektuellen und künstlerischen Leistungen in der Lage sein –, sondern sie betrifft das Selbstwerterleben auf einer „tieferen" Ebene. Sie stellt, als direkter Gegensatz zur „Identifikation mit dem Aggressor" eine Art „Identifikation mit dem Aggressionsopfer" dar. Der so genannte Abwehrmechanismus besteht nun darin, dass man, selbstverständlich unbewusst, sein Opfer-Sein in der Gegenwart immer wieder wiederholt, um von früheren traumatischen Erfahrungen abzulenken. Versucht man, den Kränkungsempfindlichen auf seine Störung hinzuweisen, gerät man unversehens in dessen Eigendynamik, eben indem man ihn „kränkt". Aus diesem Zirkel ist mit kognitiv-aufklärerischen Mitteln nicht auszubrechen.

Die Störung kann nur dadurch überwunden werden, dass der Kränkungsempfindliche selbst sie überwinden will. Der einsame Beschluss würde wiederum die Störung – also Kränkung (U) – nicht erreichen. Warum nicht? Weil auch die Identifikation mit dem Aggressionsopfer, das man selbst war, als individuelles Trauma sozialen Ursprungs ist, sich also dem Umgang mit wichtigen Bezugspersonen verdankt. Eine rein kognitive Auseinandersetzung mit frühen Verletzungen bringt, wie schon Sigmund Freud vor mehr als hundert Jahren erfahren und erkannt hat, keine Besserung. Diese setzt vielmehr erst die Wiederbelebung des damaligen Schmerzes bzw. der damals mitausgelösten Angst und Wut als notwendige Bedingung voraus. Die psychoanalytische Therapie versteht sich deshalb als Prozess einer vorsichtigen Unterstützung des Selbstheilungswillens des Patienten, indem der Therapeut ihn in seine schmerzlichen und peinvollen Rückerinnerungen begleitet: damit er diesmal erlebt, dass er sie sich eingestehen kann, ohne dass sie ihm noch einmal gefährlich werden können. Muss er sie nicht länger unbewusst in Abwehrmechanismen verbannen, kann er aus den Rückerinnerungen gestärkt hervorgehen.

Vergleicht man die Kränkungsempfindlichkeit als andauernde Identifikation mit dem Aggressionsopfer, das man war, mit der Hassaggressivität des mit dem Aggressor Identifizierten, fällt sofort auf, dass der Kränkungsempfindliche nicht nur ungleich besser sozial angepasst und wahrscheinlich zu kulturell weit höher stehenden Leistungen fähig ist als der Hassaggressive, seine Störung ist auch schon deshalb weniger tief, weil er ja im Prinzip mit dem leidenden Kind verbunden bleibt, das er selbst war. Seine Einfühlungsfähigkeit in Andere ist keineswegs gestört oder sogar zerstört, sie ist nur übersteigert und fällt in den einschlägigen Situationen, sobald er sich gekränkt fühlt, auf sich selbst zurück. Indem er sich immer wieder gekränkt fühlt, errichtet er zwar so etwas wie eine Schutzmauer um sich – indem er dem Anderen vorschreibt, wie er behandelt zu werden wünscht – aber er erzwingt sich damit auch die Aufmerksamkeit des Anderen, indem er ihm unmissverständlich zu verstehen gibt, wie wichtig ihm dieser ist. Bei kränkungsempfindlichen Menschen ist also die Bedeutung des Sozialen in den Symptomen ihrer Störung festgehalten und nicht – wie bei Hassaggressiven – dementiert.

Ein großer Teil von Lehramtsstudierenden leidet unter einer gewissen Kränkungsempfindlichkeit, die ihre spätere Berufstätigkeit voraussichtlich belasten wird. Sie ist geradezu normal, durchaus auch für solche, denen wir die Fähigkeit, gute Lehrer zu werden, zutrauen wollen. Ähnliches gilt auch für vielfältige Formen sozialer Unsicherheit wie z. B. Schüchternheit. Warum ist das so? Wer Lehrer werden will und sich dabei ein Gefühl für die Verletzbarkeiten oder Unsicherheiten Heranwachsender bewahrt hat, wird deren Relevanz am eigenen Leib erfahren haben und das heißt wahrscheinlich, ansatzweise noch erfahren.

In der offiziellen Logik unserer gängigen Lehrerausbildung wird dieser Tatbestand ignoriert. Kränkungsempfindlichkeit kann dadurch während des Studiums und des Referendariats nur in Sonderfällen bearbeitet und abgebaut werden, während die gängige Studienorganisation, die Leistungsanforderungen und ihre utilitaristischen Grundannahmen im Gegenteil geeignet sind, der Kränkungsempfindlichkeit der Studierenden zusätzlich Nahrung zu geben und neuerliche Anlässe zu verschaffen.

7.5 Organisierbare Wissensvermittlung, nicht organisierbare Begegnung

Jeder sieht ein, dass die Lehrerausbildung organisiert werden muss, und es liegt auch nahe, dem Staat bzw. der Politik diese Aufgabe ebenso zuzusprechen wie der Wissenschaft, also den Universitäten und Hochschulen, die ihrerseits selbst staatlich bzw. politisch-öffentlich organisiert sind. Auf das damit gegebene Problem hat vor zweieinhalb Jahrhunderten in eindringlicher Manier, wenn auch indirekt Jean-Jacques Rousseau hingewiesen. Sein für die neuzeitliche Pädagogik bahnbrechendes Werk, „Émile ou l'éducation" ist nicht umsonst ein *Roman*, also das demonstrative Gegenstück zu einer empirischen Studie oder einem Tatsachenbericht, es ist absichtsvoll utopisch, eine Art Gedankenspiel. „Wie etwa müsste der wirklich seiner inneren Natur noch verbundene Erwachsene erzogen worden sein?", so etwa lautet Rousseaus Leitfrage. Das von ihm dann gewählte Arrangement des Waisenknaben, der mit seinem ihm äußerst konsequent zugewandten Erzieher in der pädagogischen Provinz unter Ausschaltung normaler Außeneinflüsse aufwächst, ist irreal überorganisiert – und deshalb eine einzige Absage an konkretere Vorstellungen oder Vorschläge, wie man denn Pädagogik organisieren solle oder könne.

Dass gute Pädagogik nicht organisiert werden kann, ist das Ergebnis unserer Erörterungen über die Lehrertätigkeit. Sie kann nur organisatorisch ermöglicht oder eröffnet werden, sie kann auch organisatorisch behindert oder sogar verhindert werden; organisatorisch bewirkt werden kann sie nicht. Warum nicht? Weil sie, wie wir gesehen haben, ein Begegnungsgeschehen ist. Es bedarf notwendiger Bedingungen, und die sind zweifellos stets auch organisatorischer Art. Hinreichende Bedingung gelingender Pädagogik oder stattfindenden Unterrichts aber ist das Begegnungsgeschehen. Und dasselbe gilt für die Lehrerausbildung.

Rousseau beschreibt eine Erziehungsorganisation, die sich vollständig auf die erzieherischen Absichten des Erziehers reduziert, sozusagen vom Erzieher immer wieder neu erfunden wird. Das allerdings ist gerade keine Organisation, wie wir sie verstehen. Der Erzieher übrigens hat bei Rousseau auch keinerlei pädagogische Ausbildung durchlaufen. Er hat sich aus seinen natürlichen Anlagen heraus selbst hervorgebracht, er ist also sein eigner Erzieher gewesen, bevor er sich als Erzieher des Émile erst als solchen kennen lernen konnte. Wir sehen: Am Anfang der neuzeitlichen Pädagogik steht ein irreales Konstrukt, das mit der Nicht-Organisierbarkeit der Pädagogik spielt. Hat es trotzdem oder deshalb so viel Hoffnung verbreitet, durch Pädagogik ließe sich das Zusammenleben der Menschen humanisieren?

Was im Roman möglich ist, dass die Erziehungsorganisation vollständig der Logik eines differenzierten pädagogischen Begegnungsgeschehens untergeordnet wird, ist in der Realität im Zuge der Durchsetzung einer allgemeinen Schulpflicht und mit der Einrichtung eines flächendeckenden Schulwesens notweniger Weise „umgedreht" worden. Pädagogisches Begegnungsgeschehen wird schulorganisatorisch gerahmt und ermöglicht, aber eben auch begrenzt. Unterricht kann stattfinden, muss es aber – als gelingender – nicht. Ich schlug deshalb oben vor, von einem teilweise stattfindenden Unterricht als realitätsnaher Normalvorstellung auszugehen.

Unter welchen Bedingungen funktioniert die Schule als pädagogische Organisation optimal? – Wir haben diese Fragestellung oben bereits indirekt im Kontext der Gesichtspunkte des Unterrichtsgeschehens diskutiert. Die Antwort lautet: wenn sie lediglich *funktionieren* muss. Wie ist das zu verstehen? Wenn die Organisation nur funktionieren müsste, würde dieses bildungsphilosophisch bedeuten, dass das zwischen Lehrer und Schülern unerlässliche Begegnungsgeschehen durch die außerschulischen Rahmenbedingungen *hinreichend gut vorbereitet* wäre. Die unterrichtliche Begegnung wäre nur die ganz selbstverständliche Fortsetzung der gesellschaftlichen und lebensweltlichen Umgangsformen Heranwachsender und Erwachsener im schulspezifisch organisierten Kontext. Sagen wir es zugespitzt: In der Gesellschaft mit alltäglich-verlässlich erfahrbarem humanem Umgang mit Heranwachsenden könnte der Lehrer sich problemlos auf Wissensvermittlung und -abprüfung als berufliche Tätigkeiten beschränken. Dann – aber erst dann – wäre auch der Utilitarismus in pädagogischen Belangen berechtigt.

Der Grundfehler des öffentlichen Utilitarismus liegt demnach darin, dass er mit zwei Voraussetzungen arbeitet, die irreführend bzw. selbstbeschwichtigend sind. Zum einen setzt er stets das in seinem Selbstbewusstsein bereits gefestigte Individuum voraus. Damit wird das pädagogisch zentrale Problem, wie der Heranwachsende bei der Entwicklung seines Selbstbewusstseins gefördert werden solle, unter der Hand schon als gelöst vorausgesetzt. Dasselbe wiederholt sich auf gesellschaftlich-kollektiver Ebene. Wo Pädagogik auf das Funktionieren von Schule bzw. Unterricht im Sinne von Wissensvermittlung und -abprüfung reduziert wird, werden demokratisch-optimale Gesellschaftsbedingungen vorausgesetzt. Beide Voraussetzungen sind schlechter Idealismus, um nicht zu sagen: schlichte Ideologie.[105]

---

[105] Bemerkenswert ist nebenbei, dass im utilitaristischen Denken einer bildungsphilosophisch fundierten Pädagogik offen oder verdeckt der Vorwurf utopischer Verstiegenheit gemacht zu werden pflegt.

Bräuchte die Schule als Organisation nur zu funktionieren, würden tendenziell alle Schüler nicht nur beste Voraussetzungen für die Wissensvermittlung mitbringen, sie müssten auch jede Form von Beurteilung mit Hilfe ihres stabilen Selbstwertgefühls verkraften können. Sie dürften sie auch nicht allzu sehr fürchten, weil es dann auch bei schwacher Bewertung keine gravierenden existenziellen Sorgen gäbe – etwa in Form enttäuschter Eltern oder der Bedrohung durch spätere Arbeitslosigkeit. Die optimale Schule würde der optimal humanen Gesellschaft bedürfen, die ihr demokratisches Ideal der konkret ermöglichten Würde jedes Gesellschaftsmitglieds im Sinne günstiger Aufwachsbedingungen und angemessener Zukunftschancen verwirklicht hätte. Das ist seit Einrichtung eines Schulsystems und seit Bestehen der Schulpflicht die Utopie, von der die Schule und der Lehrerberuf ihren bildungsphilosophischen Sinn beziehen.

Sofern die Schule aber erst noch zur Humanisierung der Gesellschaft beitragen soll, ist die Begegnung der Lehrer mit allen Schülern, die angemessener Begegnungserfahrung erst noch bedürfen, ihr Zentralproblem. Die Wissensvermittlung samt Bewertung ist diesem bildungsphilosophisch und in der Logik unserer Verfassung untergeordnet. Die Schule kann diesem Sinn immer nur die notwendigen Bedingungen bereitstellen, nicht aber die hinreichenden. Begegnung „funktioniert" nicht, insofern sie technisch nicht machbar ist.

Man mag Begegnung zu inszenieren versuchen, sie setzt aber immer schon Begegnungs-Erfahrung voraus. Man kann sagen: Je notwendiger die Schule, umso eingeschränkter ihre Wirkmächtigkeit. Denn das gelingende Begegnungsgeschehen hängt nach unseren obigen Einsichten davon ab, dass Kinder und Jugendliche sowie Lehrer hinreichend unvoreingenommen in Beziehung treten können, also, negativ gesagt: ohne überstarke Übertragungs-Bedürfnisse bzw. Gegenübertragungs-Empfindlichkeiten. Die entsprechenden Einstellungen haben sie immer schon erworben, bevor sie in den Unterricht kommen, und sie erwerben und verfestigen sie fortwährend außerschulisch während ihrer gesamten Schulzeit.

Erinnern wir uns, dass optimaler Unterricht darauf verweist, dass die Schüler aus Aufwachswelten stammen,

- in denen ihre kindlichen Fragen bereits ernsthaft beantwortet wurden (Inhaltsebene),
- in denen sie ermutigt wurden, selbstverantwortliche Entscheidungen zu treffen (Ebene Arbeitsdisziplin),
- in denen ihnen der partnerliche Umgang mit Gleichaltrigen als selbstverständlich vermittelt wurde (Ebene Gruppensolidarität) und

- in denen sie erfahren haben, dass auch Fremde das eigene Interesse oder sogar Mitgefühl verdienen können (Ebene kultureller Universalismus).

Wo immer es zu Störungen kommt, ist der Lehrer zu einem schwierigen Engagement gezwungen, dessen Schwierigkeit darin liegt, dass die Schule *als Organisation* überfordert ist. Gewiss kann man sagen, bei derartigen Schwierigkeiten fange die Professionalität des Lehrers erst an; das Bemerkenswerte am Lehrerberuf ist jedenfalls, dass seine besondere Leistung erst herausgefordert ist, wo die gesellschaftlichen Rahmenbedingungen nicht optimal sind und der Organisationscharakter der Schule ihn in seinem Handeln nicht mehr absichert.

Warum trägt die Pädagogen-Ausbildung solchen Einsichten so wenig Rechnung? Nach dem, was wir gesehen haben lautet die Antwort: weil sie selbst organisiert ist, also in Organisationen wie Hochschule, Universität, Referendariat stattfindet.

Diese Antwort trifft Richtiges, man kann sie aber auch anders formulieren. In der Lehrerausbildung werden alle denkbaren Lehrerprobleme durchaus ernst genommen, allerdings dann in der organisationseigenen Logik so umdefiniert, bis sie für den Lehrer als lösbar erscheinen. Er muss an der Hochschule das richtige Wissen wissenschaftlicher Art und im Referendariat die richtigen Kompetenzen – etwa didaktisch-analytisches Vorgehen und Unterrichtsmethoden – beherrschen. Dann wiederum kann die Organisation ihr Ausbildungsproblem bequem lösen: indem sie Wissen bzw. die Beherrschung der Unterrichtstechnik vermittelt und abprüft.

7.6 Organisationsfolgen der Lehrerausbildung

Aus dem folgt, dass eine optimale Organisation für die Pädagogenausbildung der Nichtorganisierbarkeit der entscheidenden pädagogischen Eignung – Begegnungsfähigkeit mit Heranwachsenden – organisatorisch Rechnung tragen müsste. Um uns das vorzustellen, müssen wir etwas weiter gedanklich ausholen.

Hochschule und erst recht Universität, zumal wo sie Studentenmassen bewältigen müssen, arbeiten nicht nur wissensvermittelnd, sondern die schulisch gewohnten Formen der Wissensvermittlung sind hier häufig noch einmal entpersonalisierend verschärft. Das Hochschulstudium stellt somit eine Phase intensivierter Wissens-Leistungsforderung für viele Studenten dar, indem sie weit über das hinaus, was sie je ihren zukünftigen Schülern vermitteln können, eigenes Fachwissen erwerben und nachweisen müssen.[106]

Die Folgen möchte ich wieder schematisierend an zwei möglichen Wirkungen zeigen. Ich unterscheide dabei zunächst ganz grob zwei Gruppen von Lehramtskandidaten: solche, die bereits relativ selbstbewusst mit einem wissenschaftsförmigen Selbstverständnis an die Universität kommen, und andere, für die ihre Frage, wie sie selbst gute Lehrer werden können, viel offener und bedrängender ist und die sich bewusst von der Hochschule eine Antwort auf die Frage erhoffen, wie sie sich angemessen auf ihren Beruf vorbereiten können.

Die erste Gruppe bringt wahrscheinlich schon von ihrer Schulerfahrung her ein entsprechend objektivistisches, d. h., subjektive Befindlichkeiten möglichst ausklammerndes Studierverhalten mit. Ernsthaftes Wissen ist dann für sie nur dasjenige, das den wissenschaftlichen Objektivitätskriterien genügt. Diese Grundeinstellung wird universitär nachdrücklich bestätigt.

An dieser Stelle möchte ich noch einmal einen Gedanken verstärken, der schon verschiedentlich anklang. Sinnfragen lassen sich nicht beliebig ausklammern, insbesondere nicht für heranwachsende Menschen.[107] Sie sind nicht mit Emotionalität gleichbedeutend, aber sie sind uns durch unsere gefühlte Leibhaftigkeit schon seit der Kindheit gegenwärtig. Diese Fragen wie etwa: „Woher kommen wir" oder „Gehen wir irgendwo hin?" sind unausweichlich, aber auch im Sinne empirischer Eindeutigkeit nicht beantwortbar. Verachtet oder verdrängt man sie deshalb, lebt man eine entsprechend verächtliche oder gedankenlose praktische Antwort.

Im neuzeitlichen Lehrerberuf ist eine bildungsphilosophische Antwort gegeben, die man ungefähr so umschreiben könnte: „Unser Leben ist sinnvoll, wenn wir es gemeinsam verantwortlich leben und Erwachsene Heranwachsenden eine entsprechende Haltung erfahrbar vermitteln." Unter dem Diktat von Wissens- und Leistungserwartungen tendiert das Schulsystem der letzten Jahrzehnte verstärkt dazu, Heranwachsenden Fragehaltungen beizubringen, die sich auf Wissen im Sinne möglichst eindeutig und objektiv beantwortbarer Fragen sowie von Handlungstechniken beziehen. Damit wird die Offenheit für die angedeuteten Sinnfragen frühzeitig zur Privatsache der Heranwachsenden gemacht, wo sie nicht biographisch nachhaltig in den Hintergrund gedrängt wird.

---

[106] Was im Übrigen nicht bedeutet, dass sie sich – vor allem in den ersten Dienstjahren – nicht in zahlreiche neue Themen einarbeiten müssten.
[107] Man könnte das den Kantischen Kritiken entnehmen. Der Mensch *muss* Sinnfragen stellen, *kann* sie aber *nicht* beantworten wie Wissensfragen. Er muss zugleich seine Antwort *leben*, selbst dann, wenn er der Frage auszuweichen versucht: was nach Kant unter-menschlich wäre.

Die Unterdrückung von Sinnfragen, die zugleich der individuellen Bearbeitung überlassen, also individualisert werden, verweist auf rücksichtsarme und stark desillusionierende, also letzten Endes traumatische Umgangsformen mit Heranwachsenden. Wo die Schule entsprechende häusliche und außerschulische Erfahrungen noch verstärkt, ist dies umso problematischer. Die Überidentifikation mit einer Rationalität, die ein Zuviel an Selbstunterdrückung erzwingt, kann zur Folge haben, dass Letztere aus dem Bewusstsein verdrängt werden muss. Nicht nur das: der Rationalität als solcher wird dann ein Zuviel an Daseinssinn aufgebürdet, etwa dann, wenn Beobachtungswissenschaft mit der Wahrheit überhaupt verwechselt wird.[108]

Sofern die jungen Lehramtsstudenten von ihrer Schulerfahrung her sich ein offenes Gespür für die Schwierigkeiten des Lehrerberufs bewahrt haben, bedeutet dies immer auch eine biographische Selbst-Verunsicherung. Sie bezieht sich auf das zentrale neuralgische Feld des zukünftigen Lehrer-Seins, auf die Lehrer-Schüler-Beziehungen. An der Hochschule erfahren auch diese Studenten, dass sie unabhängig von persönlichen Sorgen oder gar Ängsten, von Unsicherheiten oder Schüchternheiten, zunächst einmal Wissensleistungen in ihren Fächern zu erbringen haben, die ihre Schülerrolle aus der Schulzeit womöglich intensiviert fortsetzen. Konfrontiert werden sie in ihren Fächern mit Hochschullehrern, die sich vielleicht eher als Forscher sehen und in der Lehre zumeist als Wissens-Vertreter darstellen.

Denken wir das Beispiel schematisch weiter, so legen sich drei Entwicklungswege für solche Studenten nahe. Der erste ist, dass die Studenten ihre mit dem Berufswunsch verbundene Selbst-Verunsicherung lebendig erhalten, mit Fachwissens-Fragen nicht verquicken und vom Studienfach Pädagogik die Bearbeitung derjenigen Fragen erhoffen, die von den fachwissenschaftlichen Studien nicht bearbeitet, geschweige denn beantwortet werden können. Der zweite wäre, dass die betreffenden Studenten sich mit der ihnen angebotenen Wissenschaftlichkeit überidentifizieren. Sie schwenken dann prinzipiell auf die Bahn der Kollegen mit wissenschaftsförmigem Selbstverständnis, indem sie ihre halbwegs hinreichende wissenschaftliche Leistungsfähigkeit entdecken, verstärkt Selbstbewusstsein daraus ziehen und dadurch hoffen, ihre beruflichen Beziehungssorgen in den Griff bekommen. Der dritte wäre, dass sie sich mit ihrer vermeintli-

---

[108] Dieser Verwechslung dadurch zu entkommen, dass man „wissenschaftlich" feststellt, es gebe keine Wahrheit, funktioniert nicht: weil die Wahrheits-Bestreitung einen Wahrheits-Anspruch erhebt, den sie zugleich bestreitet usw. Geistesgeschichtlich entspricht das, selbst wenn es sich auf dem neuesten Stand des mainstreams der „scientific community" bewegt, einem Rückfall von mindestens 250 Jahren, nämlich in die Zeit vor Rousseau – und damit vor der Formierung der neuzeitlichen Pädagogik selbst; vgl. Pongratz (2009a).

chen Unwissenschaftlichkeit abfinden. Sie werten dann – in der völlig berechtigten Erkenntnis, dass die übliche objektivistisch verstandene Wissenschaft die sie bedrängenden Fragen nicht einmal stellt – Wissenschaftlichkeit überhaupt ab und erklären sich zu Theorieskeptikern, wenn nicht -feinden.

Psychoanalytisch kann man vermuten, dass die Unteridentifikation mit Wissenschaftlichkeit sich von der Überidentifikation weit weniger grundsätzlich unterscheidet, als dies auf den ersten Blick der Fall zu sein scheint. In beiden Haltungen wird Wissenschaftlichkeit als Macht wahrgenommen getreu dem Slogan „Wissen ist Macht". Beim Überidentifizierten liegt der Zusammenhang offen. Der Unteridentifizierte setzt Wissen und Wissenschaft allerdings nicht mit der „Wahrheit" gleich, sondern er tendiert zu einem irrationalistischen Wahrheitsbegriff. Alles was „theoretisch" oder „vom Kopf her" einen Wahrheitsanspruch erhebt, steht für ihn im Verdacht, Machtwissen zu sein und der Selbstentfremdung des Menschen zu dienen, die „Wahrheit" hingegen muss gefühlt oder erlebt werden und ist nur „aus dem Bauch heraus" wahrnehmbar.

In der Folge des hier von der universitären Wissens-Organisation abgeleiteten Schematismus muss sich der Pädagogik-Student zwischen drei Grundhaltungen unterscheiden.[109]

- Entweder er differenziert mehr oder weniger intuitiv zwischen den Wissensformen seines Fachstudiums und denen des Pädagogikstudiums, indem er Letzterem die Bearbeitung der mitgebrachten Sorgen um die eigene zukünftige Berufstauglichkeit zutraut;
- oder er traut der in seinen Fachstudien geübten Wissenschaftlichkeit auch die Beantwortung der pädagogisch relevanten Fragen zu;
- oder aber er verwirft jedwede Wissenschaftlichkeit als für seine zukünftige Lehrertätigkeit und das menschliche Zusammenleben letztlich irrelevante selbstentfremdete Beschäftigung.

Nur die erste der drei schematisch dargestellten Grundhaltungen wäre optimal. Die wissensdifferenzierende Haltung des seinen Berufswunsch optimal verfolgenden Lehramtsstudenten kann in ein kulturwissenschaftlich-kulturkritisches Pädagogik-Verständnis einmünden. Dessen Möglichkeiten sollen im vorliegenden Lehrbuch skizziert werden.

Eine entsprechende kulturelle Grundhaltung setzt mit großer entwicklungspsychologischer Wahrscheinlichkeit zumindest sporadisch günstige Schulerfah-

---
[109] Sofern man von den von vornherein am Studium weitgehend desinteressierten Lehramtsbewerbern absieht; das wären also studentische „Selbst-Schützer".

rungen mit Lehrern voraus. Sie würden dem Studenten bereits schulbiographisch erlebbar gemacht haben, dass wissenschaftlich-fachliche Kompetenz, theoretische Beweglichkeit und verlässliche Begegnungsbereitschaft mit Schülern zwar unterschiedliche Begabungen sind, aber von guten Lehrern professionell zur individuellen Einheit verbunden werden können. Der in diesem Sinn optimal durch eigene Schulerfahrung vorbereitete Lehramtsstudent wird intuitiv vom Pädagogik-Studium bzw. den dortigen Dozenten vergleichbare Synthese-Leistungen in den Lehrveranstaltungen erwarten.

Das zunächst rein studienorganisatorische Problem ist dann allerdings, ob ein Minimum an persönlich verlässlichen Beziehungen zwischen Dozent und Studenten und unter den Studenten – analog zu Lehrer-Schüler-Beziehungen in Schulklassen – entwickelt werden kann, wie stark die Studierbelastung ist und welche Rolle Leistungsnachweise spielen. Wird das Studium stark verschult und der Betrieb von persönlichen Kontakten entleert, hat das zur Folge, dass viele Studenten noch stärker als zu Schülerzeiten „verschülern".[110] Das Gros der Kommilitonen wird dann womöglich statt als Studienkollegen eher als anonymbedrohlich bleibende Konkurrentenmasse wahrgenommen.

Die studienorganisatorischen Probleme können qualitativ umschlagen, wenn – das Stichwort fiel bereits – die Freiräume des Studiums zu sehr eingeengt werden. Was für den schulisch stattfindenden Unterricht galt, gilt selbstverständlich auch für die hochschulische Lehrveranstaltung. Stets geht es um ein kompliziertes Begegnungsgeschehen auf mehreren Ebenen. Es setzt das freie Engagiertsein aller Beteiligten voraus. Damit überhaupt eine Arbeitsatmosphäre entstehen kann, innerhalb derer man ernsthaft über individuell bewegende Fragen nachzudenken bereit ist, sind Gemeinsamkeitserfahrungen nötig: die in einem Klima von Anonymität und Prüfungsangst nicht erwachsen können.

Was nun den mit Wissenschaft überidentifizierten Lehramtsstudenten in unserem Schema betrifft, so geht er in sein Pädagogik-Studium mit der inneren Sicherheit hinein, alles ihn dort Erwartende bereits bestens im Griff zu haben. Die blanke Wissensorientierung, da sie subjektive Befindlichkeiten als unerheblich ausblendet und diese allenfalls beobachtungspsychologisch von außen untersucht, degradiert jedes denkbare Problem von Lehrer-Schüler-Beziehungen zur pädagogischen Zweitrangigkeit. Interessant ist, dass die mit den öffentlich verbreiteten Wissens-Vorstellungen überidentifizierten Studenten zwar gegenüber anderen Wissensformen eine abschätzige Haltung einnehmen – dass Pädagogik

---

[110] Der Begriff ist hier negativ gemeint, etwa, wenn die Wissensinhalte tendenziell nicht mehr als subjektiv bedeutsam sondern nur in funktionaler Bedeutung im Kontext der Leistungsnachweise gesehen werden. Der optimale Schüler wäre derjenige, der die Schüler-Rolle hinter sich ließe.

als „Laberfach" gelte, ist stehende Rede unter Studenten –, sie tendieren aber auch dazu, problemlos alles zu lernen, was zum Prüfungsstoff zählt. Die Missachtung subjektiver Befindlichkeiten gilt dann sogar der eigenen emotionalen Einstellung. Die Überidentifizierung mit ojektivistischem Wissen führt konsequenter Weise in die Bereitschaft zur Selbst-Funktionalisierung. Der achtungslos einverleibte Lehrstoff kann bei Nicht-Bedarf anschließend achtlos ausgeschieden werden.[111] Die entsprechenden Studenten – studentische „Wissens-Vertreter" – halten es für eine Zeitverschwendung, sich mit „Beziehungsproblemen" beschäftigen zu sollen, die ihrer Meinung nach nur für unreife und/oder nervenschwache Personen interessant sind. Wie sich ihre Haltung auf das Klima in hochschulischen Lehrveranstaltungen auswirkt, ist leicht vorstellbar.

Halten wir noch einmal fest: Der mit objektivierender Wissenschaft überidentifizierte Lehramtsstudent ist nach Charles Taylor geistesgeschichtlich in einem frühaufklärerischen Utilitarismus verhaftet. Allerdings scheinen die jüngeren gesellschaftlichen Veränderungsprozesse bei ihm sozialisatorische Wirkung erzielt zu haben. Das frühere Mittel – das Wissen – ist nun zum Selbstzweck mutiert. Wollten die Frühaufklärer mithilfe der Verwissenschaftlichung der Realität Aberglauben und Autoritätshörigkeit der Menschen abschaffen, um damit eine Selbsthumanisierung der Menschheit durch Vernunft zu bewirken, so gilt dem zeitgenössischen Frühaufklärer „der Weg" der Verwissenschaftlichung samt der damit unbewusst eingehandelten Selbst-Funktionalisierung bereits „als Ziel". Wo Modernisierung als solche kultiviert wird, scheint die aufklärerische Idee der Selbsthumanisierung der Menschheit stillschweigend als gestrig verabschiedet werden zu können.

Die laut unserem Grobschema mit der gängigen Wissenschaftlichkeit unteridentifizierten Studenten überschätzen sie meist wie eine fremde drohende Realität, gegen die sie sich entsprechend abschotten und in ihrem angeschlagenen Selbstwertgefühl aufrüsten müssen. Wo sie diese Haltung ins Extrem treiben, ernennen sie nicht nur ihr persönliches Gefühl oder Gespür zur einzig gültigen Wahrheitsinstanz, sie misstrauen auch dem Denken und damit dem Argumentieren als solchem. Der damit scheinbar vorgezeichnete Weg in eine individuelle Isolation ergibt sich aber aus psychologischen Gründen nur in Einzelfällen und als Folge einer Kette von Beziehungsenttäuschungen. Denn das angeschlagene Selbstwertgefühl, das sich schon angesichts der Übermacht einer von ihrer Ver-

---

[111] Ich habe Studierende kennengelernt, die die Frage, ob sie der Lehrstoff interessiere, gar nicht erst stellten, sondern ihn gleich auswendig lernten. Es waren nicht nur vor allem Migranten aus früheren realsozialistischen Ländern darunter, sondern auch einige Studenten aus einem südostasiatischen Land mit weltweit hervorragenden PISA-Platzierungen.

wissenschaftlichung bestimmten Alltagsrealität ergibt, legt die Suche nach Gleichgesinnten bzw. Ähnlichfühlenden nahe.

Mit Wissenschaftlichkeit unteridentifizierte Lehramtsstudenten suchen deshalb in ihrem Studium nach Enklaven, um dort auf Gleichgesinnte zu treffen – wozu bevorzugt dann auch das Fach Pädagogik bei entsprechenden Dozenten zählen kann. Während sich die Wissenschafts-Überidentifizierten jedwede Thematisierung von Lehrer-Schüler-Beziehungen aus der Teilnehmerperspektive streng verbitten, suchen die Unteridentifizierten nach nichts Anderem. Schließlich ist die Ebene der Wissensinhalte durch ihre Wissens-Skepsis bzw. -ablehnung zur Zweitrangigkeit degradiert. Schaut man auf das Lehrviereck, fällt also für sie die Ecke Unterrichtsinhalte aus dem Fokus. Aber nicht nur sie, sondern auch die Ecke Lehrer bzw. die beiden Ecken „Sich-Zeigen" und „Sich-Schützen". Warum? Wer nur seinem Fühlen vertrauen möchte, hat im Regelfall nicht nur das Vertrauen in seinen Verstand reduziert, sondern er hat auch Angst vor unliebsamen Gefühlen. Wie ist das zu verstehen?

Wenn wir unliebsame Gefühle haben – nehmen wir an, wir fühlen uns hilflos, empfinden übermäßig heftige Antipathie gegen bestimmte Personen, haben Prüfungsangst, spüren Wut und Hass usw. – dann hilft uns nur der Verstand bzw., mit Kant gesprochen, die Vernunft, mit solchen Gefühlen umzugehen. Wer aber nur seinen Gefühlen trauen wollte, hätte deshalb keine innere Instanz mehr, die ihm helfen könnte, das entsprechende Gefühl zu beschwichtigen oder gar selbstkritisch zu bearbeiten. Im Rahmen obiger Erwägungen könnten wir auch sagen, derjenige sei komplett seinen jeweiligen Gegenübertragungen ausgesetzt bzw. mute seiner Nahumwelt beständig seine Gefühlsanwandlungen zu. Wer nur seinen Gefühlen folgen wollte, müsste also entweder ein grundguter Mensch sein oder er droht zum heimlichen Beziehungs-Despoten zu werden. Der Normalfall wird sein, dass er sich und anderen beständig seine Grundgüte demonstriert – in der neueren Umgangssprache hat sich interessanter Weise der ironische Begriff „Gutmensch" etabliert. Dabei wird er auf der Suche sein nach Gleichgesinnten, die seinen Despotismus nicht empfinden, weil sie dann gemeinsam solche und andere unliebsame Motive auf die feindliche Außenwelt projizieren können.

Wer nur seinen Gefühlen vertrauen will, kann im Ernst nicht auf die Problematik von Lehrer-Schüler-Beziehungen reflektieren. Er kann sich eigentlich nur von Gleichgesinnten die Bestätigung dessen wünschen, dass er, wenn er es mit Schülern ernsthaft genug gut meint, mit diesen später eine permissiv-partnerliche unterrichtliche Realität aufbauen wird. Diese entspricht wiederum seiner Suche nach Gleichgesinnten.

Ein kurzer geistesgeschichtlicher Rückblick zeigt uns, dass der extrem wissenschafts-ablehnende Lehramtsstudent die romantische Botschaft fundamentalistisch dramatisiert, die seinerzeit in die Konstitution der neuzeitlichen Pädagogik eingeflossen ist. Er ist der „Kinder-Freund". Seine Suche nach nahen Beziehungen hat Suchtcharakter, die unliebsamen Gefühle, die er sich nicht eingestehen kann, weil sie sein Vertrauen in die ausschließliche Wahrheitsträchtigkeit von Gefühltem erschüttern müssten, projiziert er in die Außenwelt.

Leider, so werden wir nach dem bislang Festgestellten hinzufügen müssen, gibt ihm diese auch reichlich Anlass zu kritischer Distanz vom öffentlich propagierten Rationalitäts-Aberglauben. Deshalb lässt sich das typologische Etikett nur in Fällen besonders deutlicher Ausprägung sinnvoll anwenden. In vielen Einzelfällen müssen wir bei Anderen und uns offen lassen, wo die Grenze ist zwischen erwachsener Einfühlung in die Belange von Heranwachsenden und pseudo-erwachsener Kinder-Freundschaft.

8 Umgang mit der Nicht-Organisierbarkeit

8.1 Pädagogik als objektivistische Wissenschaft oder Kinderfreundschaft

Eine auf Wissensvermittlung und dementsprechend auch auf Leistungsabprüfung fokussierte Hochschule kann auf den Lehrerberuf nur eingeschränkt vorbereiten. Welche Möglichkeiten hat nun das Fach Schulpädagogik bzw. Erziehungswissenschaft und welche haben die Pädagogik-Dozenten, mit den Studienerwartungen ihrer Klientel der Lehramtskandidaten angemessen umzugehen? Ich modelliere wieder schematisch drei mögliche Extreme.

Variante 1 wäre, sie befriedigen die Erwartungen des wissenschaftsorientierten Studententeils. Sie haben dann die Auswahl von naturwissenschaftlich über sozialwissenschaftlich bis hin zu philosophisch dimensionierten Fragestellungen, die sich durch einen Überblick über die jeweiligen korrespondierenden Richtungen in der Erziehungswissenschaft ergänzen lassen. Die Menge der Möglichkeiten ist unausschöpflich. Es kann um die Vermittlung eines Arsenals wissenschaftlich gesicherter Fakten über die Einführung in empirische sozialwissenschaftliche Forschungsmethoden gehen. Es kann sich um die Konfrontation mit außerpädagogischen Wissenschaften und philosophischen Wissenschaftstheorien und deren jeweiligen Niederschlag in der jeweiligen erziehungswissenschaftlichen Sonderrichtung handeln.

Diese Variante ist geeignet, die Reputation des Faches Pädagogik als Erziehungswissenschaft bei den wissenschaftsorientierten Lehramtsstudenten zu sichern und im exzellenzbemühten Konzert der Universitätsfächer nicht allzu sehr abfallen zu lassen. Sie lässt sich problemlos einer Studienreform einfügen, die sich am Ideal ingenieurswissenschaftlicher Fachlogik orientiert. Sie bestätigt die pädagogischen Vor-Urteile ihrer bevorzugten Klientel, indem sie fraglos die Bedeutung objektiven Wissens in den Mittelpunkt ihrer Lehrbemühungen stellt. Der dritten Teilgruppe der mit Wissenschaft unteridentifizierten Lehramtsstudenten bescheinigt sie ihre Theoriedefizite bzw. ihre Vorbehalte gegenüber der Wissenschaft, indem sie sich als unzuständig darstellt, irgend eine ernsthafte Hilfe zur späteren Praxisbewältigung bereitzustellen.

Variante 2 wäre, die Pädagogik-Dozenten befriedigen die Erwartungen der mit Wissenschaft Unteridentifizierten. Wie sich den bisherigen Darlegungen entnehmen lässt, verschlechtern sich unter den Bedingungen der aktuellen Massenuniversitäten, die sich derzeit marktgängig aufstellen[112], ihre Studiengänge flächendeckend und europadienlich nach amerikanischem Grobmuster verschulen[113], während sie dabei noch in direkte („Exzellenz") und indirekte („Evaluation") Konkurrenzen um Forschungsgelder verwickelt sind, die Möglichkeiten sozialromantisch ausgestalteter Lehrangebote für die Vertreter der besagten Grundhaltung. Deren traditionelle Lieblingsthemen zerfallen in drei Richtungen. Positiv geht es immer um pädagogische Initiativen, in denen die heimliche eigene Basisillusion bestätigt zu werden scheint: dass man mit der richtigen Reformpädagogik auch noch die schwierigsten Kinder jederzeit resozialisieren könne. Die klassischen Themen reichen von Pestalozzi über Makarenko bis hin zu neueren Schulversuchen und Versuchsschulen, in denen die angedeutete pädagogische Sonderleistung jeweils erbracht wird bzw. worden sein soll.[114] Einen zweiten beliebten Themenkreis der sozialromantisch-kinderfreundschaftlichen Pädagogen-Haltung stellen Kinder selbst dar, allerdings immer nur diejenigen unter ihnen, die zu kurz kommen oder zu kurz zu kommen drohen. Naturgemäß sind sie das Hauptthema der Sonderpädagogik, aber auch in der Schulpädagogik der „Kinder-Freunde" geht es traditionell um vernachlässigte Kinder, etwa um Mädchen, Migranten oder Missbrauchsopfer.

Von besonderem Interesse für die kinderfreundschaftlich-sozialromantische Pädagogik-Variante sind stets die richtigen Unterrichtsmethoden, mit deren Hilfe – wenn man schon nicht an der richtigen Reformschule arbeiten darf – sich angeblich noch jeder Unterricht mit beliebig schwierigen Schülern zum Erfolg führen lässt. Der verbreitete Methoden-Glaube in der Schulpädagogik und unter Schulpädagogen kann allerdings nicht nur eine sozialromantische Einstellung verdecken, er erweist sich noch in mehreren Hinsichten als äußerst kompromisstauglich.

Wir sehen mit einem Blick, dass er geistesgeschichtlich der Frühaufklärung entstammt. Ohne Zweifel ist er in seinem Wesen strikt funktionalistisch und utilitaristisch. Ich muss das Richtige nicht nur wissen, sondern auch planen und tun – schon geschieht genau das von mir Gewünschte. Wo er von Kinderfreunden verfochten wird, versieht er deren Grundhaltung mit dem Anschein einer gewissen Objektivität, insofern er personunabhängig funktionieren soll. Somit

---

[112] Dazu Keupp (2007)
[113] Dazu Henrich (2006)
[114] Hier wachsen immer neue Modelle nach: die Globalisierung lenkt den Blick inzwischen statt nach Bielefeld oder Hannover oder Wiesbaden nach Tampere oder gar in die kanadische Provinz, wo die Überwachungskameras auf den dortigen Schülertoiletten aus hiesiger Sicht als autochthone Folklore erscheinen können.

geht er grundsätzlich mit der Behauptung der Beweisbarkeit einher. Der Methoden-Glaube scheint also die eigentlich wissenschaftsskeptische Haltung der betreffenden Studenten mit einer als wissenschaftlich geltenden Einstellung versöhnen zu können.

Der Methodenglaube ist in pädagogischen Belangen unter dem Stichwort „Kränkungsvermeidung" hochergiebig. Wo der Unterricht angeblich dank richtiger Methoden ständig gelingt, eilt der Lehrer – abgesehen von der vielleicht aufwändigen Vorbereitungsarbeit – nur von Erfolg zu Erfolg. Sein Beruf hält außer dem finanziellen Verdienst und der Beamten-Absicherung noch zusätzliche zwischenmenschliche Gratifikationen bereit. Kränkungen durch desinteressierte oder gar widerständige Schüler hat der methodengläubige Lehrer nicht zu fürchten; das gilt so sehr, dass – in psychoanalytischer Betrachtung – die offensichtliche Strategie der Kränkungsvermeidung unauffällig in einen beruflichen Größenwahn übergeht. Der persönliche Größenwahn, pädagogisch jederzeit schwere traumatische Schäden der Kinder zum Guten lenken zu können, ist im Methodenglauben sowohl aktiviert als auch unkenntlich gemacht. Schließlich bin ja nicht ich es, der die pädagogischen Therapiewirkungen hervorruft, es ist die richtig angewandte Methode selbst, ähnlich wie in den richtigen pädagogischen Reformprojekten das Meiste ohnehin angeblich von selbst läuft.

Wir sehen ohne weiteres ein, dass es zwischen der zweiten und der dritten Gruppe von Studierenden scharfe Unterschiede in der Studienerwartung bezüglich fachpädagogischer Veranstaltungen gibt, dass es aber immerhin eine Übereinstimmung geben kann: Methoden-Lernen.

Methoden-Lernen ist der Kompromiss schlechthin, weil er die studienorganisatorisch diametral auseinander getriebenen Gruppen der mit Wissenschaft Über- und der Unteridentifizierten zu verbinden vermag. Eine weitere Gemeinsamkeit der Varianten 1 und 2 ist, dass es um die Fragen einer ernsthaft selbstreflexiven Beschäftigung mit den eigenen berufsbiographischen Voraussetzungen für den Lehrerberuf jedenfalls nicht geht.[115]

---

[115] Dass sich der in der Lehrerausbildung kultivierte Methoden-Glaube in der schulischen Realität bitter rächen kann, ist unmittelbar plausibel. Teilweise misslingender Unterricht versetzt den methodengläubigen Lehrer nicht nur in die berufsleben-lange Suche nach neuen – stets besseren – Methoden, er erscheint auch als Makel, den einzugestehen er sich schwer tun wird. Insgesamt tendieren Lehrer dazu, berufliche Misserfolge überzupersonalisieren und falsch zu begründen. Darunter leidet unmittelbar ihre Kooperationsbereitschaft und -fähigkeit mit Kollegen; vgl. Roggenbuck (2005).

8.2 Kulturkritische Studieninhalte

Für ein angemessenes Lehramtsstudium müsste wie schon oben erwähnt dessen Nichtorganisierbarkeit organisatorisch berücksichtigt werden. Was als aphoristisches Wortspiel missverstanden werden könnte, stellt für die Schulpädagogik seit der Durchsetzung einer allgemeinen Schulpflicht und der Einrichtung eines Schulsystems eine schwierige Notwendigkeit dar. Von Anfang an sieht sich die neuzeitliche Schulpädagogik mit der Begrenztheit ihrer Möglichkeiten konfrontiert, die mit ihrer Notwendigkeit in direktem Verweisungszusammenhang steht. Je notwendiger gute Pädagogik ist, umso eher stößt sie an ihre Grenzen. Dasselbe gilt in der Organisation jedweder Pädagogenausbildung als solcher. Es hat zwei Ursachen, die wir zumindest logisch auseinander halten sollten. Die eine ist strukturell unauflösbar so lange die andere – nennen wir sie die gesellschaftspolitische oder kulturbedingte – nicht gelöst ist.

Was Letztere betrifft, so ist sie die unmittelbare Folge entwicklungsbedürftiger gesellschaftspolitischer Realitäten. Wo deutliche Unterschiede in den Lebenssituationen der Menschen alltäglich sind, die etwa vom Überfluss und den damit immer auch gegebenen Lebens- und Machtmöglichkeiten der Einen und von der Armut und dem Elend der Anderen bestimmt werden, schlägt dies von Anfang an in alle pädagogischen Organisationen direkt hinein. Das Schulsystem muss ja gesellschaftlich durchgesetzt werden – je größer aber das Machtgefälle zwischen den Bevölkerungsgruppen ist, umso mehr werden die einflussreichen unter ihnen auch in die Organisation des Schulsystems hineinwirken.

Wenn wir uns heute daran zu gewöhnen beginnen, dass nach soziologischen Kriterien etwa ein Siebtel der deutschen Familien ihrer Erziehungsaufgabe nur noch mit deutlichen Einschränkungen gerecht werden kann, wenn wir ein etwas kleineres Segment der Gesellschaftsmitglieder der Dauerarmut mit allen Nebenfolgen überlassen müssen, während ein noch etwas kleineres Segment mit obszönen Gewinnen in eine neoaristokratische Parallelgesellschaft abdriftet,[116] dann müssen sich die Verletzungen jedes natürlichen Gerechtigkeitsgefühls nicht in angemessenen öffentlichen politischen Reaktionen bzw. Bewegungen niederschlagen. Die Angst, es könnte für sie selbst noch schlimmer kommen, kann die vielen „vereinzelten Einzelnen" dazu bewegen, nun erst recht für sich selbst zu sorgen und auf den aktuellen wirtschaftlichen und sozialen Stufenleitern möglichst nach oben den Anschluss zu suchen oder zu wahren.

Die Parolen „Mehr Leistung", also auch „Mehr Konkurrenz", die als Ausdruck von Zukunftsoptimismus und kreativer Tatkraft, von Weltoffenheit und

---

[116] Heitmeyer (2006)

zeitangepasster Modernität der Pädagogik von politischer und medialer Seite seit Mitte der 90er Jahre mit öffentlichkeitswirksamem Nachdruck verschrieben werden, gewinnen ihre scheinbare Glaubwürdigkeit durch das, was sie verleugnen oder zumindest verschweigen: die Angst der Vielen vor ihrem individuellen Abstieg. Die Pädagogik wird damit – auch – zu einem bevorzugten Feld und Instrument der gesellschaftsöffentlichen Selbstbeschwichtigung, die eine direkte Folge der Enttäuschungen der Hoffnung der Vielen auf gerechtere Lebensverhältnisse ist. In der Leistungspädagogik wird das Aufgeben dieser ursprünglichen neuzeitlich-demokratischen Hoffnung ratifiziert, indem der Sinn des aufklärerisch-romantischen Aufbruchs, die Selbsthumanisierung der Gesellschaft, ersetzt wird durch die Konkurrenz der angeblich Leistungsfähigsten. Dabei wird Leistungsfähigkeit selbst, blickt man auf jüngere Entwicklungen im Wirtschaftsbereich, immer mehr durch blanke Konkurrenzfähigkeit definiert: in der Tendenz also durch Rücksichtslosigkeit gegenüber Fremdinteressen.

In einem angemessenen Lehramtsstudium müsste nicht nur an die ursprünglichen Beweggründe der neuzeitlichen Pädagogik erinnert werden; es müsste Zeit und Raum gelassen sein für die emotionale, ethische und existenzielle Auseinandersetzung mit diesen Fragen. Ihre kulturkritische Perspektive faltet sich dann in sehr unterschiedliche Fragestellungen aus, etwa:

- Was ist gesellschaftspolitisch und bildungsphilosophisch der eigentliche Sinn der neuzeitlichen Pädagogik?
- Wie ist er in unserem Schulsystem umgesetzt worden?
- Welche beruflichen Anforderungen sind an Lehrer gestellt?
- Wie habe ich selbst Lehrer erlebt und welche Auswirkungen hat meine eigene Schulbiographie auf mich selber und meinen Berufswunsch?
- Wie möchte ich selbst meinen zukünftigen Beruf ausgestalten, und welche organisatorischen Voraussetzungen werde ich antreffen?
- Welche Hilfen bietet mir mein Pädagogik-Studium bei der Vorbereitung auf den Lehrerberuf, und wo liegen die Grenzen der Vorbereitungsmöglichkeiten?

8.3 Alltagsgespräch unter guten Bekannten

Wir sind im bisherigen Kapitel schon mehrmals bis an den Punkt gekommen, an dem sich die Forderung nach Selbstreflexion als Bindeglied zwischen ausgewählten Wissensinhalten und ethischem Selbstbewusstsein auf dem Hintergrund unseres Kulturverständnisses ergab. Die hochschulübliche Studienorganisation erzwingt bestimmte Formen der Individualisierung des Lernens. Wer nun die entsprechend hoch getriebene Selbstsorge um das eigene Fortkommen und die Planung der studienbezogenen Karriere für „Selbstreflexion" hielte, hätte deren besondere Pointe nicht verstanden. Sie besteht darin, wir haben es weiter oben gesehen, dass Selbstreflexion nur in Sozialbeziehungen gedeiht, die eine gewisse Nähe, Vertrautheit und Verlässlichkeit aufweisen. Wirkliche Selbstreflexion beginnt im Normalfall mit der Erfahrung, dass unsere Begegnungswünsche gegenüber Anderen, die uns wichtig sind, an Faktoren leiden oder sogar scheitern, die irgendwie in uns selbst liegen, ohne dass wir sie wirklich kennen, geschweige denn wollen. Sie ist umgekehrt eingebettet in das Bewusstsein, dass uns kulturelle – letzten Endes philosophische – Leitideen zuinnerst bewegen, die wir näher kennen lernen sollten, um uns selbst besser zu verstehen.

Der Wissenstypus, der in einem kulturwissenschaftlich orientierten Pädagogikstudium entwickelt werden müsste, lässt sich als Rückgewinnung humansozialer alltagspraktischer Fähigkeiten und Leitvorstellungen für die Lehrerausbildung skizzieren. Diese müssen aber durch die entsprechenden Wissensinhalte verfeinert und auf ein neues Reflexionsniveau gehoben werden. Dies entspricht den methodischen Leitannahmen des vorliegenden Lehrbuchs, wonach die biographische Wirkmächtigkeit ursprünglich bildungsphilosophischer Leitideen in der Berufsmotivation von Lehramtstudenten vorausgesetzt werden darf und gefördert werden soll. Dass unsere Alltagskultur nicht durchgängig von solchen humanistischen Umgangsformen bestimmt sein kann, liegt der kulturkritischen Sichtweise schon im Blick auf das öffentliche utilitaristische Gesellschafts-Selbstverständnis zugrunde. Dennoch gilt, dass in bestimmten Umgangsformen unserer Alltagskultur *auch* die Langzeitwirkungen bildungsphilosophischer Ideen auffindbar sein müssen – es sei denn, wir wollten zynisch oder defätistisch annehmen, unsere demokratische Verfassung stünde nur auf dem Papier.

Um das Gemeinte etwas besser vorstellbar zu machen, schlage ich wieder ein möglichst realitätsnahes, wenn auch notwendig schematisches Beispiel vor. Ich habe persönlich Pädagogikstudenten in vergleichbaren Situationen schon erlebt und beobachtet.

Stellen wir uns eine modellhaft günstig verlaufende Gesprächssituation unter drei miteinander gut bekannten Studenten vor – sagen wir, nach dem Mittagessen in der Mensa. Student A berichtet, er sei immer noch schwer verunsichert, ja, deprimiert, weil ihm während seines Schulpraktikums eine 10. Klasse in Abwesenheit des Mentors „auf dem Kopf herumgesprungen" sei. Wie reagieren B und C, sofern sie unsere Konstruktbedingung erfüllen sollen, dass das Gespräch günstig verläuft?

Das erste und einfachste, was die Kommilitonen B und C machen müssen, ist, sich Zeit zu nehmen und sich auf das Berichtete einzustellen, noch genauer gesagt: auf die Ernsthaftigkeit der Gefühlsäußerung „Ich bin anhaltend deprimiert". Bei dieser Vorstellung mag uns ein Bedenken kommen. B und C müssen der Ernsthaftigkeit des von A an sie herangetragenen Problems gerecht werden, sie dürfen es aber auch nicht überziehen, also A's Episode im Stil eines akuten Notfalls behandeln. Warum nicht? Weil sie es sich durch Dramatisierung selbst erschweren würden, A zu beruhigen. Wie immer die Geschichte nämlich weitergeht, eine ihrer wichtigen Aufgaben wird es sein, A zu beruhigen.

Einen aufgewühlten Menschen beruhigen kann man nur, wie wir alltagsweltlich wissen, wenn man ihm zwei Haltungen gleichzeitig und *wohlabgewogen* erfahrbar werden lässt. Erstens muss man sein Gefühl teilen, also sich irgendwie mit dem Anderen identifizieren; das setzt so etwas wie ein emotionales Mitschwingen voraus. Zweitens muss man emotional gefasst und „bei sich", also auch distanziert bleiben. Dies ist eine schwierige dialektische Aufgabe. Wie können wir sie uns verdeutlichen?

Beginnen wir beim Mitschwingen! Ist das Gefühl des Anderen wie in unserem Fall deutlich negativ – er ist ja deprimiert und bedrückt – dann muss unsere Reaktion von Anfang an entsprechend sein. Wir stellen sonst den Anderen bloß. Ist der Andere also deprimiert, so müssen wir es ansatzweise und für ihn spürbar auch sein. Im Deutschen gibt es dafür das Wort Mit-Gefühl bzw. das von Herder in unsere Sprache eingeführte Wort „Einfühlung". Reagieren wir emotional unabgestimmt oder auch nur zu wenig, etwa gelangweilt, dann fügen wir dem Anderen eine situative Kränkung zu. Wir lassen ihn leerlaufen und beschämen ihn dadurch. Das unerwiderte Gefühlsangebot schlägt dann strafend auf den Sich-Öffnenden zurück. Er ist dann doppelt betroffen.[117]

In unserem fiktiven Mensa-Beispiel wird, wie wir vermuten dürfen, ein Hauptauslöser für die Deprimiertheit von A gewesen sein, dass ihn die Klasse gekränkt hat und dass er sich von ihr in seiner Unsicherheit und Hilflosigkeit bloßgestellt sah. Wahrscheinlich hat er schon vor seinem geistigen Auge das Problem, wie er beim nächsten Mal vor die Klasse hintreten soll, ohne dass diese seine durch die letzte Episode ja beträchtlich verstärkte Unsicherheit gleich wieder bemerkt und dies erneut gegen ihn wendet.

---

[117] Die einfache Variante dieses Sachverhalts haben wir oben schon eingehend als ein zentrales Berufsrisiko jedes engagierten Lehrer-Handelns thematisiert.

Wenn A sich in dieser Not an zwei Gesprächspartner wendet, sich also öffnet, ist das Letzte, das er jetzt gebrauchen kann, eine neuerliche Bloßstellung, die wie angedeutet schon durch unabgestimmte Resonanz erzeugt werden könnte. Interessanter Weise würde sich auch eine kühl-sachliche Reaktion, mit der man A auf die Methoden XY verweisen würde, im Bereich der subtilen Kränkungen bewegen. Je einfacher nämlich die angebliche Lösungsmöglichkeit dargestellt würde, umso negativer wäre dann das von A eingestandene Problem zu beurteilen. Zum Schüler-Problem käme dann noch eine private Evaluation mit schlechter Benotung hinzu.

Halten wir fest: A braucht Mit-Gefühl, und seine thematische Gesprächs-Offerte ist zugleich ein entsprechender Appell. Seine optimalen Gesprächspartner B und C werden es ihm – für ihn spürbar – entgegen bringen. Das Mit-Gefühl hat zunächst eine tröstliche oder bergende Wirkung, es nimmt A das Gefühl des Isoliertseins. Daraus können wir nebenbei schließen, dass A's Deprimiertheit auch eine Nebenkomponente des Gefühls von Allein-(Gelassen-)Sein gehabt haben muss. Man könnte sogar schließen, die Schüler hätten A so betroffen gemacht, dass selbst seine Sicherheit, gute Gesprächspartner unter seinen Mitstudenten zu haben, darunter gelitten hätte. Die von den Schülern ausgehende Verunsicherung habe also eine erheblich über den Schüler-Kreis hinaus reichende Kollateralwirkung gehabt. B's und C's mitfühlende Reaktion hebt jedenfalls A's Gefühl des Im-Stich-Gelassen-Seins erfahrbar auf.

A braucht allerdings nicht nur Mit-Gefühl, und noch weniger kann er dramatisierte Reaktionen gebrauchen. Zum Notfall abgestempelt könnte er sich kaum aus der aktuellen Klemme befreien. Damit kommt der bereits erwähnte zweite Gesichtspunkt ins Spiel. B und C müssen so reagieren, dass sie die gezeigte Nähe ihres Mitgefühls fein abstimmen mit kritischer Distanz. Welcher Art ist diese Distanz? Sie muss der Nähe verbunden bleiben, aber sie darf keine kritiklose Nähe sein, sie würde sonst zur blinden Enge. Zunächst signalisiert die emotionale Distanz eine Komponente der Unaufgeregtheit: A's Problem, so sehr er ganz individuell und exklusiv mit seiner 10. Klasse darunter leidet, trägt doch auch ganz allgemeine Züge. Jedem Lehrer, noch dazu einem Junglehrer oder gar Lehrer-Praktikanten, kann Ähnliches passieren.

An dieser Gesprächsstelle, so werden wir wohl intuitiv die Situation einschätzen, sollten B und C vielleicht noch nicht betonen, dass A sich das Problem allzu sehr zu Herzen nimmt. Denn dann würden sie A's Reaktion in dessen Augen zu schnell als allzu übertrieben erscheinen lassen, also pathologisieren. Vielleicht sollten sie deshalb über Beispiele, die sie selbst direkt oder indirekt miterlebt haben, die Normalität schwierigen und undisziplinierten Schülerverhaltens anschaulich machen. Wenn sie besonders geschickt sind, werden sie die Beispiele so wählen, dass entweder deren jeweiliges Tröstungs- oder eher ihr Erklärungspotential im Vordergrund steht oder sogar beides berücksichtigt ist.

Im ersteren Fall würden sie vielleicht berichten, dass einem von ihnen geschätzten, erfahrenen Lehrer noch vor kurzem etwas ganz Ähnliches passiert sei, im zweiten, dass Disziplinprobleme mit Klassen sich gerade dann zu verschärfen pflegen, wenn die Klasse auf den abwesenden Mentor besonders stark „gepolt" sei. Ersteres hätte tatsächlich einen tröstlich entspannenden Effekt mit allerdings berufsbiographischen Perspektiv-Folgen, Letzteres wäre schon eine interessante Erklärungsmöglichkeit, die bis in systemische und psychologische Zusammenhänge von Klassenzusammenhalt und Lehrerautorität hinabreichen.

Schauen wir auf diese beispielhaften Antworten und ihre vermutliche Wirkung auf A, dann zeichnet sich ab, dass wir in Alltagsgesprächen offenbar darauf vertrauen, dass emotional und situativ fein abgestimmte Beispiele tröstlichen Charakter haben können, sofern sie Gefühle von Isoliertheit aufheben. Zugleich können sie einen theoretischen Erklärungswert aufweisen, der sich mit dem tröstlichen Charakter praktisch verbindet. In unserem Beispiel-Fall würde die Emotionalität des verunsicherten A positiv verändert.

Betrachten wir das bisherige Geschehen aus der Perspektive von A, so hat er zumindest einen wichtigen Schritt gemacht, indem er ehrlich und ungeschützt seinen Studienkollegen eine Situation dargestellt hat, die ihm selbst unterrichtspraktisch aus der Kontrolle geriet und seitdem immer noch nicht wieder emotional unter Kontrolle ist. B und C haben ihm zunächst erfahrbar bestätigt, dass er Kollegen hat, die sich Zeit für sein Anliegen nehmen, die mitfühlen und dabei eine zugewandte und dabei kluge Distanz an den Tag legen. Sie bringen ihm dadurch nicht nur eine dialektische Verbindung von Mitgefühl und kritischer Distanz entgegen. Sie machen ihm auch ein doppeltes Angebot, indem sie ihn subjektiv verstehen und ihm eine objektiv auf die von ihm berichtete Situation abgestimmte Erklärung unterbreiten. Sobald er beides annehmen kann, verändert sich seine emotionale Ausgangslage einerseits, aber auch seine kognitive Situation andererseits.

Bevor wir die weitere Entwicklung des schematischen Beispiels verfolgen, sollten wir uns das Geschehene in seiner Bedeutung noch genauer vergegenwärtigen. B und C haben dem tief verunsicherten A offenbar schon anfangshaft aus seiner emotionalen Isoliertheit und seiner kognitiven Ratlosigkeit herausgeholfen. Wie haben wir uns ein solches „Heraushelfen" vorzustellen? Selbstverständlich sind wir auch hier wieder auf mehr oder weniger treffende bildhafte Vorstellungen verwiesen. Unsere Sprache bietet etwa folgende Möglichkeiten. Offenbar bedarf es für B und C einer gewissen „Einfühlung in" A. Diese haben wir uns gewiss nicht als eine Art ärztliche Sonde vorzustellen, die als Fremdkörper in den fremden psychischen Organismus eingeführt würde, dann schon eher als eine Resonanzfähigkeit, wobei wir an gleichgestimmte Musikinstrumente denken mögen. Denn wer sich in Andere einfühlt, fühlt sich genau genommen in sich selbst ein, ähnlich, wie derjenige, der die Hautoberfläche eines Anderen zärtlich streichelt, immer „nur" die Wirkung der Haut des Anderen auf die eigene empfindet.

„Einfühlung", wie wir sie B und C in unserem Konstrukt gern nachsagen wollen, hat aber zwei Bedingungen, sozusagen eine akute und eine chronische. Die akute besteht darin, dass sich beide für die Einfühlung situativ öffnen müssen. Eine anspruchsvolle Einfühlung wie im Falle des Mensagesprächs mit A bedarf einer besonderen Aufmerksamkeit, die wiederum nicht leicht zu beschreiben ist. Denn einerseits müssen B und C ziemlich genau zuhören, was A berichtet – ungenaues Zuhören könnte ihm schnell das Gefühl der Desinteressiertheit vermitteln –, andererseits müssen sie sich „nach innen öffnen", also auf die Gefühle achten, die A's Schilderung in ihnen wachruft. Einfühlung ist insofern zunächst das Spüren dessen, was der Gesprächspartner an Resonanz in uns selbst hervorruft. Die chronische Bedingung der Einfühlung ist – selbstverständlich – die Fähigkeit als solche. Allerdings ist auch diese Fähigkeit nicht leicht zu beschreiben.

Im Verhalten fürsorglicher Eltern und Pflegepersonen wird vorausgesetzt, was jede differenziertere kinderpsychologische Forschung dann bestätigt: dass die Fähigkeit zur Einfühlung dadurch schwer geschädigt werden kann, dass mit Kindern fortgesetzt oder zeitweise grob uneinfühlsam umgegangen wird. Die Fähigkeit zur Einfühlung trauen wir als romantisches Erbe noch jedem Menschen zu. Wir müssen aber, wie wir oben gesehen haben, davon ausgehen, dass sie sich prinzipiell nur unter bestimmten häuslichen Bedingungen, die historisch-gesellschaftlich gerahmt sind, günstig entwickeln kann. Einfühlung ist demnach dem Menschen angeboren, aber bevor sie sich zur verlässlichen Fähigkeit erweitern kann, ist sie ein *Bedürfnis*.

Nimmt man diese Einsicht wirklich ernst, ist die Anlage zur Einfühlung selber der Grund dafür, dass der Mensch in eine verzweifelt empfundene Daseinsnot geraten und sich später in bösartig-unmenschliche Verhaltensweisen verstricken kann. Die Fähigkeit zur Einfühlung beginnt in jedem Einzelleben als Bedürfnis nach Einfühlung, das, wo es nur unzureichend befriedigt wird, nicht nur die spätere Einfühlungsfähigkeit schädigt, sondern die ethischen Möglichkeiten des betreffenden Menschen als Ganze.

Aktiv geübte Einfühlung setzt also hinreichend passiv erfahrene voraus. Im Falle von B und C stellen wir uns vor, dass sie simultan kognitiv genau zuhören und emotional fein mitspüren können, was und wie A berichtet. Sobald sie A's anfängliches Gefühl des Isoliertseins bereits erfolgreich gemindert haben, ist auch dessen Selbstwertgefühl erhöht. Man könnte sagen: Die von B und C gezeigte Einfühlung ist von A übernommen, also verinnerlicht worden. Es gibt demnach einen engen Zusammenhang von erfahrener Einfühlung und bestätigtem Selbstwertgefühl.[118] Über die soziale Erfahrung der Einfühlung baut sich unser individuelles Selbsterleben entscheidend auf.[119] B und C haben A damit etwas gegeben, das ihm fehlte, ohne dass es ihnen hinterher fehlen würde. Im Gegenteil. Es gibt ihnen ein gutes Gefühl, A gestärkt haben zu können.

Für A ist es eine bemerkenswerte Erfahrung, Stärkung durch die einfühlsame Reaktion von B und C erhalten zu haben. Abgesehen davon, dass es seine Verbundenheit zu den Beiden befestigt, ist es aber durchaus nicht ganz problemfrei zu erleben, wie sich die eigene Emotionalität verändert, die sich zugleich durch Situationserklärungen rational abgesichert hat. Er erlebt, scharf gesagt, dass die beiden Außenstehenden die eigene Situation aspektweise besser erkannt haben als er selbst – obwohl sie doch nicht dabei waren bzw., genauer gesagt, weil sie nicht in die Situation involviert waren. Das Erlebnis, emotional heftig auf eine Situation zu reagieren, die nur man selbst erlebt hat und hinterher sich eingestehen zu müssen, dass die emotionale Reaktion aus der Tiefe der eigenen betroffenen Subjektivität überzogen war, ist im Prinzip schmerzlich, für viele unzweifelhaft kränkend und nur für denjenigen rascher tröstlich, der um solche Zusammenhänge weiß: weil er sie als normale Möglichkeit bereits alltagsweltlich erfahren hat.

Aus der Sicht von B und C gilt, dass ihre Einfühlung erst in dem Augenblick zu sich selbst kommt, also wirkliche Einfühlung *ist*, in dem A sie als solche

---

[118] Prinzipiell dasselbe gilt für den Zusammenhang von unzureichender Einfühlungserfahrung und sozialer Rücksichtslosigkeit, wie wir im Kontext der „Identifikation mit dem Aggressor" schon gesehen haben.

[119] Im aktuell öffentlichen Selbstverständnis baut sich Selbstwertgefühl entscheidend durch die Erfahrung eigener Leistung und Leistungsfähigkeit auf: Der Mensch erscheint so in einem egozentrischen Kausalzirkel als „seines Glückes eigener Schmied". Nimmt man den obigen Verweis auf die Sozialabhängigkeit des eigenen Selbstwertempfindens hingegen ernst, erscheint die Selbst(wert)bestätigung durch Eigenleistung als abgeleitet, also auch ontogenetisch sekundär. Insofern dies in unserem öffentlichen Selbstverständnis unterschätzt oder ignoriert wird, ist demnach von einer deutlichen Störung des kulturellen Selbstverständnisses auszugehen. An dieser Stelle der Argumentation sind wir schon mehrmals angelangt.
Neu ist vielleicht die Unterstellung, die Selbstbestätigung durch Eigenleistung als Kompensationsversuch für unzureichend erfahrene Einfühlung zu verstehen. Ihre Verfolgung stünde methodisch unter Sucht-Verdacht.

empfindet – und annimmt. Angebotene Einfühlung anzunehmen ist insofern eine nicht selbstverständliche Leistung, als dies das Eingeständnis enthält, sie nötig gehabt zu haben. Sich in diesem Sinne Unterstützungsbedürftigkeit eingestehen zu können, also scheinbare „Schwäche", setzt psychische Stärke im Sinne eines hinreichend gefestigten Selbstwerterlebens voraus.

Das Gespräch zwischen A, B und C mag noch etwas weitergehen. Für A ist es interessant, den Punkt einigermaßen genau zu fassen, von dem ab er auf die Schülerreaktionen so stark reagiert hat, dass er in deren Abhängigkeit geriet. B und C könnten ihm hier weiterhelfen, vielleicht am ehesten dadurch, dass sie ihm mögliche Motive anbieten, die sie authentisch aus eigenem Erleben kennen. Beispiele wären etwa, dass sie bisweilen überängstlich um ihre Wirkung auf Schüler besorgt sind, dass sie sich allzu schnell bloßgestellt fühlen, dass sie, wo sie schon ängstlich die Klasse betreten, zur Verkrampftheit neigen und Fehler begehen, die sie ansonsten vermeiden würden usw.

Optimal wäre es, wenn A eine der hier exemplarisch angedeuteten Motivlagen auch bei sich selber als wirksam anerkennen könnte. Das hätte unzweifelhaft gute Folgen. A könnte dann zu einer deutlich veränderten Einschätzung der fraglichen, ihn kränkenden Unterrichtssituation mit schwer disziplinierbaren Schülern kommen; die Schüler würden in seinen Augen vielleicht weniger schwierig und die entsprechenden Situationen selbst weniger anomal erscheinen. Die Veränderung der Selbstwahrnehmung hätte also direkt praktische Folgen. A könnte nun viel selbstbewusster und unverkrampfter in die nächste Unterrichtssituation eintreten, die Problemlage wäre eindeutig deeskaliert. Die Wahrscheinlichkeit, bedrohlich „schwierige" Schüler zu erleben, wäre geringer geworden. Selbst dann, wenn sich das problematische Schülerverhalten nicht ändern würde, könnte er ansatzweise gelassener damit umgehen.

Allerdings sollten wir Eines festhalten. A's durch die Situation ausgelöste und durch seine behutsamen Freunde bewusst gemachte Neigung, in schwierigen Situation bisweilen die Übersicht und den Glauben an sich selbst zu verlieren – wodurch alles nicht nur schlimmer erscheint, sondern auch real schlimmer wird – diese Neigung ist mit dem verständnisvollen Gespräch nicht ein für allemal ausgeräumt, so wenig wie die Schüchternheit des Schüchternen verfliegt, sobald sie ihm bewusst wird. Dieses Wissen um die eigene Anfälligkeit muss A ertragen können, wenn er Einfühlung annehmen will. Er bringt also eine entsprechende persönliche Schwäche in seine Berufstätigkeit herein. Allerdings beweisen ihm B und C, dass er damit nicht allein steht.

Ist es nicht wahrscheinlich, dass derjenige, der sich eine ähnliche Schwäche eingestehen kann, damit auch besondere Möglichkeiten bei sich freisetzt, Schüler mit vergleichbaren Schwächen zu verstehen?

8.4 Reflexives Grundwissen

Wenn wir nun unser Beispiel aus größerer Distanz betrachten, können wir die Frage nach dem Typus des Wissens stellen, der sich unserem Beipiel-A im Zuge des Gesprächs und durch Vermittlung von B und C erschlossen hat. Wir sehen intuitiv ein, dass es weder normal-alltagsweltliches Praxis-, noch das hochschulübliche Theoriewissen ist, zu dem er da einen Zugang gewonnen hat.

Dennoch hat der fragliche Wissenstypus etwas von beidem. Alltagsweltlich ist er insofern, als er vertrauensvolle Nahbeziehungen voraussetzt, wie sie in anspruchsvollerer Nähe zustande kommen können. Man kennt sich, weiß manches voneinander, teilt manche Sorgen und Nöte – wir denken vielleicht an eine jugendliche Freundesclique. Wichtig dabei ist nicht nur eine gewisse Offenheit, die auch die Möglichkeit einschließt, sich voreinander Blößen zu geben, charakteristisch ist vor allem eines, das solche jugendlichen Gruppen bisweilen auch wenig gewinnend auftreten lässt: die Unbekümmertheit gegenüber gewissen Umgangsformen und -normen, die für untereinander fremde Erwachsene gelten.

Der bedeutendste Unterschied zu den Letzteren besteht darin, dass diese öffentlich mit der kommunikativen Unterstellung der vollständigen Zurechenbarkeit der Partner für alle Äußerungen und Handlungen zu arbeiten pflegen. Diese methodisch beobachtete Zurechenbarkeit bedeutet, dass man alles, was der Andere sagt und tut, so interpretiert, als hätte er es genauso gewollt, wie er es gesagt und getan hat.[120] In politischen, juristischen und erst recht in ökonomischen Zusammenhängen arbeiten wir grundsätzlich mit einer solchen kommunikativen Zurechenbarkeit. Sie ist dort unumgänglich.

Das selbstständige und selbstbewusste Individuum ist zugleich die Unterstellung, die der Utilitarismus benützt und die in jedem Liberalismus vorausgesetzt ist, damit all das, was dann geschieht – etwa im Berufsleben oder gar vor Gericht – handelnden Personen zugerechnet werden kann. Unser öffentliches Leben basiert wie erwähnt entscheidend auf dieser, wenn man so will: anthropo-

---

[120] Je mehr sich die öffentliche Kultur des nutzenkalkulierenden rationalen Individuums durchsetzt, umso stärker wird sie von der Werbung und gelernten Techniken eines „wertschätzenden" Umgangs mit Kunden usw. flankiert. Das heißt, man rechnet mit der Verführbarkeit von Geschäftspartnern, indem man ihre Rationalität hofiert. Das hat vormoderne neofeudale Züge. Bemerkenswert ist, dass dies jeder weiß – und es trotzdem und nachweislich Wirkung zeigt.

logischen Unterstellung. Sie stellt aber, wie wir mehrfach gesehen haben, eine praktisch-methodische Idealisierung dar. Lässt man den Charakter der Idealisierung grundsätzlich außer acht, arbeitet man, unbeabsichtigt oder berechnend, in vielen Einzelfällen mit einer Illusion.

Sie wirkt gerade dann als Realfaktor, wenn beschleunigte gesellschaftliche Veränderungen offenkundig „Gewinner" bzw. „Verlierer" hervor bringen. Letztere erscheinen dann als „Versager", die sich ihr Versagen selbst zuzuschreiben haben, während die „Gewinner" ihre Privilegien deshalb ohne Skrupel genießen können, da diese ja durch eigene Leistung erzielt wurden. Im Extremfall wird der eigene öffentliche Erfolg als Beweis besonderer Charakterstärke verbucht.

Halten wir fest: Die Hinwendung zu objektiven Sachverhalten setzt also voraus, dass die dabei entsprechend Handelnden die Frage, was sie bei ihrem äußeren Tun innerlich bewege, vernachlässigen, sozusagen stornieren können.[121] Unter Freunden und in Nahbeziehungen sind jedoch diese methodisch-anthropologischen Unterstellungen von Selbstständigkeit und Erwachsensein teilweise außer Kraft gesetzt.

Nach allem, was wir weiter oben gesehen haben, gilt die Unterstellung von Erwachsensein nicht nur im wirtschaftlichen Bereich, sondern auch für die Wissenschaften bzw. die in ihr an den Universitäten Tätigen besonders ausgeprägt. Wo vollständige Kontrollierbarkeit und Zurechenbarkeit des eigenen Handelns Forschungsvoraussetzung sind, kann auch der dort geförderte Erwachsenentypus als Inbegriff von Erwachsenheit selbst gelten. Insbesondere in den Medien scheint der Bedarf an Experten in den letzten Jahren zuzunehmen, die bei jedem öffentlich irritierenden Vorkommnis wissenschaftlich-objektive Kausalerklärungen anbieten. Offenbar wird solchen Expertisen eine Orientierungsfunktion für die Allgemeinheit zugetraut, die uns an die Orientierungsbedürfnisse Heranwachsender in Bezug auf erfahrene Erwachsene erinnern könnte.

Das obige fiktive Mensagespräch müsste unter diesen Bedingungen geradezu als Ausdruck von Unreife der Beteiligten gewertet werden, weil erstens subjektive Faktoren ernst genommen werden und zweitens mit subjektiven Schwierigkeiten bei der Selbstkontrolle methodisch gerechnet wird. Aus der strengen

---

[121] Dass jemand, der sich eine Schaufel für die Gartenarbeit kauft, die Frage nach seinen inneren Motiven vernachlässigen darf, sehen wir leicht ein. Bei dem, der einen Revolver ersteht, tun wir das (in Europa jedenfalls) weit weniger leicht. Vielleicht, aber das würde weit führen, sollten wir auch bei gewissen Autokäufern eine gewisse Skepsis an den Tag legen. Denn vieles, was wie ein Werkzeug aussieht, kann auch als Waffe verwendet werden.
Die Vernachlässigung der Frage nach dem Ethos des jeweiligen Individuums ist also kommunikativ üblich und juristisch geradezu einklagbar. Sie ist aber, wie wir spätestens seit der weltweiten Finanzkrise wissen, nicht ohne Gefahr für die Allgemeinheit.

Perspektive einer hochschulisch eingeübten Wissenschaftlichkeit müsste das von uns fingierte Gespräch geradezu als ethisch bedenklich bewertet werden. Machen wir uns diesen Sachverhalt noch einmal deutlicher klar.

So schematisch-holzschnittartig wie meine obige Darstellung eines möglichen Gesprächsablaufs gewesen sein mag – sie sollte doch die Differenziertheit eines solchen Verständigungsversuchs und des dabei erforderten persönlichen Engagements der drei Beteiligten A, B und C veranschaulichen können. Das für das Beispiel vorauszusetzende Ethos umfasste nicht nur emotionale Aspekte, es schloss auch differenzierte kognitive Aufschlüsse ein; dabei entstand eine Gesprächsdynamik, die sich der Planbarkeit entzog, weil jeder Schritt von A sowie B und C eine neue Situation schuf, auf die sich jeder der Drei immer wieder neu einzustellen hatte. Auch hier möchte man von einer Konzentrationsleistung sprechen, in der ethische, emotionale und kognitive Aspekte eine untrennbare und hoch differenzierte wechselseitige Verbindung eingingen. Keiner war „Herr der Situation", während das Gespräch bekümmerte, traurige und freudige Gefühle mobilisierte, die erst zum Schluss zu einem Überwiegen der vorsichtig optimistischen führten.

Hervorheben möchte ich noch einmal, dass das ethisch-emotionale Engagement der fiktiv vorgestellten Drei den kognitiven Wissenszuwachs im Gespräch erst ermöglichte, dass aber umgekehrt dieses Wissen seine ganze Bedeutung erst in der Einbettung des ethisch-emotionalen Engagements entfaltete. Nennen wir ein solches Wissen „Reflexionswissen", dann umfasst es gewiss das allgemein mit individueller „Selbstreflexion" Gemeinte, aber es bettet dieses ein in ein soziales Erleben, das ethisch motiviert und emotional differenziert ist: und damit biographisch eingeordnet werden kann.

Wenn wir uns nun vorstellen, dass aus der angedeuteten Einübung distanzierter Wissenschaftlichkeit heraus, wie sie hochschulisch als Normalität praktiziert wird, das beschriebene „Reflexionswissen" als defizitärer Modus von Wissenschaftlichkeit oder menschlicher Reife erscheinen muss,[122] dann werden die möglichen Kollateralschäden einer solchen Einstellung unmittelbar greifbar. Es mag sein, dass das skizzierte „Reflexionswissen" den theoretischen Glanz wissenschaftlicher Paradigmen nie erreichen kann – allerdings liegt seine unzweifelhafte Differenziertheit anderswo und sie hat den unzweifelhaften Vorteil, als gelebte soziale Begegnung humanisierend auf Menschen wirken zu können.[123]

---

[122] In utilitaristisch dominierten öffentlichen Verkehrsverhältnissen, insbesondere ökonomischen, gilt dies erst recht.
[123] Bourdieu (1993), 187

Unter dem Gesichtspunkt kommunikativer Differenziertheit übertrifft das fingierte Mensagespräch alles, was in normalen Hochschulveranstaltungen organisatorisch möglich und zulässig ist. Deshalb drängt sich die Rückfrage auf. Wie gehen die Verantwortlichen an der Hochschule damit um, dass dort gewisse menschliche Fähigkeiten bewusst nicht gefördert werden, die aber für das menschliche Zusammenleben anderswo und insbesondere für jede pädagogische Praxis gleichwohl wichtig, wenn nicht entscheidend sind? Wie kann, anders gefragt, die Hochschule,[124] wenn sie doch allgemein auf „Wahrheitsfindung" programmiert sein soll, eine solche zwischenmenschlich-menschliche Wahrheit bewusst ausblenden? Wie geht sie mit ihrer eigenen bewusstseinsprägenden Wirkung auf ihre Absolventen um – oder ist das keine sie angehende Frage?

Schematisch betrachtet hat die Hochschule in ihrem öffentlichen organisatorischen Selbstverständnis drei Möglichkeiten des Umgangs mit den oben skizzierten ethisch-empfindsamen Fähigkeiten, wie wir sie dem guten Gespräch unter nahen Freunden zuerkennen. Sie kann sie

- in der erwachsenen Bevölkerung für selbstverständlich verbreitet halten oder
- ignorieren, weil sie sie organisatorisch nicht fördern kann oder
- für wichtig und förderungswürdig halten, obwohl sie sie organisatorisch nicht selbst fördern kann.

Der gute Lehrer braucht, wie wir oben gesehen haben, die Fähigkeiten, die wir unseren gedachten drei Mensabesuchern nachgesagt haben. Er sollte den Kollegen einfühlsam und intelligent beraten können, und er sollte um Beratung mutig und geschickt nachsuchen können. Im Beispiel greifen die Drei auch auf kognitiv differenzierende Gesichtspunkte zurück, die sie im Studium kennen gelernt haben sollten. Denn das Beispiel gibt ein Gesprächsverhalten wieder, das alltagsweltlich (hoffentlich) verbreitete Umgangsformen häuslicher und freundschaftlicher Art sowohl versachlicht als auch durch Wissensgesichtspunkte anreichert. Ein Pädagogikstudium, das auch nur minimalen Berufsbezug bewahren will, muss deshalb in der Linie dessen liegen, was wir am Gesprächsbeispiel beobachten konnten.

---

[124] Natürlich gibt es das Großsubjekt „Hochschule" ebenso wenig wie etwa „die Gesellschaft". An der Hochschule sind die Vertreter ihrer Fächer tätig, und die hier aufgeworfene Frage ist überhaupt kein fachwissenschaftliches Thema – es sei denn, Pädagogen und kulturkritische Geistesverwandte hätten die institutionelle Macht, es zu einem solchen zu erklären. Danach sieht es derzeit nicht aus, eher hat sich die Pädagogik an universitären Standards zu bemessen als umgekehrt, und es scheint einige führende Erziehungswissenschaftler zu geben, die das für Fortschritt halten.

Das wirft wissenschaftsorganisatorisch Probleme auf, die in die Nähe einer Paradoxie reichen. Ein angemessenes Lehramtsstudium müsste bei denen, die es als Dozenten anbieten und denen, die es als Adressaten absolvieren, von der mitlaufenden Einsicht in die Begrenztheit seiner Leistungsfähigkeit für die Berufsvorbereitung bestimmt sein. So gesehen, ginge es um die prekäre Praxis einer Organisation der Nichtorganisierbarkeit eines angemessenen Lehramtsstudiums. Hält uns das Eingeständnis dieser Grundschwierigkeit jedoch davon ab, den Sonderstatus des pädagogisch geforderten Reflexionswissens organisatorisch zu berücksichtigen, betreiben wir unter den aktuellen Bedingungen automatisch eine Verwissenschaftlichung der Pädagogik zur Erziehungswissenschaft.[125] Sie wird ihren Praxis-Sinn nur darin suchen und scheinbar finden können, dass sie eine mitlaufende Wissenschafts-Gläubigkeit erzeugt, die man als Kompensation für die Unterdrückung der Begabungen ihrer Absolventen zur Einfühlung betrachten könnte. Sie gibt ihnen dann mit betont exaktem Wissen und angeblich objektiv wirksamen Methoden Instrumente zur Lösung ihrer späteren Berufsprobleme auf den Weg, durch die diese Probleme schon im Ansatz kognitiv bzw. instrumentalistisch fehlverstanden und in ihrer emotionalen Tragweite verharmlost sind.

Das exemplarische Mensagespräch sollte verdeutlichen, inwiefern ein Pädagogik-Studium nicht nur inhaltlich, sondern auch formal, also organisatorisch, für alltagsweltliche Umgangsformen offen sein müsste. Das bedeutet, dass im Prinzip jeder pädagogisch relevante Wissenszuwachs zu jenen biographisch erworbenen Bewusstseins- und Umgangsformen vermittelt werden müsste, die er gleichzeitig zu erweitern, auszudifferenzieren und anzureichern hätte. Diese Vermittlungsleistung wäre selbstreflexiver Art. Sie müsste von jedem einzelnen Lehramtsstudenten individuell im solidarisch-kollegialen Zusammenhang erbracht werden. Kein Studienangebot als solches würde den Lehramtsstudierenden diese Arbeit abnehmen können – aber ein pädagogisch möglichst angemessenes könnte sie organisatorisch rahmen, praktisch unterstützen und ihre Bewusstmachung pädagogisch-theoretisch fördern.

---

[125] Die Zeiten hochschulisch geförderter Schüler-Freundschaft sind bis auf weiteres abgelaufen.

9 Rückblick, Ausblick

9.1 Kulturkritische Pädagogik

Kultur- und gesellschaftsgeschichtlich erwächst die neuzeitliche Pädagogik, ganz gleich, ob man sie vor allem um 1750 mit der Romantik, um 1650 mit der Frühaufklärung oder um 1500 mit der Hochrenaissance oder der Reformation beginnen lassen möchte, einem grundsätzlichen Optimismus, die vorhandenen menschlichen Verkehrsverhältnisse verbessern zu können bzw. zu sollen. Dieser durchgängige und sehr unterschiedliche Formen durchlaufende Optimismus greift jeweils auf die Vernunft zurück, die allerdings in den vier Geistesströmungen sehr verschiedenartig verstanden wird.

In der Renaissance findet man sie in den Gestaltungen der antiken römischen und griechischen Vergangenheit modellhaft vor[126]; in der Reformation wird sie ganz vom Glauben durchdrungen, der sich göttlich beauftragt sieht, das Alltagsleben und die wirtschaftlichen Verhältnisse als Gottesdienst zu vollziehen; in der Frühaufklärung verspricht man sich von einer wesentlich naturwissenschaftlich-methodisch vorangetrieben Vernunft die Befreiung von Aberglauben und Unmündigkeit; in der Romantik wird Vernunft gespeist vom Gefühlserleben und damit erst lebendig im Verbunden-Bleiben mit umgreifenden Wesenheiten wie etwa der Natur; spätromantisch werden dann noch Volk, Heimat, Tradition usw. dazukommen.[127]

Jede dieser optimistischen Wendungen ist auf ihre Weise zukunftsorientiert, jede entwickelt eine eigene Vorstellung von Vernunft. Lediglich die Frühaufklärung erhofft sich von einer streng rationalistischen Einstellung zur Realität die Humanisierung des Menschengeschlechtes. Die optimistische bzw. zupackende Zukunftsorientierung aller dieser Bewegungen sollte uns nicht dazu verleiten, ihre Rückseite zu unterschätzen: die der mehr oder weniger radikalen Kritik an der Kultur der jeweils bestehenden Gesellschaft.

So überschritt die Renaissance den Horizont der katholisch-mittelalterlichen Gläubigkeit, indem sie das Ideal des an vorchristlichen textlichen und ästheti-

---

[126] Das deutsche neuhumanistische „Bildungs"-Denken von Friedrich Schiller und Wilhelm von Humboldt ist vom italienischen Humanismus und der Renaissance deutlich beeinflusst; vgl. Grassi (1992).
[127] Vgl. Taylor (1994)

schen Zeugnissen gebildeten Gelehrten entwickelte; es waren aber auch naturwissenschaftliche Beobachtungen und Berechnungen, die das mittelalterlich-geozentrische Weltbild aufsprengten und Kolumbus in neue Erdteile aufbrechen ließen. Die Reformation stellte nicht nur eine religiöse Protestbewegung gegen das kirchliche Selbstverständnis des dominanten Katholizismus dar, sie trieb auch mächtige politische und wirtschaftliche Veränderungen hervor. Insofern die Frühaufklärung politisch in der Französischen Revolution kulminierte, wurde ihr die radikale Gesellschafts- und Kulturkritik zum Markenzeichen. Was die Romantik betrifft, so ist unser heutiges Bild von ihr stark durch historisch spätere konservative und reaktionäre Züge mitbestimmt. Insofern sie die Pädagogik entscheidend auf den Weg brachte, ließen sich diese autoritären Züge gut in die sich konstituierenden Schulsysteme des 19. Jahrhunderts einfügen. Dies sollte uns aber nicht ablenken von ihrem ursprünglichen Protestpotential gegen eine durchgängige Rationalisierung des Gesellschaftslebens und deren Kollateralschäden einer zunehmenden sozialen und kulturellen Entwurzelung der Menschen.

Die Erinnerung an die historischen Anfänge der neuzeitlichen Pädagogik könnte diesen Gesichtspunkt der pädagogischen Kulturkritik in aller Deutlichkeit festhalten. Aus seinem Exil während des Dreißigjährigen Krieges hatte Amos Comenius die sowohl christliche als auch frühaufklärerische Vision einer Pädagogik für alle entworfen. Rousseau folgte ihm mit seinem aufklärungskritischen Émile mehr als ein Jahrhundert später. Mit Beiden begann die neuzeitliche Pädagogik in Form bewusster Utopie. Praktisch wurde sie als christlich-reformatorisch organisierte Protestprojekte gegen das soziale Verlassensein und die kulturelle Entwurzelung Heranwachsender. Hierfür stehen um die Wende zum 18. Jahrhundert die Halleschen Anstalten des Pietisten August Hermann Francke und wiederum hundert Jahre später die Waisenhäuser des auch von Rousseau beeinflussten Johann Heinrich Pestalozzi![128]

Wie bereits erwähnt liegt der gesellschaftspolitische Protest dem pädagogischen Entwurf Rousseaus in Form seines bewusst unrealistisch-utopischen Erziehungsromans Émile zugrunde. Dass gute Pädagogik allen Heranwachsenden zugänglich sein müsste, ist für Rousseau klar; wie das aber gehen solle, kann er sich nicht wirklich konkret vorstellen. Rousseau hat das Pariser Bürgertum vor Augen. Die Vertreter der dort maßgeblichen Gesellschaftsschichten versuchen in seinen Augen, ihr Selbstwertgefühl aus berechnendem Egoismus und wechselseitiger Konkurrenz zu ziehen; sie haben durch ihren kalten Rationalismus den Zugang zu einem ruhigen Selbstwertgefühl verloren. Wie soll eine von solchen

---

[128] Menck (1993)

Erwachsenen dominierte Gesellschaft eine schulische Erziehungsorganisation zustande bringen, die nicht einfach nur ihre defizitäre sozial-kulturelle Situation reproduziert? Bessere Pädagogik ist demnach bei Rousseau dringend nötig, wiewohl schwer vorstellbar. Seine Kulturkritik treibt den pädagogischen Optimismus hervor, dem gerade wegen des kulturkritischen Hintergrunds ein utopischer Zug anhaftet.

Gut hundert Jahre vor Rousseau hatten einige europäische Philosophen und Wissenschaftler eine Vision entwickelt, der auch die neuzeitliche Pädagogik entsprang. Sie lautete sinngemäß: „Die Menschheit wird nur durch den Menschen menschlich." Ihr lag der Optimismus zugrunde, wonach der Mensch in seiner Rationalität auch das notwendige Mittel habe, eine humane Gesellschaft hervorzubringen. Der Optimismus war in die Zukunft gerichtet, weil das Leben fortan nicht mehr bleiben sollte, wie es in der Vergangenheit gewesen war. Der Dreißigjährige Krieg hatte den Aufklärern vor Augen geführt, dass der Glaube an den christlichen Gott, der sich in der Bibel geoffenbart haben sollte, seine Anhänger in den verfeindeten Konfessionen nicht vom Ausleben unmenschlicher Zerstörungskräfte zurückgehalten hatte. Scharf gesagt, hätte dann Gott selbst durch die biblische Botschaft und ihre unterschiedlichen Auslegungsmöglichkeiten zu den Schrecken des mitteleuropäischen Religionskrieges beigetragen. Das erschien mit einem in sich stimmigen Gottesbild nicht vereinbar.

Die Frühaufklärer wandten sich keineswegs von der Idee eines Schöpfergottes ab, wohl aber von der Vorstellung eines Erlösergottes, wie sie das Christentum begründet. Damit verwarfen sie die Überzeugung, Gott habe sich in Heiligen Schriften durch einen oder mehrere Propheten geoffenbart, wie sie auch den beiden anderen theistischen Religionen, Judentum und Islam, zugrunde liegt. Das aufklärerische Gottesbild ist deistisch. Nach ihm hat Gott die Welt erschaffen, indem er zugleich seine Gesetze in die Natur hineingelegt hat. Diese Gesetze finden sich im ganzen Kosmos wie im Geist des Menschen wieder, insofern er auf ihre Erkenntnis angelegt ist.

Die Vorstellung eines deistischen Gottes, der die Schöpfung nach Gesetzen sinnvoll geschaffen hat und sie sich dann in von ihm gewährter Selbstständigkeit entwickeln lässt, ist ein Schlüssel zum Verständnis der Besonderheiten der Frühaufklärung. Zwei Aspekte sind von besonderer Wichtigkeit. Es ist die göttliche Vernunft, durch die das Universum erst geordnet hervorgebracht wird; sodann hält Gott Distanz zu seinem Werk. In diesen beiden – durchaus theologischen – Grundgedanken ist sowohl der aufklärerische Geschichtsoptimismus begründet als auch dessen methodische Umsetzung entworfen.

Der Mensch muss Gott darin folgen, dass er seiner inneren Natur gehorcht, die äußere ihn umgebende Natur auf deren Gesetze hin zu untersuchen, diese zu begreifen und sich dann womöglich zunutze zu machen. Hier deutet sich schon an, dass der Erkenntnis- und Wissensstrieb für die Frühaufklärer die eigentlich menschliche natürliche Bewegkraft darstellt. Sich dem rationalen Erkennen der Realität zu verpflichten, bedeutet zunächst, in eine Grundhaltung nüchterner Unvorgenommenheit einzutreten, die ihrerseits alles alltägliche Meinen, vor allem aber gewohnte Hoffnungen und Sehnsüchte, geschweige denn egoistische Triebe methodisch hinter sich lässt.

Festzustellen, die Frühaufklärung habe sich für einen nüchtern-beobachtenden und berechnenden Umgang des Menschen mit der Natur entschieden, ist demnach nur solange berechtigt, wie man zwei Aspekte mit bedenkt. Der Sinn und Zweck der funktionalistischen Naturbeobachtung, aus der sich die moderne Naturwissenschaft heraus entwickelt hat, ist für die Frühaufklärung die Selbsthumanisierung der Menschheit. Ihr Hinter-Sinn ist eine deistische Idee von der Gottebenbildlichkeit des Menschen. Indem der Mensch die Naturgesetze erkennt, vollzieht er den göttlichen Schöpferblick nach. Die neuzeitlich-wissenschaftliche Vernunft beginnt in der Frühaufklärung als Dienst an der Menschheit und neuartig-moderne Form der Nachfolge eines deistisch vorgestellten Gottes. Im Deismus der Aufklärer sind immer noch genuin christliche Vorstellungen aufgehoben. Sie stellen in mancher Hinsicht eine Säkularisierung der christlichen Erlösungshoffnung dar. Geistesgeschichtlich liegt dies der neuzeitlichen Pädagogik zugrunde.

Nach etwa einem Jahrhundert haben sich die frühaufklärerischen Absichten von ihren eigenen Beweggründen teilweise abgelöst und ihr Ziel der Humanisierung des menschlichen Zusammenlebens erfahrbar verfehlt. Im Paris des 18. Jahrhunderts sieht deshalb Rousseau eher die Auswirkungen eines frühkapitalistisch-berechnenden Umgangs mit Natur auf die Menschen selbst am Werk als dass er den Fortschritt an naturwissenschaftlichen Erkenntnissen in den alltäglichen Lebensverhältnissen ablesen könnte. Rousseaus Kritik geht sinngemäß dahin, dass der Mensch, der den Schöpfer-Blick auf die Dinge in bewusster Rationalität nachahmen möchte, deren Naturcharakter schon im Ansatz verfehlt, während er in einen Größenwahn gerät, der ihn die Beziehung zu sich selbst verlieren und die anderen nur noch als Konkurrenten erscheinen lässt.

Rousseau hält demnach an der deistischen Gottesauffassung fest, aber im Unterschied zu den Frühaufklärern betont er die Geschöpflichkeit des Menschen und nicht die Schöpfer-Ähnlichkeit. Deshalb muss der Mensch sich als Teil einer Natur erleben, die ihn mit Leben versorgt. Versuche er sich außerhalb dieser

Natur durch distanzierte Beobachtung zu platzieren, degradiere er diese nicht nur zu einer in sich wertlosen Objektwelt, er grabe sich sogar selbst die eigenen Wurzeln ab. Die Selbstüberschätzung werde dann der Preis und zugleich die Überkompensation einer tief reichenden Selbstentfremdung. Vernünftig kann nach Rousseau deshalb nur eine Vernunft sein, die vom Gefühl für ihre eigene naturverbundene Geschöpflichkeit stets getragen bleibt.

Daraus leitet er eine unmittelbar pädagogisch wirksame Konsequenz ab. Die Botschaft des Émile lautet: „Der Mensch wird nur durch den Menschen zum Menschen." Nur so kann für Rousseau die frühaufklärerische Maxime, wonach die Menschheit sich selbst humanisieren müsse, ernsthaft festgehalten und eingelöst werden. Nicht mehr die Freilegung der Verstandeskräfte in jedem Einzelnen bei gleichzeitiger strenger Kontrolle sinnlicher Neigungen und emotionaler Impulse soll die aufklärerische Vision Realität werden lassen können, sondern sie muss in der Begegnung mit Anderen erfahren und eröffnet werden.

Dass Rousseau tatsächlich den nicht-entfremdeten natürlichen Menschen im angedeuteten Sinne als sozial betrachtet habe, ist nicht eindeutig. Rousseaus wichtiger Vermittler in den deutschen Sprachbereich, Johann Gottfried Herder, hat aber seine Position in diesem Sinne weitergedacht. Für ihn ist der Mensch von Natur aus sozial, aber es bedarf der elterlichen Einfühlung, damit Kindern die Möglichkeit eröffnet wird, sich selbst als humane Wesen zu erfahren. Lehrer müssen auf ihre Weise etwas von der Großzügigkeit der Eltern unterrichtlich fortsetzen, um kraft ihrer Ausstrahlung die Schüler für die Wissensinhalte zu begeistern. Nur auf diesem Wege kann die Humanisierung des Menschengeschlechtes über einen langen geschichtlichen Weg vorangebracht werden.

9.2 Erinnerung

Dass die alte Bildungsphilosophie des 18. Jahrhunderts im Grundwissen noch lebendig sei, das heutige Lehramtsstudierende zu ihrem Berufswunsch motiviert, lag dem vorliegenden Lehrbuch inhaltlich und methodenleitend zugrunde. Die alten Ideen einer Humanisierung der Menschheit aus dem begegnungsbereiten Umgang mit Heranwachsenden heraus haben sich demnach in unserer Kultur niedergeschlagen. Sie haben sich dort zu einer dynamischen Gemengelage verbunden, in der immer noch feudal-autoritäre Elemente wirksam sind, während die moderneren Impulse sich phasenweise in ihr eigenes Gegenteil vergröbern. Der frühaufklärerische Utilitarismus kann sich immer wieder zu einem rücksichtslos technizistischen Umgang der Menschen mit den natürlichen Ressourcen auswachsen, der deren Fortbestand gefährdet, während die Rücksichtslosigkeit in den sozialen Umgang der Stärkeren mit den Schwächeren selbst zurückschlägt. Die romantische Betonung des eigenen innerlichen Erlebens kann sich in den utilitaristisch reduzierten sozialen Umgangsformen zu Ansprüchen einer individualistischen Selbstverwirklichung steigern, die wiederum nur den Gewinnern offen stehen. Beide Entwicklungen können so zusammen wirken, dass sich die Chancen der Heranwachsenden auf günstige Aufwachsbedingungen insgesamt mindern.

Der Realitätsgehalt der alten humanistischen Ideen ist deshalb nicht unumstritten, muss er doch für Heranwachsende hinreichend erfahrbar werden können. Wir haben methodenleitend vorausgesetzt, dass Lehramtskandidaten entsprechende Erfahrungen gemacht haben sollten und auch ihre eigenen Lehrer dabei wichtig geworden sind.

Will demnach jemand, der ein guter Lehrer werden will, genauer wissen, was ihn da bewegt, dann stößt er bei der biographischen Erinnerung auf Lehrerpersönlichkeiten, die ihm ein Grundwissen von dem erfahrbar gemacht haben, was im 18. Jahrhundert unter „Bildung" verstanden wurde. Die bildungsphilosophische Rückversicherung gehört also ebenso zur Vorbereitung auf den Lehrerberuf dazu wie die subjektive Rückerinnerung an die schülerbiographische Entwicklung des eigenen Selbstbewusstseins, das schließlich in den Berufswunsch „Lehrer" mündete.

Mit solchen Feststellungen enden die Schwierigkeiten des Lehrerberufs nicht, sie nehmen im Gegenteil erst ihren Ausgang davon. Will der Lehrer seine Schüler auf dem Weg in ein mündiges und politisch-rechtlich-ökonomisch selbstständiges Erwachsensein begleiten, muss er, wie wir gesehen haben, mehrere Begabungen aufweisen. Sie wurden, ausgehend vom Didaktischen Dreieck Lehrer-Schüler-Inhalte, in einem Lehrviereck veranschaulicht. Fähigkeiten wie Inhalte-Bezug und Schüler-Beziehung, sich engagieren und sich schützen, sind nur teilweise als technische Kompetenzen direkt auszubilden, etwa als Fachinhalte-Bezug und Methodenkompetenz. In der wichtigen Beziehung des Lehrers zu Schülern und im Verhältnis zu sich selbst gehen sie darüber aber hinaus.

Im vorliegenden Lehrbuch ging es deshalb vor allem um die Schwierigkeiten der Lehrer-Schüler-Beziehungen. Mit Modellen, die in der neueren Psychoanalyse theoretisch entwickelt wurden, weil sie sich in der therapeutischen Praxis bewährt hatten und die gleichzeitig unserem Alltagsdenken unschwer vermittelbar, wo nicht bereits vertraut sind, wurden mögliche Problemdimensionen des Lehrerberufs bearbeitet. Dazu musste ein Strukturbild des Lehrerhandelns entworfen werden, das seiner bildungsphilosophisch begründeten Komplexität ansatzweise gerecht zu werden vermag. Es zeigte sich, dass mögliche Unterrichts-Inhalte auf vier verschiedenen Ebenen sich stellen können und dann – je unterschiedlich – bearbeitet werden müssen.

Dabei erwies sich, dass die Ebene der Wissensvermittlung für sich betrachtet die geringsten Probleme aufwirft. Sie ist technisch-ingenieurhaft zu bewältigen. Der Lehrer vermittelt Wissen auf methodisch angemessen-vielfältige Weise und prüft hinterher ab, inwieweit die Schüler es reproduzieren können. Universitäre Studien sind so weitgehend organisiert. Sie setzen selbstbewusste und selbstverantwortliche Erwachsene als Studenten voraus. Unser ökonomisches, politisches, juristisches Denken arbeitet mit derselben anthropologischen Unterstellung. Dass diese eine Idealisierung darstellt und im Blick auf viele Erwachsene einen illusionären Einschlag aufweist, kann jeder wissen. Dass sie in undifferenziertem Bezug auf Kinder und Jugendliche eine schädliche Fehleinschätzung ist, müsste jedem Erziehungsberechtigten klar sein. Für den guten Lehrer gehört es zum Grundwissen, dass Heranwachsende der Begegnung mit Erwachsenen bedürfen, um zu sich selbst zu finden: sofern sie sich als Kulturwesen und nicht als rücksichtsarme vereinzelte Einzelne verstehen sollen.

Es mag bezeichnend sein für Tendenzen unserer gegenwärtigen Kultur, dass das, was die Hochschule erst zur „Schule" machen würde, in ihr ignoriert wird. Schlimm wird es, wenn universitäts-typische Lehr-Lern-Vorstellungen in die Schule vorwandern und zunehmend jüngere Schüler wie kleine Erwachsene als selbstbewusste und selbstverantwortliche Schmiede ihrer eigenen zukünftigen Karriere angesprochen werden. Eine kulturkritische Einstellung gegenüber solchen zeitgenössischen Fehlentwicklungen gehört insofern zum Lehrerberuf hinzu; dass sie nicht in Kulturpessimismus abrutscht, davor müssen den Lehrer unter anderem die guten biographischen Erfahrungen mit seinen eigenen Lehrern bewahren.

Ginge es im Lehrerberuf einzig um die Ebene der Wissensvermittlung, dann müssten zwei Voraussetzungen gewährleistet sein. Sie entsprechen der Geleitfunktion des Lehrerberufs von eher romantisch gestalteten häuslichen Herkunftswelten in eine utilitaristisch dominierte Erwachsenenöffentlichkeit, die für ihre weitere Selbsthumanisierung – verfassungsverbürgt – offen sein will. Die erste der beiden Voraussetzungen wäre eine häusliche Herkunft, in der fürsorglich mit den kindlichen Möglichkeiten umgegangen worden wäre, so dass sich beim einzelnen Schüler ein belastbares Selbstbewusstsein, ein Gespür für die eigenen Wissensinteressen und das eigene Lernvermögen sowie Sensibilität für die Belange nahe stehender Anderer und die Rechte Fremder zumindest ansatzweise entwickelt hätten. Der gute Lehrer bräuchte nur auf seine Weise unterrichtlich fortzusetzen, wozu schon außerschulisch die wesentlichen Anlagen bereitet worden wären. Die zweite Voraussetzung wäre die bei tendenziell allen Schülern verbreitete Vorstellung, in einer gerechten Gesellschaft aufzuwachsen, in der man sich auf die Verantwortlichkeit der so genannten Machteliten verlassen und darauf vertrauen könnte, für sich selbst später einen angemessenen Platz in der Ausgestaltung eigener Möglichkeiten eines sinnvollen Lebensvollzuges darin finden zu können.

Sofern Lehrer realistischer Weise davon ausgehen dürften, dass beide Voraussetzungen bei der ganz überwiegenden Zahl ihrer Schüler gegeben sind, wäre ihre Arbeit leicht, alltäglich befriedigend und höchstwahrscheinlich sehr erfolgreich. Allerdings käme es, denkt man genauer nach, auf diese Arbeit – sei sie noch so erfolgreich oder auch sogar schlecht – keineswegs an. Sie wäre gesellschaftlich nicht nennenswert wichtig, weil die günstigen außerschulischen Lebensbedingungen und Lebenserfahrungen die biographische Bedeutung der schulischen Karriere auf ein Minimum absenken würden.

Von einer solchen Ausgangssituation sind wir weit entfernt. Vielleicht sind wir sogar noch um einige Hoffnungen ärmer als es unsere Eltern und Großeltern in der Nachkriegsnot der frühen 50er Jahren waren. Gute Schulpädagogik scheint heute wichtiger denn je, der Lehrerberuf findet nachdrückliche Beachtung. In der aufgeregten öffentlichen Diskussion ebenso wie in den unauffälligen finanziellen Weichensetzungen aus Wirtschaftskreisen wird das Grundwissen, das noch jeder aufgeschlossene Lehramtswärter mitbringt, als nebensächlich missachtet: dass der Lehrer erfahrbar machen soll, dass der Mensch durch den Menschen menschlich und die Gesellschaft auf diesem Wege glaubhaft humaner werden soll.

Tatsächlich ist die Arbeit der Lehrer unter dem Druck der Entwicklungen der letzten Jahrzehnte deutlich schwieriger geworden als sie es zu den Zeiten war, als man sich noch pädagogische Beschleunigungen gerechterer politischer Verhältnisse gut vorstellen konnte. Gleichzeitig ist die Schere auseinander gegangen zwischen der schulischen Realität und den öffentlichen Erwartungen an das, was Lehrer „leisten" sollen. Der Fokus auf Wissensvermittlung und Selektion, auf „Leistung" und „Qualität" wäre der Schule und den Lehrern dann zumutbar, wenn die beiden skizzierten Rahmenbedingungen des Lehrerhandelns – günstige Aufwachsbedingungen, ermutigende Zukunftsaussichten für alle Schüler – auch nur einigermaßen realistisch wären. So aber wird das Schulsystem bestraft für die gesellschaftsöffentliche Weigerung, die selbstverschuldeten politischen Unmündigkeiten und Humanitätsdefizite auch politisch zu verantworten.

Der genauere Blick auf die schwieriger gewordene Lehrer-Schüler-Beziehung lenkte die Aufmerksamkeit auf die schulisch-organisatorischen Bedingungen des Unterrichts. Dabei konkretisierte sich, was als gesamtgesellschaftlich bezogene Kulturkritik ansetzte, in den schulischen Rahmenbedingungen selbst. Diese ermöglichen erst Lehrer-Schüler-Beziehungen, aber sie engen sie auch ein bis in letzten Endes unpädagogische Zwänge hinein. Analoges gilt, wie wir gesehen haben, auch für die Lehrerausbildung selbst. Zugleich aber deutete sich an, dass die einzelschulischen Bedingungen stets einen Rahmen abgeben, der durch die Schulkultur selbst mit pädagogischem Leben erfüllt werden muss – und kann. Voraussetzung dazu ist die Kooperation der Lehrerkollegen untereinander. Sie kann für viele Lehrer entscheidend wichtig werden, damit sie ihre innere Lebendigkeit erhalten können. Diese muss mit ihren anfänglichen Berufsmotivationen ohne schwere Brüche in Verbindung bleiben können.

Der Lehrerberuf ist wie kaum ein anderer von der Zusammenarbeit mit den Berufskollegen abhängig. Als schwierig erlebte Schüler können die biographisch mitgebrachte eigene Störanfälligkeit – Empfindlichkeiten, Kränkbarkeiten – auf vielfache Weise mobilisieren. Die unpädagogischen Zwänge der pädagogischen Organisation tun das Ihre. Der solidarische Außenblick der Kollegen kann helfen, die erlebten Schwierigkeiten von den eigenen unbewussten Beimischungen zu sondern, während die erlebte Solidarität das Gefühl des Zurückgeworfen-Seins auf sich selbst aufheben kann. Wer Begegnung anbieten will, muss sie erfahren haben und immer wieder neu erfahren können.

Der Lehrerberuf verlangt eine außerordentliche Vielseitigkeit. Dass er schwierig und vielleicht schwieriger denn je geworden ist, sollte niemanden abhalten, diesen Beruf zu ergreifen, der ein Gespür für seine bildungsphilosophische Leitidee hat. Möglichkeiten einer weiteren Humanisierung und Demokratisierung unseres gesellschaftlichen Zusammenlebens den Schülern gegenwärtig erfahrbar zu machen und dadurch mittelbar in öffentlicher Erinnerung zu halten, ist der Bildungs-Sinn dieses Berufs.

Literaturverzeichnis

Allemann-Ghionda, Cristina/Terhart, Ewald (Hrsg.) (2006): Kompetenzen und Kompetenzentwicklung von Lehrerinnen und Lehrern: Ausbildung und Beruf. Zs.f.Päd./51. Beiheft

Altmeyer, Martin (2000): Narzissmus, Intersubjektivität und Anerkennung. Psyche 2, 143-171

Altvater, Elmar (2007): Von Nairobi nach Heiligendamm. Global Governance und der Kampf um Hegemonie. In: Blätter für deutsche und internationale Politik, Heft 3, 329-340

Altvater, Elmar (2009): Die kapitalistischen Plagen. Energiekrise und Klimakollaps, Hunger und Finanzchaos. In: Blätter für deutsche und internationale Politik, Heft 3, 45-59

Bastian, Johannes/Helsper, Werner (2000): Professionalisierung im Lehrerberuf. Von der Kritik der Lehrerrolle zur pädagogischen Professionalität. Opladen

Bauman, Zygmunt (1995): Moderne und Ambivalenz. Das Ende der Eindeutigkeit. Frankfurt/Main

Bauman, Zygmunt (1999): Unbehagen in der Postmoderne. Hamburg

Bauman, Zygmunt (2008): Flüchtige Zeiten. Leben in der Ungewissheit, Hamburg

Beck, Ulrich (1986): Risikogesellschaft. Auf dem Weg in eine andere Moderne. Frankfurt/Main

Beck, Ulrich (1997): Was ist Globalisierung? Irrtümer des Globalismus – Antworten auf Globalisierung. Frankfurt/Main

Benner, Dietrich (1987): Allgemeine Pädagogik, Weinheim/München

Benner, Dietrich (2005): Über pädagogisch relevante und erziehungswissenschaftlich fruchtbare Aspekte der Negativität menschlicher Erfahrung. In: Z.f.Päd., 19. Beiheft/2005, 7-21

Blankertz, Herwig (1982): Die Geschichte der Pädagogik. Von der Aufklärung bis zur Gegenwart. Wetzlar

Bourdieu, Pierre (1982): Die feinen Unterschiede. Kritik der gesellschaftlichen Urteilskraft. Frankfurt/Main

Bourdieu, Pierre (1993): Sozialer Sinn. Kritik der theoretischen Vernunft. Frankfurt/Main

Bourdieu, Pierre (1992): Rede und Antwort. Frankfurt/Main

Brück, Horst (1993): Über Wirkungen des Unbewussten im schulischen Handeln. In: Pädagogik, 45., 1. Beiheft 1993. 23-27

Brumlik, Micha (2006): Kultur ist das Thema. Pädagogik als kritische Kulturwissenschaft. In: Zs.f.Päd. 1/2006, 60-82

Brunkhorst, Hauke (1997): Solidarität unter Fremden. In: Combe, Arno/Helsper, Werner (Hrsg.): Pädagogische Professionalität. Frankfurt/Main, 340-367

Castoriadis, Cornelius (1983): Durchs Labyrinth. Seele Vernunft Gesellschaft. Frankfurt/Main

Castoriadis, Cornelius (1997): Gesellschaft als imaginäre Institution. Entwurf einer politischen Philosophie. Frankfurt/Main, 2. Aufl.

Combe, Arno/Buchen, Sylvia (1996): Belastungen von Lehrerinnen und Lehrern. Fallstudien zur Bedeutung alltäglicher Handlungsabläufe an unterschiedlichen Schulformen. Weinheim und München

Combe, Arno/Helsper, Werner (Hrsg.) (1997a): Pädagogische Professionalität, Frankfurt/Main
Combe, Arno/Helsper, Werner (1997b): Einleitung: Pädagogische Professionalität. Historische Hypotheken und aktuelle Entwicklungstendenzen. In: dies.: Pädagogische Professionalität, Frankfurt/Main, 9-48
Cortina, Kai S./Baumert, Jürgen/Leschinsky, Achim/Mayer, Karl Ulrich/Trommer, Luitgard (Hrsg.) (2008): Das Bildungswesen in der Bundesrepublik Deutschland. Reinbek
Dewe, Bernd/Radtke, Olaf (1991): Was wissen Pädagogen über ihr Können? In: Oelkers, Jürgen/Tenorth, Heinz-Elmar (Hrsg.) (1991): Pädagogisches Wissen. 27. Beiheft der Zs.f.Päd. 143-162
Dewe, Bernd/Ferchhoff, Wilfried/Radtke, Olaf (1992): Das „Professionswissen" von Pädagogen. Ein wissenstheoretischer Rekonstruktionsversuch. In: Dewe, Bernd et al.: Erziehen als Profession. Opladen, 70-91
Dlugosch, Andrea (2003): Professionelle Entwicklung und Biografie. Impulse für universitäre Bildungsprozesse im Kontext schulischer Erziehungshilfe. Bad Heilbrunn
Dornes, Martin (1993): Der kompetente Säugling. Die präverbale Entwicklung des Menschen. Frankfurt/Main
Dornes, Martin (2005): Die emotionalen Ursprünge des Denkens. In: WestEnd. Neue Zs.f.Sozialforschung, 2. Jg., H. 1, S. 3-48
Dühlmeier, Bernd (2004): Und die Schule bewegte sich doch. Unbekannte Reformpädagogen und ihre Projekte in der Nachkriegszeit. Bad Heilbrunn
Eagle, Morris (1988): Neuere Entwicklungen in der Psychoanalyse. Eine kritische Würdigung. Stuttgart
Eide, Asbjorn (2000): Der Prozeß der Universalisierung der Menschenrechte und seine Bedrohung im Zeitalter der Globalisierung. In: Krull, Wilhelm (Hrsg.): Zukunftsstreit. Weilerswist
Erikson, Erik H. (1959): Identität und Lebenszyklus. Frankfurt/Main
Fend, Helmut (2001): Bildungspolitische Optionen für die Zukunft des Bildungswesens. Erfahrungen aus der Qualitätsforschung. In: Zs.f.Päd., 43. Beiheft, Weinheim und Basel, 37-48
Fend, Helmut (2006): Geschichte des Bildungswesens. Der Sonderweg im europäischen Kulturraum. Wiesbaden
Fend, Helmut (2006): Neue Theorie der Schule. Einführung in das Verstehen von Bildungssystemen, Wiesbaden
Freud, Anna (1939): Das Ich und die Abwehrmechanismen. Wien
Fürstenau, Peter (1969): Zur Psychoanalyse der Schule als Institution. In: ders. (Hrsg.): Zur Theorie der Schule. 2. Auflage, 9-26
Fürstenau, Peter (2001): Warum braucht der Organisationsberater eine mit der systemischen kompatible ichpsychologisch-psychoanalytische Orientierung? In: ders.: Psychoanalytisch verstehen, systemisch denken, suggestiv intervenieren. Stuttgart, 120-135
Gleick, Axel (1996): Bildung als Hinausführung: eine ideengeschichtliche Analyse des Werkes von Heinz-Joachim Heydorn. Weinheim
Grassi, Ernesto (1992): Die Macht der Phantasie. Zur Geschichte abendländischen Denkens. Frankfurt/Main
Gudjons, Herbert (1993): Psychoanalyse und Schule. In: Pädagogik 45., 1. Beiheft 1993. 7-8

Habermas, Jürgen (1984): Was heißt Universalpragmatik? In: ders.: Vorstudien und Ergänzungen zur Theorie des kommunikativen Handelns. Frankfurt/Main

Habermas, Jürgen (1985): Die neue Unübersichtlichkeit. Frankfurt/Main

Habermas, Jürgen (1988): Individuierung durch Vergesellschaftung. Zu George H. Meads Theorie der Subjektivität. In: ders.: Nachmetaphysisches Denken. Frankfurt/Main

Habermas, Jürgen (1998): Die postnationale Konstellation. Politische Essays. Frankfurt/Main

Hafeneger, Benno/Henkenborg, Peter/Scherr, Albert (Hrsg.) (2002): Pädagogik der Anerkennung. Grundlagen, Konzepte, Praxisfelder. Schwalbach/Ts.

Hartmann, Martin (2002): Widersprüche, Ambivalenzen, Paradoxien – Begriffliche Wandlungen in der neueren Gesellschaftstheorie. In: Honneth, Axel (2002), 221-252

Heinrich, Martin (2001): Alle, alles, allseitig. Studien über die Desensibilidsierung gegenüber dem Widerspruch zwischen Sein und Sollen der Allgemeinbildung. Wetzlar

Heinrich, Martin (2006): Autonomie und Schulautonomie. Die vergessenen ideengeschichtlichen Quellen der Autonomiedebatte der 1990er Jahre. Münster

Heinrich, Martin (2007): Governance in der Schulentwicklung. Von der Autonomie zur evaluationsbasierten Steuerung. Wiesbaden

Heinrich, Martin/Altrichter, Herbert (2007): Schulentwicklung und Profession. Der Einfluss von Initiativen zur Modernisierung der Schule auf die Lehrerprofession. In: Helsper, Werner u. a. (Hrsg.): Pädagogische Professionalität in Organisationen. Neue Verhältnisbestimmungen am Beispiel der Schule. Wiesbaden, 129-145

Heitmeyer, Wilhelm (Hrsg.) (1997): Was treibt die Gesellschaft auseinander? Frankfurt/Main

Heitmeyer, Wilhelm (Hrsg.) (2006): Deutsche Zustände, Folge 5. Frankfurt/Main

Helsper, Werner/Krüger, Heinz-Hermann (Hrsg.) (1995): Einführung in die Grundbegriffe und Grundlagen der Erziehungswissenschaft. Opladen, 16-33

Helsper, Werner (1997): Antinomien des Lehrerhandelns in modernisierten pädagogischen Kulturen. In: Combe, Arno/Helsper, Werner (Hrsg.) (1997a): Pädagogische Professionalität. Frankfurt/Main

Helsper, Werner/Böhme, Jeanette/Kramer, Rolf/Lingkost, Angelika (1998): Entwürfe zu einer Theorie der Schulkultur und des Schulmythos – strukturtheoretische, mikropolitische und rekonstruktive Perspektiven. In: Keuffer, Susanne et al. (Hrsg.): Schulkultur als Gestaltungsaufgabe. Partizipation – Management – Lebensweltgestaltung. Weinheim, 29-75

Helsper, Werner (2000): Wandel der Schulkultur. In: Zs.f.Erziehungswissenschaft 1/2000, 35-60

Helsper, Werner/Herwatz-Emden, Leonie/Terhart, Ewald (2001): Qualität qualitativer Forschung in der Erziehungswissenschaft. In: Zs.f.Päd. 47. 2/2001, 251-269

Helsper, Werner/Busse, Susanne/Hummrich, Merle/ Kramer, Rolf-Torsten (Hrsg.) (2008): Pädagogische Professionalität in Organisationen. Neue Verhältnisbestimmungen am Beispiel der Schule. Wiesbaden

Henrich, Dieter (2006): Menschsein – Bildung – Erkenntnis. Eine Variation von Schleiermachers Grundgedanken in Beziehung auf seine Gedanken zur Begründung der Universität. In: ders.: Die Philosophie im Prozess der Kultur. Frankfurt/Main, 156-182

Hentig, Hartmut von (1985): Wie frei sind freie Schulen? Gutachten für ein Verwaltungsgericht. Stuttgart

Hentig, Hartmut von (1995): Die Menschen stärken, die Sachen klären: ein Plädoyer für die Wiederherstellung der Aufklärung. Stuttgart

Hentig, Hartmut von (1996): Bildung. München, Wien

Herder, Johann Gottfried (1982a): Vom Erkennen und Empfinden der menschlichen Seele. In: Herders Werke in fünf Bänden, Dritter Band. Berlin und Weimar, 340-405

Herder, Johann Gottfried (1982c): Von der Grazie in der Schule (1765). In: Herders Werke in fünf Bänden, Fünfter Band. Berlin und Weimar, 241-254

Hericks, Uwe (2006): Professionalisierung als Entwicklungsaufgabe. Rekonstruktionen zur Berufseingangsphase von Lehrerinnen u8nd Lehrern. Wiesbaden

Herrmann, Ulrich (1997): Können wir Kinder verstehen? Rousseau und die Folgen. In: Zs.f.Päd. 43. 2/1997, 187-196

Herrmann, Ulrich (1999): Lehrer – professional, Experte, Autodidakt. In: Apel, Hans-Jürgen et al. (Hrsg.): Professionalisierung pädagogischer Berufe im historischen Prozess. Bad Heilbrunn, 408-428

Herrmann, Ulrich/Hertramph, Herbert (2000): Der Berufsanfang des Lehrers – der Anfang von welchem Ende? In: D.dt.Schule 1/2000, 54-65

Herzog, Walter (1991): Die Banalität des Guten. Zur Begründung der moralischen Erziehung. In: Zs.f.Päd. 1/1991, 41-64

Herzog, Walter (2003): Zwischen Gesetz und Fall. Mutmaßungen über Typologien als pädagogische Wissensform. In: Zs.f.Päd. 3/2003, 383-399

Heydorn, Heinz Joachim (1979): Über den Widerspruch von Bildung und Herrschaft. Bildungstheoretische Schriften Band 2. Frankfurt/Main

Heydorn, Heinz Joachim (1980a): Abstand und Nähe. Wilhelm von Humboldt. In: ders: Zur bürgerlichen Bildung – Anspruch und Wirklichkeit. Bildungstheoretische Schriften Band 1, Frankfurt/Main, 247-266

Heydorn, Heinz Joachim (1980b): Ungleichheit für alle. Zur Neufassung des Bildungsbegriffs. Bildungstheoretische Schriften Band 3, Frankfurt/Main

Hobsbawm, Eric (1998): Das Zeitalter der Extreme. Weltgeschichte des 20. Jahrhunderts. München

Honneth, Axel (1992): Kampf um Anerkennung. Frankfurt/Main

Honneth, Axel (2000): Das Andere der Gerechtigkeit. Aufsätze zur praktischen Philosophie. Frankfurt/Main

Honneth, Axel (Hrsg.), (2002): Befreiung aus der Mündigkeit. Paradoxien des gegenwärtigen Kapitalismus, Frankfurter Beiträge zur Soziologie und Sozialphilosophie, Frankfurt/Main

Honneth, Axel (2003a): Umverteilung als Anerkennung. Eine Erwiderung auf Nancy Fraser. In: Fraser, Nancy/Honneth, Axel: Umverteilung oder Anerkennung? Frankfurt/Main, 129-224

Honneth, Axel (2003b): Die transzendentale Notwendigkeit von Intersubjektivität. Zum zweiten Lehrsatz in Fichtes Naturrechtsabhandlung. In: ders.: Unsichtbarbeit. Stationen einer Theorie der Intersubjektivität. Frankfurt/Main, 28-48

Honneth, Axel (2003c): Objektbeziehungstheorie und postmoderne Identität. Über das vermeintliche Veralten der Psychoanalyse. In: ders.: Unsichtbarbeit. Stationen einer Theorie der Intersubjektivität. Frankfurt/Main, 138-161

Honneth, Axel (2005): Verdinglichung. Frankfurt/Main

Horster, Detlef (1999): Die postchristliche Moral. Eine sozialphilosophische Begründung. Hamburg
Hügli, Anton (1999): Philosophie und Pädagogik. Darmstadt
Hurrelmann, Klaus (2007):Lebensphase Jugend. Eine Einführung in die sozialwissenschaftliche Jugendforschung. Weinheim
Ilien, Albert (1990): Erziehungswissenschaft in Alternativen: Beobachtungen an der Glocksee-Schule Hannover. In: Drerup, Heiner et. al. (Hrsg.): Erkenntnis und Gestaltung. Weinheim, 227-260
Ilien, Albert (1994): Schulische Bildung in der Krise. Aufsätze zur Öffnung von Schule, Umweltbildung und Selbstregulierung. Hannover
Ilien, Albert (1997): Leitideen für eine „zukunftsfähige" Schule. In: Die Deutsche Schule 4. Beiheft 1997, 41-62
Ilien, Albert (2008): Lehrerprofession. Grundprobleme pädagogischen Handelns. 2. Auflage. Wiesbaden
Joas, Hans (1980): Praktische Intersubjektivität. Frankfurt/Main
Joas, Hans(1996): Die Kreativität des Handelns. Frankfurt/Main
Jürgensmeier, Hans Günter (1985): Alternative Bildung. Zur Begründung der Bildungstheorie der Glocksee-Schule. Hannover
Jung, Johannes (2003): Passion oder Profession? Zum historischen und aktuellen Bild von Lehrerinnen und Lehrern. In: Sauter, Friedrich Christian u. a. (Hrsg.): Schulwirklichkeit und Wissenschaft. Ausgewählte Kongressbeiträge von Didaktikern, Pädagogen, Psychologen. Hamburg, 41-59
Kernberg, Otto (2000): Ideologie, Konflikt und Führung. Psychoanalyse von Gruppenprozessen und Persönlichkeitsstruktur. Stuttgart
Keupp, Heiner (2007): Unternehmen Universität. Vom Elfenbeinturm zum Eventmarketing. In: Blätter für deutsche und internationale Politik 10/2007, 1189-1198
Klafki, Wolfgang (1989): Kann Erziehungswissenschaft zur Begründung von pädagogischen Zielsetzungen beitragen? in: Röhrs, Hermann et al. (Hrsg.): Richtungsstreit in der Erziehungswissenschaft und pädagogischen Verständigung. Frankfurt/Main, 231-251
Klafki, Wolfgang (1996): Neue Studien zur Bildungstheorie und Didaktik. Zeitgemäße Allgemeinbildung und kritisch-konstruktive Didaktik. Weinheim. 5.Aufl.
Körner, Jürgen (1998): Einfühlung: Über Empathie, Forum der Psychoanalyse, Vol. 14, Nr. 1, 1-17
Kohut, Heinz (1973): Narzissmus. Frankfurt/Main
Kohut, Heinz (1975): Die Zukunft der Psychoanalyse. Frankfurt/Main
Kohut, Heinz (1977): Introspektion, Empathie und Psychoanalyse. Aufsätze zur psychoanalytischen Theorie, zu Pädagogik und Forschung und zur Psychologie der Kunst. Frankfurt/Main
Kohut, Heinz (1981): Die Heilung des Selbst. Frankfurt/Main
Kohut, Heinz (1987): Wie heilt die Psychoanalyse? Frankfurt/Main
Korff, Hermann August (1958): Geist der Goethezeit, I. Teil Sturm und Drang; Leipzig
Koring, Bernhard (1992): Grundprobleme pädagogischer Berufstätigkeit: eine Einführung für Studierende. Bad Heilbrunn
Kraul, Margret/Hoff, Walburga (2005): Professionalität, Generation und Geschlecht. Frauen und Männer im Schulamt an Gymnasien. In: Zs.f.Päd. 5/2005, 694-712

Lichtblau, Klaus (1999): Das Zeitalter der Entzweiung. Studien zur politischen Ideengeschichte des 19. und 20. Jahrhunderts. Berlin

Luhmann, Niklas (1987): Strukturelle Defizite. Bemerkungen zur systemtheoretischen Analyse des Erziehungswesens. In: Oelkers, Jürgen et al. (Hrsg.): Pädagogik, Erziehungswissenschaft und Systemtheorie. Weinheim und Basel, 57-75

Luhmann, Niklas/Schorr, Karl-Eberhard (Hrsg.) (1996): Zwischen System und Umwelt. Fragen an die Pädagogik. Frankfurt/Main

Luhmann, Niklas (2002): Das Erziehungssystem der Gesellschaft. Frankfurt

Marotzki, Winfried (1989): Strukturen moderner Bildungsprozesse. In: Hansmann, Otto./Marotzki, Winfried (Hrsg.): Diskurs Bildungstheorie: Rekonstruktion der Bildungstheorie unter Bedingungen der gegenwärtigen Gesellschaft. Weinheim, 147-180

Martin, Hans-Peter/Schumann, Harald (1996): Die Globalisierungsfalle. Der Angriff auf Demokratie und Wohlstand, Reinbek

Mead, George Herbert (1969): Geist, Identität und Gesellschaft, Frankfurt/Main

Menck, Peter (1993): Geschichte der Erziehung. Donauwörth

Menck, Peter (1998): Was ist Erziehung? Eine Einführung in die Erziehungswissenschaft. Donauwörth

Messner, Rudolf (2003): PISA und Allgemeinbildung. In: Zs.f.Päd.3/2003, 400-423

Moll, Jeanne (2000): Postadoleszente Lehrer und adoleszente Schüler: eine konfliktträchtige Beziehungsgeschichte. In: Winterhager-Schmid, Luise (Hrsg.): Erfahrungen mit Generationendifferenz. Weinheim, 115-125

Moritz, Karl Philipp (1979): Anton Reiser. Ein psychologischer Roman. Frankfurt/Main

Mühlhausen, Ulf (1994): Überraschungen im Unterricht. Situative Unterrichtsplanung. Weinheim und Basel

Müller-Fohrbrodt, Gisela/Cloetta, Bernhard/Dann, Hanns-Dietrich (1978): Der Praxisschock bei jungen Lehrern. Formen – Ursachen - Folgerungen. Stuttgart

Negt, Oskar (1975): Schule als Erfahrungsprozess. In: Ästhetik und Kommunikation, Heft 22/23

Neill, Alexander (1969): Theorie und Praxis der antiautoritären Erziehung. Das Beispiel Summerhill. Reinbek

Oelkers, Jürgen (1989): Die große Aspiration. Zur Herausbildung der Erziehungswissenschaft im 19. Jahrhundert. Darmstadt

Oelkers, Jürgen (1999a): Subjektivität und Kultur: Ein pädagogisches Missverhältnis? In: ders.: Erziehung als Paradoxie der Moderne. Aufsätze zur Kulturpädagogik. Weinheim, 11-25

Oevermann, Ulrich (1997): Theoretische Skizze einer revidierten Theorie professionalisierten Handelns. In: Combe, Arno/Helsper,Werner (Hrsg.): Pädagogische Professionalität, Frankfurt/Main, 70-182

Oevermann, Ulrich (2002): Professionalisierungsbedürftigkeit und Professionalisiertheit pädagogischen Handelns. In: Kraul, Margret et al. (Hrsg.): Biographie und Profession. Bad Heilbrunn, 19-63

Parsons, Talcott (1971): Die Schulklasse als soziales System: Einige ihrer Funktionen in der amerikanischen Gesellschaft. In: Roehrs, Hermann (Hrsg.): Der Aufgabenkreis der pädagogischen Soziologie. Frankfurt/Main, 154-179

Pongratz, Ludwig (2009a): Untiefen im Mainstream. Zur Kritik konstruktivistisch-systemtheoretischer Pädagogik. Paderborn
Pongratz, Ludwig (2009b): Bildung im Bermuda-Dreieck: Bologna – Lissabon – Berlin. Paderborn
Rauin, Udo (2007): Im Studium wenig engagiert – im Beruf schnell überfordert. Studierverhalten und Karrieren im Lehrerberuf. Kann man Risiken schon im Studium prognostizieren? In: Forschung Frankfurt 23/2007, 60-64
Reiser, Helmut (2005): Psychoanalytisch-systemische Pädagogik. Erziehung auf der Grundlage der Themenzentrierten Interaktion. Stuttgart, Berlin, Köln
Richter, Horst-Eberhard (1976); Flüchten oder standhalten. Gießen
Roggenbuck-Jagau, Inge (2005): Berufsverständnisse und Professionalisierung von Schulleitern. Wiesbaden
Schaarschmidt, Ilse (1965): Der Bedeutungswandel der Begriffe „Bildung" und „bilden" in der Literaturepoche von Gottsched bis Herder. In: Furck, Carl-Ludwig et al. (Hrsg.): Beiträge zur Geschichte des Bildungsbegriffs, Kleine Pädagogische Texte, Band 33. Weinheim, 25-88
Schaarschmidt, Uwe (Hrsg.) (2004): Halbtagsjobber? Psychische Gesundheit im Lehrerberuf – Analyse eines veränderungsbedürftigen Zustands. Weinheim. 2. Aufl.
Schnädelbach, Herbert (1987): Vernunft und Geschichte. Frankfurt/Main
Schnädelbach, Herbert (1992): Zur Rehabilitierung des *animal rationale*. Frankfurt/Main
Schnädelbach, Herbert (2000): Philosophie in der modernen Kultur. Frankfurt/Main
Schönig, Wolfgang (1993): Können Schulen lernen? Lern- und beratungstheoretische Skizzen eines Schulentwicklungskonzeptes. In: Neue Sammlung 2/1993. 241-258
Schönig, Wolfgang (2000): Schulentwicklung beraten. Das Modell mehrdimensionaler Organisationsberatung der einzelnen Schule. Weinheim und München
Sennett, Richard (2000): Der flexible Mensch. Berlin
Sennett, Ricchard (2008): Die Kultur des neuen Kapitalismus. Berlin, 3.Aufl.
Sloterdijk, Peter (2006): Im Weltinnenraum des Kapitals, Frankfurt/Main
Sloterdijk, Peter (2007): Gottes Eifer. Vom Kampf der drei Monotheismen. Frankfurt/Main
Stern, Daniel (1979): Mutter und Kind. Die erste Beziehung. Stuttgart
Stern, Daniel (1991): Tagebuch eines Babys. Was ein Kind sieht, spürt, fühlt und denkt. München
Stichweh, Rudolf (1992): Professionalisierung, Ausdifferenzierung von Funktionssystemen, Inklusion. Betrachtungen aus systemtheoretischer Sicht. In: Dewe, Bernd (Hrsg.): Erziehen als Profession. Opladen, 36-48
Stojanov, Krassimir (1999): Gesellschaftliche Modernisierung und lebensweltorientierte Bildung. Weinheim
Stojanov, Krassimir (2006): Bildung und Anerkennung. Soziale Voraussetzungen von Selbst-Entwicklung und Welt-Erschließung. Wiesbaden
Taylor, Charles (1983): Hegel. Frankfurt/Main
Taylor, Charles (1992): Legitimationskrise? In: ders.: Negative Freiheit? Zur Kritik des neuzeitlichen Individualismus. Frankfurt/Main, 235-294
Taylor, Charles (1994): Quellen des Selbst. Die Entstehung der neuzeitlichen Identität. Frankfurt/Main

Terhart, Ewald (Hrsg.) (1991): Unterrichten als Beruf: neuere amerikanische und englische Arbeiten zur Berufskultur und Berufsbiographien von Lehrern und Lehrerinnen. Köln, Wien

Terhart, Ewald (1994): Berufsbiographien von Lehrern und Lehrerinnen. Frankfurt/Main

Terhart, Ewald (1997): Berufskultur und professionelles Handeln bei Lehrern. In: Combe, Arno/Helsper, Werner (Hrsg.), 448-471

Terhart, Ewald (2006): Was wissen wir über gute Lehrer" In: Pädagogik 5/2006, 42-47

Tillmann, Klaus-Jürgen (2000): Sozialisationstheorien. Eine Einführung in den Zusammenhang von Gesellschaft, Institution und Subjektwerdung. Reinbek/Hamburg, 10. Aufl.

Tomasello, Michael (2002); Die kulturelle Entwicklung des Menschlichen Denkens. Frankfurt/Main

Twardella, Johannes (2004): Rollenförmig oder als „ganze Person"? Ein Beitrag zur Diskussion über Professionalisierungstheorie und die Struktur pädagogischen Handelns. In: Päd. Korrespondenz 2/2004, 65-74

Ulich, Klaus (1996): Beruf Lehrer/in. Arbeitsbelastungen. Beziehungskonflikte. Zufriedenheit. Weinheim

Ulich, Klaus(1998): Berufswahlmotive angehender LehrerInnen. Eine Studie über Unterschiede nach Geschlecht und Lehramt. In: D. Dt. Schule 1/1998, 64-78

Ulrich, Peter (1993): Transformation der ökonomischen Vernunft. Fortschrittsperspektiven der modernen Industriegesellschaft. Bern, Wien Stuttgart, 3. Aufl.

Welzer, Harald (2005): Täter. Wie aus ganz normalen Menschen Massenmörder werden. Frankfurt/Main

Wernet, Andreas (2003): Pädagogische Permissivität. Schulische Sozialisation und pädagogisches Handeln jenseits der Professionalisierungsfrage. Opladen

Winnicott, Donald W. (1989): Vom Spiel zur Kreativität. Stuttgart, 5. Aufl.

Ziehe, Thomas (1996): Zeitvergleiche. Jugend in kulturellen Modernisierungen, Weinheim und München, 2. Aufl.

Ziehe, Thomas (1997): Vom Preis des selbstbezüglichen Wissens. In: Combe, Arno/Helsper, Werner (Hrsg.) (1997a): Pädagogische Professionalität, Frankfurt/Main, 924-942

Ziehe, Thomas (2005): Schulische Lernkultur und zeittypische Mentalitätsrisiken. In: Hafeneger, Benno (Hrsg.): Subjektdiagnosen. Subjekt, Modernisierung und Bildung. Schwalbach/Ts, 193-222

Ziehe, Thomas (2008): Jugend in symbolischen Kontexten. Einige Folgen des Wandels von Hintergrundüberzeugungen. In: Helsper, Werner u. a. (Hrsg.): Jugendkultur und Bildung im Wandel. Wiesbaden

Zinnecker, Jürgen (1975): Der heimliche Lehrplan, Untersuchungen zum Schulunterricht. Weinheim, Basel

MIX
Papier aus verantwortungsvollen Quellen
Paper from responsible sources
FSC® C105338

If you have any concerns about our products,
you can contact us on
ProductSafety@springernature.com

In case Publisher is established outside the EU,
the EU authorized representative is:
**Springer Nature Customer Service Center GmbH
Europaplatz 3, 69115 Heidelberg, Germany**

Printed by Libri Plureos GmbH
in Hamburg, Germany